"中国STEM教育2029行动计划"丛书

王 素 主编 / 李 佳 袁 野 副主编

U0744913

# STEM
## 与创新思维

[新] 李德威 / 主 编

王亚琼 / 副主编

教育科学出版社

·北 京·

出　版　人　郑豪杰
项目统筹　殷　欢
责任编辑　邵　欣
版式设计　徐丛巍　杨玲玲
责任校对　贾静芳
责任印制　叶小峰

**图书在版编目（CIP）数据**

STEM与创新思维/（新加坡）李德威主编. —北京：
教育科学出版社，2023.7（2023.10重印）
　（"中国STEM教育2029行动计划"丛书/王素主编）
　ISBN 978-7-5191-3295-8

　Ⅰ.①S…　Ⅱ.①李…　Ⅲ.①创造教育—教学研究—
中小学　Ⅳ.①G632.0

中国国家版本馆CIP数据核字（2023）第061645号

"中国STEM教育2029行动计划"丛书
**STEM与创新思维**
STEM YU CHUANGXIN SIWEI

| | | | | |
|---|---|---|---|---|
| 出 版 发 行 | 教育科学出版社 | | | |
| 社　　　址 | 北京·朝阳区安慧北里安园甲9号 | 邮　　编 | 100101 | |
| 总编室电话 | 010-64981290 | 编辑部电话 | 010-64989179 | |
| 出版部电话 | 010-64989487 | 市场部电话 | 010-64989009 | |
| 传　　　真 | 010-64891796 | 网　　址 | http://www.esph.com.cn | |
| 经　　　销 | 各地新华书店 | | | |
| 制　　　作 | 北京京久科创文化有限公司 | | | |
| 印　　　刷 | 天津市光明印务有限公司 | | | |
| 开　　　本 | 720毫米×1020毫米　1/16 | 版　　次 | 2023年7月第1版 | |
| 印　　　张 | 18.25 | 印　　次 | 2023年10月第2次印刷 | |
| 字　　　数 | 239千 | 定　　价 | 59.80元 | |

# 丛书编委会

主　编: 王　素

副主编: 李　佳　袁　野

编　委: （以姓氏拼音排序）

# 本书编委会

主　编: 李德威

副主编: 王亚琼

编　委:（以姓氏拼音排序）

# 丛书序一

我国改革开放以来的发展经验表明,人才,尤其是科技人才是国家实现从富起来到强起来伟大飞跃的重要资源。党和国家领导人历来对人才工作高度重视,从邓小平同志提出"尊重知识,尊重人才",到习近平总书记提出"人才是第一资源",无不体现了这一点。现今,在我国迈向第二个百年奋斗目标的新征程上,科技人才的重要作用更加凸显。一方面,在后疫情时代全球经济增长放缓、"贸易战"频发、大国力量对比变化等影响下,"技术脱钩""教育脱钩"等正成为阻碍全球发展的重要因素,国际环境日趋复杂;另一方面,新一轮科技革命和产业革命的加速拓展使得全球创新版图正在重构,抢占科技制高点的竞争将更加激烈。

在这样的背景下,科技人才自主培养就成为我国建设现代化强国的重要保障,也赋予教育新的重要时代使命。在过去,我们的教育虽不及发达国家,但可以充分利用"超级全球化"的红利和机会,通过广泛的教育与科研国际合作交流弥补我们在科技人才培育上的不足;但是在当今全球化受阻、"逆全球化"势力抬头的背景下,原来的科技领域国际合作交流路径障碍重重,所以必须对教育发展做出新的调整与规划,"提高人才供给自主可控能力"。正如习近平总书记《在中国科学院第二十次院士大会、中国工程院第十五次院士大会、中国科协第十次全国代表大会上的讲话》中所指出的:"培养创新型人才是国家、民族长远发展的大计。当今世界的竞争说到底是人才竞争、教育竞争。要更加重视人才自主培养,更加重视科学精神、创新能力、批判性思维的培养培育。"[①]

---

① 习近平. 在中国科学院第二十次院士大会、中国工程院第十五次院士大会、中国科协第十次全国代表大会上的讲话 [EB/OL].(2021-05-28)[2022-10-08]. http://www.gov.cn/xinwen/2021/05/28/content_5613746.htm.

虽然高等教育直接关系到科技人才,特别是创新科技人才的培养,但是中小学教育阶段所发挥的奠基性作用也不容忽视。国内外研究均表明,许多大科学家对科学的终身兴趣始于童年,所以从小保护好学生的科学兴趣并且让其一直持续下去就非常重要。另外,科学精神、科学思维等是成长为科学家的必备素养,而这些素养需要从小培育。相比于西方发达国家,我们目前的科学教育体系还存在着不少问题,这也是目前我国面临技术"卡脖子"难题的重要根由。在这里,我愿意结合我自己的学习与工作经历,就中小学阶段的科技人才培养谈几个需要关注的问题。

第一,如何进一步提高理科教育在中小学的地位。在过去,我们有"学好数理化,走遍全天下"的口号,影响了一批又一批的高中生在高中文理分科时选择理科,在高考志愿填报时选择理工类专业。近些年来,在取消文理分科后,不少学生在选择高考科目时避难就易,再加上缺少必要的指导,使得物理、化学、生物学等科目的受重视度不够。而从国际发展经验和相关研究来看,科学领域的人才培养需要从青少年时期抓起,这已经成为国际共识。以美国为例,美国在科学和工程教育上处于世界领先地位,而美国2022年发布的《学前至小学阶段的科学与工程:儿童聪慧与教育者优势》强调指出:应该从学前阶段就开始进行科学和工程教育,包括重视学习环境建设、注重学科整合、加强课程资源和教师队伍建设等。①

第二,如何改革理科课程、教学与评价体系,以更好地培养中小学生的科学兴趣与科学思维。经过改革开放几十年以来的发展,我国的中小学教育已经解决了"有学上"的普遍需求,随着社会主要矛盾转化为"人民日益增长的美好生活需要和不平衡不充分的发展之间的矛盾",人们对教育的需求也开始向"上好学"转变。教育的"内卷"成为一种突出的社会现象,中小学理科教育的应试

---

① National Academies of Sciences, Engineering, and Medicine. Science and Engineering in Preschool Through Elementary Grades: The Brilliance of Children and the Strengths of Educators[M/OL]. Washington, D.C.: The National Academies Press,2022[2022-10-08]. https://doi.org/10.17226/26215.

化现象仍然没有得到有效解决。中国科学院2021年针对220多位院士的调研结果显示，79.1%的院士认为基础教育阶段的过度"刷题"磨灭了学生的好奇心与科学兴趣。[①]解决这一问题，需要科学的制度设计，其中，课程、教学与评价体系的改革既是关键，也是基础。

第三，如何开发和利用好校外科学教育学习资源。课外的科学学习资源对于扩大学生视野、激发学习热情具有重要的价值。我在上中小学的时候，科学方面的课外图书资源相当有限，还是高中时读到的《化石》杂志激起了我对古生物学的兴趣。通过课外阅读，我开始了最初关于生物进化的思考，并在高考时选择了古生物学专业，最终走上古鸟类研究之路，推究原因，也正是源于青少年时期这段启蒙经历。现在的课外学习资源除了纸质的书籍外，还有各种各样的电子资源，比我们那时丰富了不少，所以要有效利用起来。国外在这方面已经形成了一些成熟的做法。例如，美国课后联盟（The Afterschool Alliance）发布的报告显示：2020年，73%的家长反映他们的孩子课外学习项目中有STEM学习的内容，60%的家长反映他们的孩子每周至少参与两次STEM活动[②]；57%的社区图书馆会为学龄前儿童提供STEM课程，87%的图书馆会为小学生提供STEM课程等[③]。站在新的历史起点，参考他山之石，我们在推进中小学科学教育方面，更要充分利用现有资源，加快探索步伐。

上述这些问题的解决不可能一蹴而就，可以在有条件的地区通过实验性的实践来进行探索，这既需要理论研究为之廓清方向，更需要有效的实践操作指导以及相应的案例分享。中国教育科学研究院王素研究员集多年研究主编的这

---

① "我国数理化基础学科教育若干重大问题研究"课题组．我国数理化基础学科教育若干重大问题研究（咨询报告）[R]．北京：中国科学院，2021．

② The Afterschool Alliance. STEM Learning in Afterschool on the Rise, But Barriers and Inequities Exist[R/OL].(2021-08)[2022-10-08]. http://afterschoolalliance.org/documents/AA3PM/AA3PM-STEM-Report-2021.pdf.

③ The Afterschool Alliance. Community STEM Collaborations that Support Children and Families[R/OL]. (2020)[2022-10-08]. http://afterschoolalliance.org/documents/Community-STEM-Collaborations-that-Support-Children-Families.pdf.

套"中国STEM教育2029行动计划"丛书涉及科学教育的课程设置、教学设计、学生评价、教师专业发展、优秀案例呈现等方方面面,相信会对相关的改革实践提供有价值的参考,并发挥积极作用。

中国科学院院士

教科版小学《科学》教材主编

# 丛书序二

我们正处在一个大变革的时代，科技革命日新月异，全球格局正在重塑，大国博弈日趋激烈。国际竞争的根本在于人才的竞争，特别是高科技人才的竞争，因此很多国家把科学、技术与工程教育置于国家的战略地位，认为STEM教育与科技人才的培养关乎国家安全和人才竞争。我国要在2035年基本实现社会主义现代化，进入创新型国家前列，实现建成人才强国的战略目标，加快建设世界重要人才中心和创新高地，其中，STEM教育对于我国培养科技人才、提升青少年的科技素养具有重要意义。

中国教育科学研究院于2017年成立了STEM教育研究中心，并发布了《中国STEM教育白皮书》，提出了"中国STEM教育2029行动计划"。该计划提出，中国的STEM教育要有顶层设计，要实现大中小学的贯通培养，要利用社会资源建立STEM教育生态，发展一批STEM领航学校和种子学校，培养一批STEM种子教师，并开展系列的促进STEM教育发展的活动。几年来，我们努力发挥科研的引领作用，通过建立STEM教育协同创新中心、召开STEM教育发展大会、开展相关课题研究等推动中国中小学STEM教育的发展，并取得了一定的成效。同时，在对中国STEM教育的调研中我们发现，大部分学校和教师对STEM教育有一定的认识，但是缺乏系统的知识和有效开展STEM教育的方法。因此，我们在2020年组织STEM教育领域的相关专家进行了一系列研讨，希望给教师提供一套完整的、实用的STEM教育案头书，书中既有相关理论的阐述，又有可操作的案例，由此诞生了"中国STEM教育2029行动计划"丛书。

丛书共12本，包括《数字化转型中的STEM教育》《STEM课程设计与实施》《STEM学科教学：链接与赋能》《STEM教师的跨学科成长》《STEM教学设计与评价》《STEM活动与竞赛》《未来学校设计：STEM空间营造》《STEM与工程思维》《STEM与设计思维》《STEM与计算思维》《STEM与创新思维》

和《STEM与人工智能》。

《数字化转型中的STEM教育》重点梳理了STEM教育的相关理论以及在数字化转型的大背景下STEM教育的基本特征。书中提出，STEM教育更关注学生跨学科整合能力和问题解决能力的培养，而数字化转型对学生提出的能力要求中，跨学科知识、认知和元认知技能、创造新价值、协调矛盾和应对困境等方面都与STEM教育的目标相符。STEM教育将成为支撑数字化转型的重要方式之一。书中对STEM教育的跨学科性、情境化、实践性、素养导向性、智能化和创新性的阐述对落实新课标提出的学科实践、跨学科整合都具有参考价值。

学校教师非常关注如何在学校现有的课程体系下设计和开展STEM教育。我们认为STEM不是一门课程，而是一个课程群，涵盖的内容非常广泛，在学校的实施形式也是多样化的，包括学科教学、跨学科项目、活动、竞赛等。针对当前教师面临的主要挑战，我们组织了6本书来系统地阐述如何进行STEM课程设计与实施。

其中，《STEM课程设计与实施》一书阐述了STEM课程建设的本质、模式与特征。这本书提出，STEM课程的设计与开发首先须遵循课程开发的基本规范，聚焦课程的定位、课程的价值取向、课程的构建、课程的目标、课程的实施与课程的评价等六方面。其次，STEM课程是体现跨学科融合的综合课程。最后，STEM课程是项目式课程。和所有的项目式课程一样，它在设计开发与实施时是以真实项目为驱动的。这种界定对于学校建设STEM课程非常有价值。书中还对STEM课程目标设计、内容开发、内容来源与转化、实施路径及评价都进行了系统的论述，并给出了不同类型的STEM课程案例供读者参阅。

STEM分为广义和狭义之说，其本质是跨学科教育，但在当前学科教学占据绝大部分时间的情况下，如何在学校开展STEM教育？我们从学科教学、跨学科教学、活动与竞赛等不同的STEM教育形态出发向教师们展示如何开展STEM教育。

《STEM学科教学》这本书有个副标题：链接与赋能，表明了本书作者对STEM与学科教学关系的认识。在作者看来，当下随着新课标的发布，课程改革已经进入了以"提质增效"为特征的深化阶段,学科教学还可以在关注学生的问题解决能力、跨领域合作交往能力以及学习活动设计与实施的有效性、学科之间的有机整合、信息技术与学科学习的深度融合等方面进行改进。这其中就体现了STEM教育对学科教学的赋能。STEM教育的跨学科性、项目式的学习方式,强调在真实世界中创造性地解决问题的能力,不正是新课标期待学科教学完成的目标吗?如何实现这种赋能呢?这就是链接的作用。欢迎读者进一步阅读这本书,挖掘更多学科教学与STEM教育的关系。

STEM教育最典型的特征就是跨学科融合,这也是新课标所强调的。很多老师对跨学科教学感到陌生,不知道如何应对,所以我们专门写了一本《STEM教师的跨学科成长》。这本书以活泼新颖的视角阐释了跨学科的演变过程,并从学识、思维、视角、技能四个方面给出了教师的跨学科成长路径。读完这本书,相信你会深受启发,积极走上跨学科成长之路。

STEM教学如何设计与评价?我们也专门用一本书来进行阐述。新课标强调素养导向的教育,强调"教—学—评"一体化,这些理念在STEM教学中如何实现?STEM教学是否有独特的教学模式和有效的教学策略?作为一种项目式学习,STEM教学又如何实现通过评价促进学生核心素养的发展?如何设计和使用STEM学习评价量表?《STEM教学设计与评价》一书对此给出了积极的回应,并结合STEM学习的创新案例帮助大家对这些问题有更清晰的认识。

STEM教育在中国经历了演变的历程,科技教育曾经是更为我们所熟知的名字,尤其是科技活动和竞赛,学校和学生都很喜欢,参与度高。伴随着课程改革,学校设置了小学科学、中学理科课程、通用技术、信息科技、综合实践等有关课程,并开设有社团、校本课程以及科技节等多样的、丰富多彩的课程与活动。STEM教育与原有的很多科技活动和竞赛有着传承关系。学校和校外如何组织、设计STEM活动与竞赛?它们与学校的课程是什么关系?不同学段的STEM活动有什么特点?有哪些典型的STEM活动与竞赛?STEM活动与竞赛如何体现育人功能?《STEM活动与竞赛》一书对此进行了有意义的探索。

相比于常见的学科教学,STEM教育具有很大的特殊性,强调在真实的任务中解决问题，因此需要相应的空间、特殊的环境给予支持。什么样的学校空间是我们所期待的？它传递着怎样的理念？空间与教学和育人之间是什么关系？学习空间设计有哪些可能性？为了回答这些问题，我们专门写了一本《未来学校设计：STEM空间营造》。这本书无论是写作方式还是内容都非常具有创新性，它既有人文的叙事，又有哲理的思考，还给出了操作的方法。从中我们可以看到对学校设计方法论和流程的阐释，并通过具体案例了解到好的学校设计是如何诞生的，体会新的学习理念是如何影响空间设计的。

STEM教育特别注重学生思维方式的培养，我们用4本书阐述了4种重要的思维——工程思维、设计思维、计算思维、创新思维。在过去的学校教育中很多老师对这些思维的培养感到陌生，随着育人目标的改变，思维发展成为教育中极为重要的部分，特别是上述4种思维方式，无论学生将来从事什么职业，这几种思维培养好了，应对工作就会游刃有余。《STEM与工程思维》一书的作者从认知维度、能力维度和实践维度三个方面阐释了工程思维的价值、特点、思想方法，同时给出了运用工程思维解决问题的策略，以及工程思维教学案例及解析，为教师理解工程思维，有效开展教学实践提供了支持。

设计思维在各行业中应用广泛。有些中小学也开设了设计思维培养课程，但是大部分学校教师对设计思维及其教学还是陌生的。《STEM与设计思维》一书力图用一种设计思维的方式来写作，使用图文并茂的形式让读者一眼就可以看到设计思维的要义，并获得不一样的阅读体验。书中给出的大量案例也会让读者切身体会到设计思维的魅力，以及如何在教学中运用设计思维。

进入智能时代，面对全新的世界，人类不仅需要开发新的工具来控制和体验这些设备与技术，更需要全新的思维方式，使我们能够看透技术的本质，以创造性的、深思熟虑的和适当的方式理解并使用这些技术。从这个视角来看，计算思维作为运用计算机和互联网及其他信息处理代理有效执行人类构造和表述问题的思维方法，不仅是计算机科学家和数字工程师的专业兴趣，也将超越具体学科，成为这个时代最基本的思维方式。这是《STEM与计算思维》这本书中对计算思维的描述。计算思维将成为21世纪公民必备的基本思维智慧，成为与阅读、写作、算术一样的基本技能。如此重要的思维在中小学应该如何培养？本书作者对计算思维的本质、指向计算思维教育的STEM项目设计以及如何运用计算思维解决学科教学问题都做了系统阐述，并辅以案例说明。

创新思维是21世纪核心素养中的重要组成部分。对于创新思维大家既熟悉又陌生，熟悉的是在许多场景下都会提到创新思维的培养，陌生的是如何在学校教育中有效培养创新思维。创新思维可以赋能学生在不久的将来自如地应对工作、生活带来的挑战，也为社会带来更大的价值。赋能学生的前提是赋能学校，而这中间最重要的一环是赋能教师。教师如何设计教学活动激发学生的好奇心，使用什么方法和工具鼓励学生自主探索、应对挑战、学会从失败中学习，如何创建一个友善的环境，使用正确的沟通方式和学生对话、交流，值得每一位教师在阅读时深思。在这本《STEM与创新思维》中你还会了解到我国和新加坡多所学校的创新思维教学培养案例。

人工智能也是目前学校开展STEM教育的重要内容领域，因此我们特别编写了《STEM与人工智能》这本书，通过对各学段大量案例的展示与解析，让教师了解在STEM教育中如何开展人工智能相关内容的项目设计与实施。

我们期待这套STEM教育丛书能给教师提供更加全面了解STEM教育的机会，同时也希望这套书成为教师开展STEM教育的得力助手。我们还会开发与这套书配套的视频课程，使其成为STEM教师专业学习的有效资源。希望我们的努力能助推中国STEM教育的发展，更加希望我们这套书能成为正在阅读本书的你的好朋友。

王　素

中国教育科学研究院比较教育研究所所长

中国教育科学研究院 STEM 教育研究中心主任

# 推荐序

　　加强国家创新体系建设，培养大批科技创新人才，得到党和国家的高度重视。党的十八届五中全会提出创新、协调、绿色、开放、共享五大发展理念，提出必须把创新摆在国家发展全局的核心位置。创新素质是创新人才的必备素质，主要包括学习素质（内在的学习动机和学习能力等）、对知识的深度理解、批判性思维、创造性思维和创造性人格等。

　　STEM 教育的核心目标是培养学生的创新素质。STEM 教育理念提出已有 30 余年的时间，其最初的目的是提升本科学生的 STEM 学科整合能力，为科技行业输送复合型人才。20 世纪末，STEM 教育将关注重点转移至中小学。STEM 教育由于倡导问题解决驱动的跨学科整合学习，很快被中小学接纳，成为许多国家基础教育改革政策的主导，同时也逐渐成为研究热点。STEM 教育从提出到现在，关注的核心目标一直是青少年科技创新素质的培养，但我国部分学校实施 STEM 教育，主要是将制造技术、信息技术、计算机技术等应用于教育，开展机器人、3D 打印、创客等活动，大部分脱离学科知识学习和思维方法培养，以"产品"为导向。STEM 教育的目标一定不是产品导向，应该是以人的发展为导向，特别要将科技创新素质的培养作为核心目标。本书聚焦创新素质的核心——创新思维的培养，梳理了创造力的基本概念，基于罗德（Rhodes，1961）的创造力 4P 模型，建构了 STEM 中教育创造力的"四梁八柱"。这一理论反映了 STEM 教育的关键目标，符合 STEM 教育的价值追求。

　　STEM 课程内容的年级分布需要考虑学习进阶的思想。学习进阶是对学生连贯且逐渐深入的思维方式的描述，就 STEM 教育而言，学习进阶实质上是对核心概念理解的逐级深入和持续发展，通过整合某一主题的概念体系，可以围绕少数概念进行深入的进阶学习，发展学生对核心概念、内容结构、知识演变路径的理解。21世纪以来，学习进阶成为研究热点，一些国家的STEM课程标准已体现了学习进阶的思想。美国《新一代科学教育标准》（*Next Generation Science Standards*，NGSS）吸收了学习进阶的研究成果，为学科核心概念、跨学科概念、科学与工程实践、STSE（科学、技术、社会、环境）和科学本质构建了各自的进阶矩阵，为工程设计构建了进阶关系图。学生创新素质的发展是循序渐进的，一方面，要经历"从单一知识的学习到综合知识的学习，再到跨学科知识的学习"等阶段；另一方面，要经历"从方法训练到科学探究，再到科学创造"等过程。没有学科知识和思维方法的支撑，仅仅通过STEM综合活动，不可能有很好的培养效果。STEM教育围绕核心概念，特别是跨学科核心概念、工程与实践，基于学习进阶理论设计课程内容，使学生循序渐进地掌握知识之间的联系，在大脑中形成"富有弹性"的知识网络，建构合理的知识结构，为科技创新人才的培养奠定坚实的知识基础。

STEM课程的设计应该满足"三适应"与"两遵循"：适应学生的知识经验、认知水平和兴趣特点；遵循学习规律与学科规律。本书提出：创新思维教育（普及性＋普遍性）＝创新思维教育的普惠性。创新思维教育应该是每一所学校的每一门学科在经费有限的情况下就可以实施的，它与设备投入、城乡差别无关。普及的创新思维教育让每一位学生都有机会接受创新教育和参与创新教育活动。在教育各阶段提供递进式创新教育，除了覆盖各种课程外，也包括第二课堂、第三课堂等。这些观点反映了学习进阶理论的基本要求，符合学生思维发展的基本特点。

国内外有关STEM教学过程和模式的论述，概括起来主要有三种类型：第一，基于项目的STEM教学过程。STEM项目是围绕一个具体问题而计划、设计、改进，并最终解决问题的过程，要求学生有批判性思维并且善于分析，注重对学生高阶思维能力的培养。第二，基于证据的STEM教学过程。这种STEM教学过程要求向学生展示项目活动要素，引导学生选择需要的材料与工具，组织与实施活动程序，强调证据的收集和基于证据的解释。第三，CDIO理念下的STEM教学过程。CDIO代表构思（conceive）、设计（design）、实现（implement）和操作（operate）。CDIO 理念下的 STEM 教学强调工程设计，一般包括识别问题和制约因素、调查研究、形成概念、分析观点、建立模型、测试和优化、沟通和反思等过程。

三种 STEM 教学过程和模式有一个共同的特征，其过程和目标都离不开思维的参与，反映了创造性教学所必备的特点：一是营造良好环境；二是激发内在动机；三是产生认知冲突；四是促进自主建构；五是开展反思评价；六是注重应用迁移。本书提出要从校园的物理空间环境、人文环境以及校外资源联合三方面来建设适宜的学习环境；要采用多元活泼的教学方式和丰富多样的教学内容，让教学生动活泼、富有创意，能激发学生内在的学习兴趣，以培养学生乐于学习的态度；教师要充当教练的角色，学会倾听、提问、反馈、设定目标，并最终让学生实现成长；要恰当地运用各具特色的思维工具和技术，完成 STEM 项目实施的过程，养成创意、创新、创造的心理状态及思维习惯。在此基础上，本书提出了 STEM 教育中创新思维评价的原则、内容和方法。这些做法反映了创造性教学的基本要求，体现了"以学生为主体、以教师为主导"的基本理念。

教师专业发展是实施 STEM 教育的重要保障。优秀教师的专业素质主要体现在高尚的职业理想、先进的教育观念、合理的知识结构、高超的教学能力和良好的教学行为，其中核心是教学能力。本书创造性地提出了"创新驱动、以学生为中心的师资培养"模型，围绕知识与技能、流程、态度三个方面，指导教师培养学生的创造性思维，提高教师的创造性思维和创意教学能力。这些做法反映了 STEM 教师的能力结构，抓住了 STEM 教育有效实施的关键因素。

本书提出了比较系统的创新思维培养理论框架和操作程序，并附有新加坡和中国的案例，对有效实施 STEM 教育具有很强的指导性。期待本书能够在扭转 STEM 教育的产品导向，实施 STEM 课程的教学设计和有效教学，促进 STEM 教师创新思维能力的有效提升等方面发挥积极的作用。

胡卫平

陕西师范大学教授

# 前　言

在这个技术飞速发展的世界，科学、技术和工程领域的就业机会将不断增加。STEM 教育比以往任何时候都更能被称为社会进步和发展的关键。但是，单靠 STEM 知识已经不足以满足当今复杂世界的需求，那些掌握创造性解决问题的方法和拥有关键技能的人将更可能在竞争中处于领先位置。

当然，任何成功都是来之不易的。能够创造性解决问题的头脑不是简单地通过死记硬背的学习或记忆可以培养出来的，它是创新教育的结晶。

因此，理想的 STEM 教育是以培养学生创造性解决问题为导向的教育，本质上是一种通过运用通用原则和方法来提升学生学习体验的教育。正确有效地实施 STEM 教育能够激发学生的创造力和创造性思维，这两者都被认为是 21 世纪重要的技能。

众所周知，教师在培养学生 STEM 知识方面是不可或缺的，同时教师在培养学生创造力方面也起着重要作用。然而，如何培养 STEM 教师与如何促进学生创造力与创新思维发展，都需不断探索。现有的关于创造力和创新思维的文献侧重于研究和概念，或作为创造性活动的集合。STEM 教师亟须一个系统的方法或框架来指导有关的课程规划和课堂教学。

我们在本书中采用创造力 4P 模型作为培养 STEM 教师的方法与框架。当通过创造力 4P 模型的各个维度，即从人、历程、产品和环境的视角考虑和分析问题时，创造力的复杂性和多重性就可以得到系统观察。基于广泛的学术研究得到的这个模型为我们提供了一个科学视角，通过它，我们可以研究与创造力关联的各个方面，开发创造力的培养技巧，并加以应用。

因此，在衡量学生的创造力或考察学生的个性时，与其只关注"我的学生有多强的创造力？"这样的问题，我们更愿意寻求诸如"这个学生是如何学习创造力的？"和"学生以什么方式展示他的创造潜能？"这类问题的答案。在此过程中，我们关注的重心从对学生创造力的表面化定量测量转向更深入的分析，探索发现学生将创造力用于何处，以及通过何种过程来展示这种创造力。

在本书中，作者们以各自的教学经历为基础，展示了他们如何通过开展创造力教学来享受教学，如何激励学生积极参与课堂的学习活动，如何让学习更有趣和更吸引人，如何从细微处发现机会让学习的过程活跃起来。如果做对了创造力教学，教师会更愿意走出自己的舒适区，进而从师生在教学中的参与度、学生自身的表现以及取得的成就中获得回报。

对如何培养学生的创新思维与创造力这一问题，本书侧重于通过师资培训、采用有效的评价策略、引入干预性措施以及将信息技术纳入教与学来实现。案例研究讨论了影响创新思维培养的各种因素：课堂环境、教学方式方法、教学技巧与工具，以及在学校的各个层面推进创新教育。这些案例提供了充分的证据，证明创造力和创新思维技能是可教、可学、可实践和可评价的。

本书旨在通过创设一个有利的学习环境，鼓励应用创新思维的过程和创造性产品产生的战略和工具来协助教师激励学生，并且培养教师在课堂教学中有意识地运用创新方式和方法。

最后，我强烈鼓励我们的读者将创新思维培养纳入自身的教学实践。这其实不在于你自己是否富有创造力，而在于你是否想教得更有创意，是否愿意尝试新的想法。

希望本书能够成为你实现专业发展与推进创造力和创新思维培养的实用资源。

陈伟权博士

新加坡管理学院副教务长

# 这本书如何打开

在 21 世纪，人们需要具备创新思维和创造力，这要求学生在各教育阶段接受递进式创新教育，除了覆盖学校的各种课程外，还包括第二课堂、第三课堂等。本书的书名是《STEM 与创新思维》，其中的创新思维教育涉及多个相关话题，在本书中既包含创新思维培养，又包括与创新思维培养有关的学校文化、教师培训、物理环境、外部资源、课程和创新思维与创造力的评价。STEM 教育最重要的目标就是创新思维和创造力培养，创新思维教育既可以融入综合性 STEM 课程，也可以融于任一学科，如语文、科学、数学等。

## 这本书为谁打开

本书为所有需要运用创新思维于教学和管理的教师与管理者服务，本书的使命可以用下面这个公式来表达：

创新思维教育（普及性 + 普遍性）= 创新思维教育的普惠性

创新思维教育的普及性指的是从学前教育到基础教育再到高等教育的各个层次的学生都要进行创新思维教育；而普遍性指的是创新思维教育的范围，既包括课程也延伸到课程以外，如通过在学校行政管理、校园建设和校园文化建设、教师培养与发展以及对外合作等之中，引入政策、机制、流程去培育学生的创新思维和创造力。当所有的学生都可以在充满创新的环境中、在教学与活动过程中学会创新思维、体验创造力的时候，创新思维教育就完成了为每一个学生服务的使命。这就决定了本书的读者群体，包括了从学前教育到基础教育甚至是高等教育的研究人员、教师、行政人员和管理者。

# 如何解码这本书

创新思维是一种重要的工作方法，它可以赋能学生在不久的将来自如应对工作、生活带来的各种挑战；也可以为社会带来更大的价值。赋能学生的前提是赋能学校，而这中间最重要的一环是赋能教师。在创新思维培养方面，应该赋能教师什么、可以赋能教师什么、如何赋能教师是本书主要考虑回应的问题。赋能教师并不是让教师学得越多越好，而是设计出相应的培训课程，让教师学得越精越好，甚至越少越好，所谓"精"是知识和技能的精练、精准。

创新思维教育主要是教师和学生这两个群体共同参与，教师需要相关的培训和发展，学生需要创新思维的成长和创造力的提升。创新思维教育中教师的培训与发展和学生的成长与提升要秉承以下重要原则。

教师要学习的是相对稳定和基础的与创新有关的知识、方法和工具。教师不是负责创新的，而需要学会如何创新地调整教学内容和方法，设计学习过程，让学生有兴趣并愿意学习，督促和激励学生自主探索并享受创新的过程。教师要掌握的是如何调整自己的角色，如何做好学习过程中的协调者和项目管理者。教师的最大成果是启迪学生的创新意识，培育学生的创造能力。

教师培养学生的创新思维主要围绕知识与技能、流程、态度三个方面展开。知识与技能即让学生学习和掌握沟通能力、分析能力、推断能力、反思能力等；流程主要包括调研的流程、创新解决问题的流程、决策的流程，这些与流程有关的知识相对稳定，各科教师可能已有学习和体会；态度指的是教师通过设计教学活动激发学生的好奇心，使用方法和工具鼓励学生自主探索、应对挑战、学会从失败中学习，创建一个友善的环境、使用正确的沟通方式与学生对话交流。以创新驱动、以学生为中心的师资培养模型（见图0-1）所涵盖的5个方面基本反映了本书各个章节的内容。

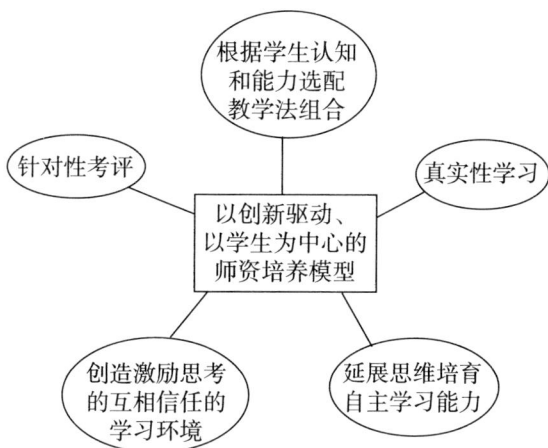

图 0-1 以创新驱动、以学生为中心的师资培养模型

# 目　录

## 第一部分

# 第 二 部 分

# 第一部分

从第一章开始，本书将带你认识 STEM 创新思维教育相关的核心概念、原理与方法技能。

# 第一章 教育创造力

创造力是创新思维培养的关键技能

中观层面剖析创造力及教育创造力

STEM 教学框架下的创新思维培养

科技是第一生产力，创新是引领发展的第一动力。面对世界百年未有之大变局，无论是满足我国经济社会发展和民生需求，还是应对激烈的国际竞争，解决"卡脖子"的问题，都亟待原始创新能力的提升。习近平总书记强调，要把原始创新能力提升摆在更加突出的位置，努力实现更多"从0到1"的突破。这个突破根本上要靠创新人才培养。

　　当前社会，人口红利不断下降，单纯依赖资源的投入和扩大生产的粗放发展模式已经难以为继，加强STEM教育、注重创新人才培养是适应经济社会发展需求的人才培养的重大改革方向。

---

本章学习目标：
●宏观上理解创造力的概念及其至关重要的原因。
●中观上剖析创造力的模型和不同维度的教育创造力。
●微观上掌握STEM教学中创新思维的培养。

# 一、创造力是创新思维培养的关键技能

## （一）创造力的概念

### 1. 创新驱动发展，创新的关键技能即创造力

创新已经成为经济合作与发展组织（Organization for Economic Co-operation and Development， OECD）国家经济增长的驱动力，也是政策制定者和雇佣者关注的焦点。创新是区分创造者和非创造者的关键技能。它有助于个人和社会的进步，确保我们掌握技术后朝着一个更持续和文明的世界前进（蔡典谟，1986）。将发展创造力作为资质优异与特殊天赋教育的首要目标，已经成为国内外心理与教育学者的普遍共识（吴武典，1997； Davis et al.，1997；Gallagher， 2002； Piirto， 1999）。因为唯有具备丰富的创造力才能使资质优异者在各个领域充分发挥创新能力，承担创造者的角色。皮尔托（Piirto，1999）更是强调：创造力使得个人才华得以发挥和施展。

创造力并不是特征，而是结果。它不是针对特定的人或特殊的商品，而是人、物品和环境共同作用的结果。创造力不是少数天才才具有的特质，它具有一定的普遍性，是任何人都可以发展的能力，且创造力是易于教学的（Baer et al.， 2006； Craft，2000）。心理与教育领域则是由美国著名创意思维大师奥斯本（Osborn）在 1954 年创立美国创造教育基金会之后逐渐开展创造力训练和创新思维教育的研究（Guilford， 1977）。创造力和批判性思维使知识型人才成为社会发展的主要动力,也是未来世界需要掌握的必不可少的技能。

大多 OECD 国家都有不同形式的批判性思维教学和创造力学习课程。创造力和批判性思维在基础教育和高等教育中的重要性已经成为全球共识（Fullan et al.，2017；Newton et al.，2014；Lucas et al.，2017）。许多国家逐步认识到教育在培养创新思维方面的作用，大多数人认为学校应该帮助学生成为"独立思考者"而不是进行简单的知识传递（见图 1-1）。

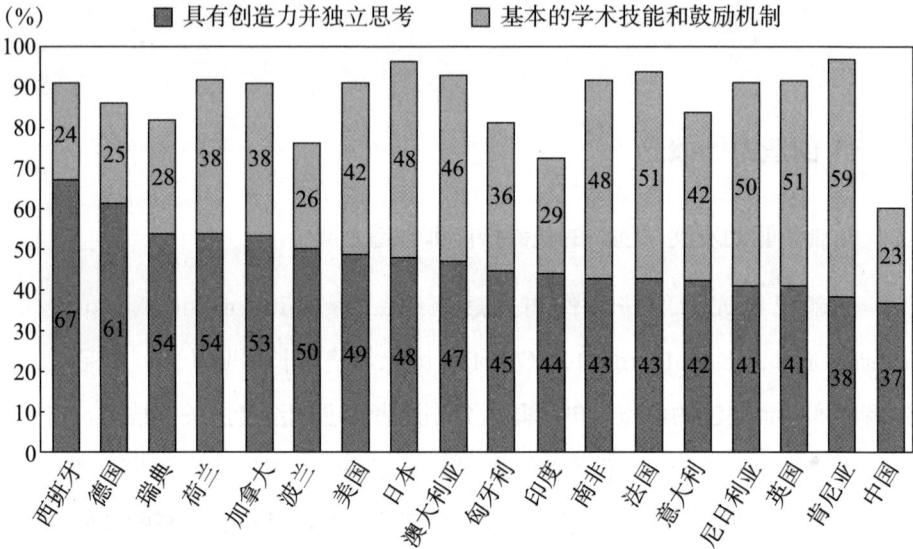

图 1-1　不同国家创新思维和传统思维教育占比（Pew Research Center，2019）

### 2. PISA2021 和 OECD 对创造力的定义

创造力，creativity，有人把它视为"跳出盒子的思考"，即创造性的想法和行为应该要么改变盒子的边界，要么重新建立一个新盒子。在人类能力层次中，创造力是一种打破常规，产生新思想、新发现和创造新事物的能力，是一种较高的综合能力。一个人是否具有创造力，以及具备多少创造力也被看作区分人才的标志。

吉尔福德（Guilford）于 20 世纪 60 年代提出智能结构（structure of intellect，SOI）的智力理论，将扩散思维纳入智力范围，强调创造力是影响人类智能表现的重要因素，更是促进创造力研究和创新思维发展的动力。创造力研究重点和创新思维发展经历的三个阶段见表 1-1。

表 1-1　创造力研究重点和创新思维发展经历的三个阶段

| 时间 | 创造力研究重点和创新思维发展 |
| --- | --- |
| 20 世纪 50—60 年代 | 强调发散思维 |
| 20 世纪 70—80 年代 | 倡导创新思维和批判性思维的重要性、多元化能力与技巧的发展 |
| 20 世纪 90 年代至今 | 注重影响创造力表现的个人因素、过程因素、环境因素 |
| | 更加强调实际情境中问题解决能力的培养 |

创造力是一种可感知的产品，是个人或群体通过个人资质、成长过程和环境的相互作用产生的，这种产品在社会背景下被定义为新颖的和有用的。

国际学生评估项目（Programme for International Student Assessment，PISA）中 PISA2021 对创造力的定义是个人或者团体在社会背景下创造一个既新颖又有用的可感知的产品过程中，态度、过程和环境的相互作用（OECD，2019a）。此定义反映出创造力是一个多维概念且具备一定的社会性质。创新思维则是有效地参与创意的产生、评估和改进的能力，也就是能够形成新颖有效的解决方案、能对知识进步和想象力进行有效表达。

OECD 对创造力的定义是由斯滕伯格和卢巴特（Sternberg et al.，1999）提出的"Work that is both novel and appropriate."，创造力是产生既新颖（即原创、出人意料）又适当（即有用的、适用的）作品的能力。创造力是在其标准和约束下的系统或环境中发生的，它不只是做一些新的事情。

### 3. 具备创造力的学生的表现

创造力涉及的学生思维或行为包括：

①质疑和挑战。

②建立联系，看到关系，设想可能。

③探索想法，保持选项开放。

④创新思维和批判性思维、行动和结果。

这种富有想象力的活动旨在实现一个目标：这些过程需要生成创意产品；结果必须与目标相关且具有一定的价值。其中的创新思维和批判性思维是社会创新发展的基本技能，也是数字化时代就业的关键技能。2016 年，跨国和大型国内企业的首席执行官、首席人力资源官在回答世界经济论坛（World Economic Forum，WEF）"未来工作"（future of jobs）调查时，将批判性思维和创造力列在 2015 年劳动力市场十大最重要的技能之中，分别排在第 4 和第 10 位。2020 年，从世界经济论坛（2020）相关报告中可以看出，创造力、原创能力与主动性（creativity，originality and initiative）从第 10 位上升至第 5 位，排在榜首的是分析思维与创新能力（analytical thinking and innovation）。未来的工作中，创造力和创新思维将成为必不可少的重要技能。

### 4. 有利于培养创造力的习惯

有利于培养创造力的习惯主要有以下 4 个方面：好问、想象、行动和反思，这和批判性思维的培养一致（见表 1-2）。这 4 个方面的习惯也可以用于设计新的课程计划，推进现有的课程计划，有助于教师更好地理解创造力和批判性思维，在教学过程中变得更具创新性。

表1-2 学生创造力和批判性思维的培养过程

|  | 创造力：<br>提出新想法和方案 | 批判性思维：<br>对想法和方案提问并评价 |
|---|---|---|
| 好问 | 与相同或者不同学科的其他概念和知识建立联结 | 识别出并质疑假设中普遍接受的想法及做法 |
| 想象 | 生成并考虑不寻常的和冒险的想法 | 基于不同的假设考虑一个问题的多个视角 |
| 行动 | 制作、表演或者想象出一个有意义的结果，这个结果是有个人新意的 | 从逻辑、伦理或者审美等准则出发解释一个产品、解决方案或者理论的优势和局限性 |

| | 创造力：<br>提出新想法和方案 | 批判性思维：<br>对想法和方案提问并评价 |
|---|---|---|
| 反思 | 反思解决方案的新颖之处及其可能的结果 | 反思所选的解决方案和可能的备选方案 |

尽管不同学者对创造力的界定是仁者见仁智者见智的，但创造力成果需具有新颖性和有用性这点是被大多数学者认可的，创造力对数字化时代的人类是至关重要的，其涉及的思维以及习惯也是不可或缺的。接下来，我们将介绍为什么当今社会对创造力培养的呼声这么强烈，它究竟为什么至关重要。

## （二）创造力在数字化时代的重要性

### 1. 创造力是进行创新的必需技能

创新已成为 OECD 国家经济增长的动力之一，成为经济发展的焦点。培养创新人才，使人们有能力为创新做出贡献和适应，已经成为教育领域的目标。个人、企业和国家都在积极主动地进行创新。这就引发了一种双重运动：一方面驱使人们成为创新者、创造者，有创造力的企业家或自我创业家；另一方面促进人们适应创新所带来的种种变化，适应创新环境（OECD，2010）。

### 2. 创造力是数字化时代的重要技能

数字化促使由新科技领头的新工作方式蓬勃发展。智能机器人的出现，迫使 1.2 亿工人进行再培训和技能升级，数字技术融入人们工作的方方面面，也改变了人们的生活方式以及人类与世界互动的方式。随着数字化时代日益发展，下一代的教育改革也将不断推进。面向未来，技术的进步让越来越多的自动化工作成为可能。机器比人类更能胜任机械化的硬技术工作。在这种趋势下，培养下一代的重心应着重于软技能的提升而非具体的硬技能。软技能包括学习和适应变化的能力，创造力将在人们的职业生活中变得更加重要，在未来几十年里，劳动力市场对创造力人才的需求将大幅增加。

### 3. 创造力是人类和社会进步的关键

创造力对个人福祉发挥着重要作用，但更多时候被视为现代民主制度运作的重要支柱。古代哲学传统把它看作拥有美好和幸福生活的一种方式（Hadot，1995）。许多人将创造力视为克服当前社会挑战的关键技能，无论是全球性挑战还是小范围挑战。

### 4. 创造力与其他技能息息相关

创造力技能的重要性更在于与其他技能息息相关。未来人才需要覆盖以下三方面的技能（见图1-2）。首先，信息媒体技能，主要包括信息素养、媒体素养、信息交流和科技素养（知道做什么和怎么做）；其次，创造力和批判性思维技能，包括培养创造力的四个习惯（好问、想象、行动和反思）；最后，生活和职业技能，包括自信、激情、领导能力、合作和交流等。

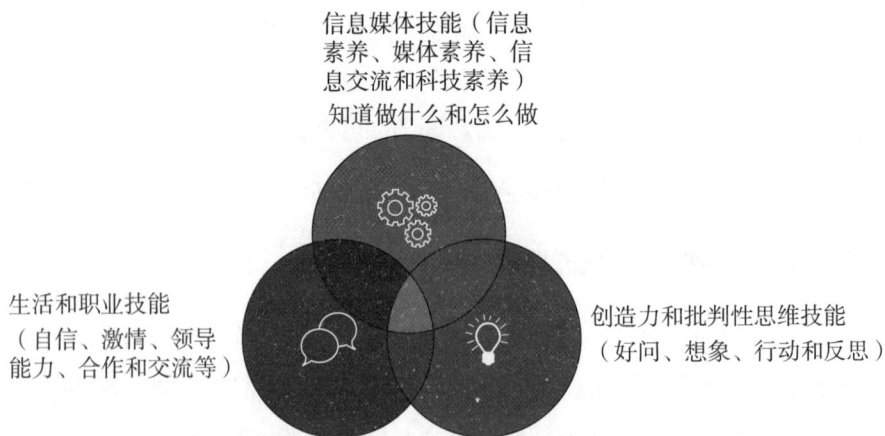

信息媒体技能（信息素养、媒体素养、信息交流和科技素养）知道做什么和怎么做

生活和职业技能（自信、激情、领导能力、合作和交流等）

创造力和批判性思维技能（好问、想象、行动和反思）

图1-2 未来人才所需技能（OECD，2019b）

5G 技术、动力电池汽车、无人机等发明创造，说明社会的发展离不开创

造力，创造力促进文明的发展和社会的进步。虽然在不同的环境下，创造力的表现形式和内容各不相同，但对于个人发展、社会进步、国家发展而言，创造力都是综合竞争力的重要体现。创造力在教育中也起着至关重要的作用。

## （三）创造力在教育领域的重要性

### 1. 创造力在各国教育领域都至关重要

创造力在世界各国的教育系统中都被设为培养目标，尤其是在创造力经济本身被认为是重要经济组成部分的国家（见表1-3）。

表1-3　世界各国对创造力的培养

| 国家 | 创造力在教育系统中的培养 |
|---|---|
| 苏格兰 | 苏格兰卓越课程致力于培养具备四个能力——成功的、自信的、负责任的和有效的学习者和贡献者。创造力分布在三个能力上，尤其表现在成功的学习者上 |
| 威尔士 | 威尔士课程有四个核心目标：雄心勃勃的有能力的学习者，健康自信的个人，有进取心的创造性贡献者和有道德素养的公民 |
| 芬兰 | 2014年推出了新的国家课程，数学、环境研究、生物学、地理学、物理学和健康教育等科目与"横向能力"结合，这些能力是人生成功所需要的。学校每年必须教授至少一个跨学科的模块。这需要他们能够以可能鼓励创造力的方式工作 |
| 新加坡 | 新加坡根据21世纪技能的结果进行框架教学，其中之一是，到初中教育结束时，学生应该有创造力，有探究头脑。新加坡小学教育的课程也以创造力为核心目标之一 |
| 澳大利亚 | 澳大利亚课程将创造力描述为一种"普遍能力"（general capabilities），可以嵌入所有学校，将其与批判性思维共同表述为"批判性思维和创造力"（critical and creative thinking, CCT）。批判性思维和创造力中包含的知识与技能在基础教育每一年的课程中都有具体的学习规定 |

## 2. 创造力是教学中需着重考虑的思维

要在教学中培养创造力，需要设计有助于创新思维发展的教学任务（Levenson，2013）。从教学任务本身分析，需要考虑任务的特征和学生的认知需求，但如果从教学任务的选择原因分析，我们除了要考虑任务本身，还要考虑任务带给学生的情感体验（见图1-3）。而这些情感因素的特征（感兴趣的、好奇的、失败的、无助的等）均是创造力在教学思维中的体现。

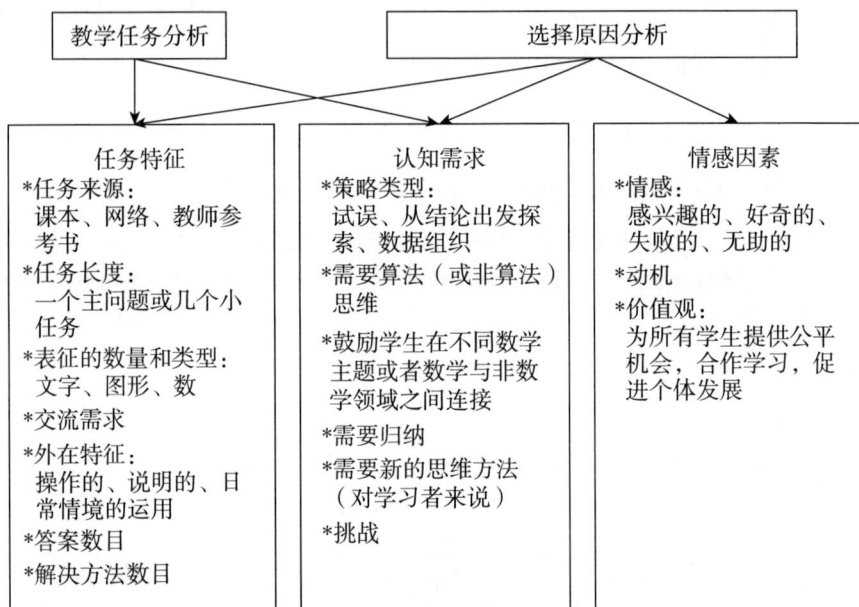

| 教学任务分析 | 选择原因分析 |
|---|---|

| 任务特征 | 认知需求 | 情感因素 |
|---|---|---|
| *任务来源：<br>课本、网络、教师参考书<br>*任务长度：<br>一个主问题或几个小任务<br>*表征的数量和类型：<br>文字、图形、数<br>*交流需求<br>*外在特征：<br>操作的、说明的、日常情境的运用<br>*答案数目<br>*解决方法数目 | *策略类型：<br>试误、从结论出发探索、数据组织<br>*需要算法（或非算法）思维<br>*鼓励学生在不同数学主题或者数学与非数学领域之间连接<br>*需要归纳<br>*需要新的思维方法（对学习者来说）<br>*挑战 | *情感：<br>感兴趣的、好奇的、失败的、无助的<br>*动机<br>*价值观：<br>为所有学生提供公平机会，合作学习，促进个体发展 |

图1-3 创造力教学任务分析框架（Levenson，2015）

邱美诗（Chiu，2009）对我国台湾地区三名小学五年级在职数学教师进行课堂观察和访谈，调查他们对创造性问题（有多种或发散性解法）和非创造性问题（有唯一且收敛的解法）的个人建构和教学方法，从中提炼出数学教学的三种类型：自由型、推理型和技能型（见表1-4），并指出最适合创造性问题的教学方法是自由型教学。

表 1-4　三种数学教学类型的比较

| 比较维度 | 自由型教学 | 推理型教学 | 技能型教学 |
|---|---|---|---|
| 课堂解决的问题类型 | ●自由型问题：程序开放、答案开放 | ●推理型问题：程序开放、答案封闭 | ●技能型问题：程序和答案都封闭 |
| 原问题和教师创造出的新问题的联系 | ●外部联系：外向型思维，通常与现实生活相关 | ●内部联系：内向型思维，通常与深度意义相关 | ●平行思维：原型思维，效仿原问题的表面结构 |
| 产生创造性问题的时机 | ●一个自由型问题刺激产生另一个自由型问题<br>●对于任何问题，至少有一个与生活相关的真实问题 | ●当学生确实清晰理解时，任何问题可以转化为推理型问题 | ●当给出教学建议时，教师创建结构良好的问题作为样例<br>●教学最后，教师创建结构良好的问题用于评价 |
| 课堂氛围 | ●放松的 | ●认知脚手架 | ●竞争的 |
| 基于的知识 | ●教学知识和认知知识结合，强调教学知识 | ●教学知识和认知知识结合，强调认知知识 | ●科目事实的内容知识 |
| 教学目标 | ●基础理解 | ●清晰理解 | ●好的成效 |
| 学习方法的信念 | ●对数学持积极态度、自主学习 | ●深度理解 | ●解法策略知识和练习 |
| 干预 | ●鼓励想象力，探索环境 | ●通过挑战性和关键词提升理解 | ●提供解题技巧，创造成功体验 |

从表 1-4 中可以看出，推理型教学所倡导的"深度"理解很可能并没有达到教育创造力倡导的深度理解。弗罗伊登塔尔（Freudenthal）指出，数学的教育内容来自现实世界，学习"现实的数学"内容才可以掌握比较完整的数学体系。进行"现实的数学"学习，有利于创造性地于现实中应用数学知识。对此，教师实施的教学策略也各不相同，这和教师本身对创造力的理解不同有关。

### 3. 不同教学策略对学生创造力培养的潜力不同

教师对不同学生学习的策略看法（如直接传递法和建构主义法）导致他们对教学和评价方法的选择不同，进而会影响对学生创造力的培养。列夫·扎米尔（Lev-Zamir et al., 2011）观察两位教师的教学，尽管教学任务相似，但由于课堂环境和教学策略不同，也带来了学生的表现和创新思维发展方面的差异（见表1-5）。

表1-5　两位教师教学中的行为及学生行为对比

| 教师1对应的教师行为 | 教师2对应的教师行为 |
| --- | --- |
| 控制课堂 | 允许学生自由作业 |
| 不确定学生是否有能力解决问题并给出多种解法 | 观察学生对问题是否熟悉，伺机为学生提供创造性问题 |
| 静站一旁，忽视或肯定学生的答案 | 走动于学生间，倾听并要求说明和解释 |
| 通过问指导性问题，引导学生得出教师期望的答案并写在黑板上 | 将学生的解法稍做记录于黑板上，不干扰学生作答 |
| 教师1对应的学生行为 | 教师2对应的学生行为 |
| 单独解题，对教师提出的问题给出简短的答案，交流只存在于一名学生和教师之间 | 小组活动，与其他组交流，所有学生间交流 |
| 只向教师验证解法 | 利用海报向全班验证解法 |
| 教师仅在黑板上呈现单一解法 | 四名学生在黑板上展示四种解法 |

课堂上教师与学生之间主要靠对话交流，相当多的研究探讨教师如何在对话中引发学生思考，研究表明创造力的发展大多基于对话中突现的新想法和类推（Wegerif, 2010）。克拉夫特（Craft, 2013）的"可能性思维"就是这样一种创造性对话，它是用不同的方式询问"如果……将怎么样"，其中涉及提出问题、发挥想象以及两者之间的互动，这都有利于创造力的发展。同

时，教师对创造力的积极、民主的看法，即支持每个人都可以培养和展示创造力的想法，有助于培养学生的创造力。在所有学科中，越来越多的教师支持这样的观点，即创造力教学（teaching for creativity）需要创意教学（creative teaching）。

虽然创造力培养至关重要，但其在课堂教学中的实施存在一定的障碍。大致原因有教师缺乏时间、课程超负荷、相关培训不足、标准化考试和评估缺乏创造力评价的清晰度，在不同国家的课堂上，教育创造力都体现出了一定的障碍性。因此，寻找新的培养创新思维的教学策略也是非常有意义的事情。

### 4. 创新思维教学发展趋势

对创造力的研究发展至今，已朝着学科融合的趋势迈进。创造力理论架构与创新思维教学模式，就是结合多个领域提出的。创新思维教学主要呈现以下发展趋势：

①适用于不同的学科，以培养各专业领域的创新人才。

②充分结合专业领域的知识，以培养学生在专业领域发挥创新能力。

③对于学生创造力表现的引导和评价，应采取多方面的观点与方法，以拓展学生创造力表现的宽度和广度。

总而言之，创造力是一种包含多个维度的综合品质，其中涉及的多种思维和行动能够促进社会改革发展，尤其是当今社会热度很高的创新思维。因此，对创造力的研究要从多维度、多方面综合进行。接下来，我们将从中观层面对创造力和教育创造力进行剖析。

# 二、中观层面剖析创造力及教育创造力

## （一）创造力 4P 模型

1961 年，罗德（Rhodes）在《创造力分析》（*An Analysis of Creativity*）一文中提出了创造力 4P 模型，将关于创造力的研究分为创意个人（person）、创意历程（process）、创意产品（product）和创意环境（press）四个方面。以下根据创造力 4P 模型深入探讨创造力的本质。

### 1. 创意个人

对创意个人的认识经历了一系列过程（见表 1-6），从最初的根据想象等发展经验对一系列行为所产生的人格特质，到喜欢接受挑战、自信等。

表 1-6　创意个人的定义发展历程

| 研究者 | 对创意个人的定义 |
| --- | --- |
| 特帝夫和斯滕伯格（Tradif et al.，1988） | 想象、专注、丰富、特殊的发展经验，对不同观点的容忍态度、克服障碍和成长的意愿、内在动机、冒险精神和愿意忍受挫折的人格特质 |
| 周和奥尔德姆（Zhou et al.，2001） | 对问题有足够的容忍力、好奇心、自信心，愿意了解扩散性资讯和观点 |
| 霍夫和卡尔森（Hoff et al.，2002） | 自信，能提出批判性观点，热情，喜欢接受挑战 |

### 2. 创意历程

创意历程着眼于认知历程的心理运动，将创意历程视为运用心智模式解决问题的过程。尤其是吉尔福德（Guilford，1986）从智能结构的智力理论出发，在扩散思维和聚敛思维理论中探讨创造力。创造力在心智运动历程中表现为：扩散思维的流畅力、变通力和独创力。流畅力是指产生新颖的点子的能力，即答案的数量；变通力是指改变思考方向的能力；独创力是指能产生稀有的点子且不是偶然发生的能力，表现为点子的质量。创造力始于对问题的察觉及界定，继而通过心智活动，提出解决方案，最后经过验证、评鉴，获得解决问题的方法。

### 3. 创意产品

许多学者提出判断创意产品的标准，周和奥尔德姆（Zhou et al.，2001）指出新奇和有用性是创意成果的必要条件，缺一则不构成创造力。迈尔（Mayer，1999）对于创造力的定义也指出，新颖性（独创性）和有用性（适当性）是公认的创造力产品的两个主要特质。综合各个专家的说法，创意产品标准应是新奇的、有影响力、有价值或对社会有用的（de Souza Fleith，2000），其中也包括具备创造力的学生。

### 4. 创意环境

创意环境是促进创造力培养的环境，是可以提高个人创造动机，培养创造人格特质，并包容不同种类的创意历程、鼓励创造生产的环境（毛连塭 等，2001）。加拉格尔（Gallagher，2002）将有助于提高学生创造力与动机的教学环境分为：

①物理环境方面：开放性的教室空间；行动的自由度。

②心理环境方面：提供给学生丰富的学习机会以激发学生的创造力；接纳学生独特的构想以促进学生摆脱思想束缚，大胆地思考和设想。

综合上述主张，研究者认为：创造力的培养，必须具备下列两方面环境条件的配合：

①学校与社会环境条件：包含教育制度、社会风气，学校行政单位、教师与家长等对创造力培养的认同、支持与配合。

②教学情境条件：教师运用有助于学生发挥创造力的班级管理策略，营造激发学生创造力的课堂氛围。

关于创意环境方面的具体内容，我们会在第二章中进行详细阐述。

## （二）教育创造力的三个维度

教育创造力的三个维度包括创意教学（creative teaching）、创造力教学（teaching for creativity）、创意学习（creative learning）。

### 1. 创意教学和创造力教学

根据英国创意文化教育咨询委员会（National Advisory Committee on Creative and Cultural Education，NACCCE）的相关报告，创意教学和创造力教学的区别在于：

①定义不同：创意教学是教师使用新奇的方法使学习更有趣、更高效（NACCCE，1999）；创造力教学的目的是培养学生的创新思维和创造力，以及鼓励和提供机会以提高学生的创新思维和创造力（Jeffrey et al.，2004）。

②关注的焦点不同：创意教学关注教师实践；创造力教学强调学习者团体（Craft，2005）。

③特点不同：创意教学的特点是具有想象力、创新性，有活力；创造力教学的教学策略有利于学生的参与和发挥，让学生学会学习，开发更多的可能性，寻求机会引发学生的好奇心和学习动力（Cropley，1992）。

总而言之，创意教学和创造力教学是促进学生创新思维发展和创意实施必不可少的内容，两者相互连接且缺一不可。

## 2. 创意学习

当提及教育创造力时，很多研究和概念基本都是关注教师、课堂内容或者教学内容等，很少关注学习的重要性，直到近些年复杂的教学模式等的提出（Watkins et al.， 1999），创意学习才被作为教育创造力中一个必不可少的因素。创意学习的特征在于游戏化（Kangas， 2010）、合作化（Mardell et al.， 2008）、想象力和可能性思维的发展（Spendlove et al.， 2008）。

## 3. 创意环境与三维度关系

有助于培养创造力的支持环境也是必不可少的，教育创造力的三个维度均是在创意环境下实施的（见图1-4），说明教育创造力的实施离不开创意环境（具体叙述见第二章）。通过创意教学，教师传递他们的激情、想象力和其他智慧来鼓励学生培养创造力（Lucas，2019）。关于创造力教学的必要原则是提供问题解决式的学习内容和赞赏学习者的创意贡献。

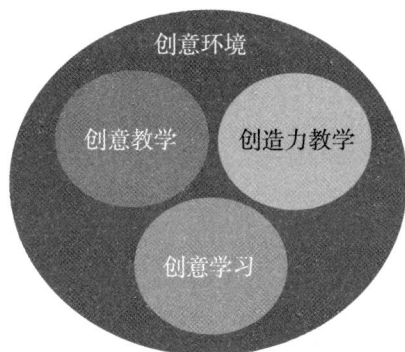

图1-4　创意环境下的教育创造力三维度

学校教育创造力的实施是层层递进的。从校园文化环境（ethos）出发，针对学生的人格特征（personal characteristics），采用不同的教学法（pedagogy），引导学生完成创意实践（见图1-5）。

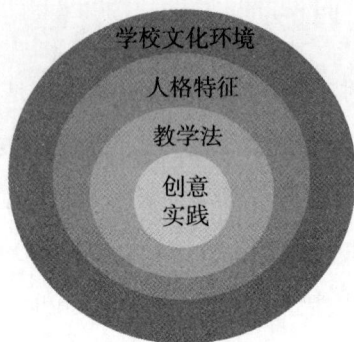

图 1-5　教育创造力的实施框架

林崇德（2010）认为创造性教育是由创意教师通过创意教学法培养创意学生的过程。它由学校的三种群体共同作用产生五种教育效能（见图 1-6）。三种群体是以校长为首的创意管理队伍、创意教师队伍和创意学生队伍。五种效能是创意管理（以校长为首建立）、创意环境（创意管理者建立）、创意教师队伍（校长带领下建立）、创意教学（创意教师开展）、创意学生（创意教师教学培养）。

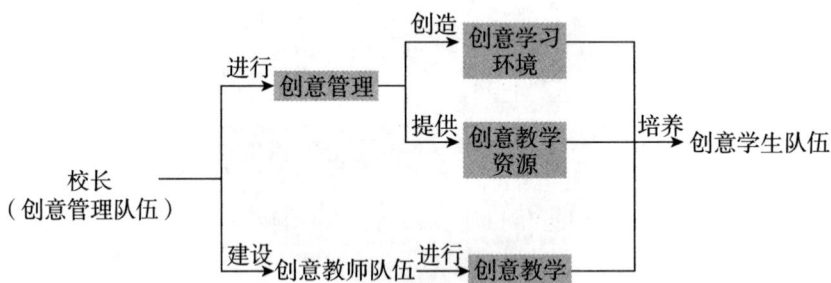

图 1-6　三种群体下的教育创造力框架

教育创造力重视人的个性，关注创新素质，主要包括创意品质、创新思维和创意技能，重视学生内心世界的独特性和人格自由。教育创造力在于激发学生对社会和自然现象产生好奇心，进而发现问题。教师和学生一起思考、一起探究，在整个过程中，培养学生多思考、多提问的习惯。同时，让学生积极参与社会实践，将所学知识灵活运用于社会生活。

教师要启发性地"教"，对学生不只是知识传授，而是要让学生"学会"，更重要的是培养学生思维，引导学生"会学"，启发学生善于学习、勤于思考、勇于创造。学生要创造性地"学"，个人内在追求成功是学生创造性活动的动力，学生自主学习、打破思维定式是创造性教育的一项原则。积极的创造动机有助于激发学生的创造能力，形成批判性思维，提高创造力。

与其他国家相比，中国学生一向被认为基础扎实，但创造力、问题解决能力方面是"短板"（臧嵘，2012）。而当前我国在基础教育方面更注重知识的掌握和知识体系的建构，对包括创造力在内的21世纪技能关注不足（傅冰，2005；朱小虎，2016）。STEM教学有助于通过学科融合灵活应用知识来解决问题，让学生成为积极的行动者，创造性地解决真实情境中的问题。

接下来对STEM教学框架下的创新思维培养做进一步微观分析。

# 三、STEM 教学框架下的创新思维培养

STEM创新思维培养是一个通过STEM教育设计培养教育创造力的过程，要完成这个过程，教师应该具备何种素养？学生创意学习的关键要素又是什么？STEM创意学习是否仅存在于教室里？STEM创造性教学中应该开展怎样的活动？STEM创新产品又该进行何种评价？接下来将结合上述问题分别进行阐述。

## （一）STEM 教学框架下教师应具备的素养

教师需要培养具有创业精神的学习者，而教师作为榜样同样需要创业精

神，具体可分为下列素养：

①复原力和坚韧品格；　　　　　②预判所承担的风险；

③发现机会并抓住机会采取行动；　④连接人的想法；

⑤尊重和接受思想的多样性；　　　⑥好奇心和创造性；

⑦探索和开发新的解决方案；　　　⑧高度的积极性；

⑨高度的挫折耐受性；　　　　　　⑩将失败视为学习的机会。

## （二）STEM 教学框架下学生创意学习的四个关键要素

在 STEM 教学中，学生的创意学习应具备一些关键要素。首先，教师应该让学生感觉到自己做的事情是有趣的，在整个创意学习的过程中保持身心愉悦；其次，注重培养学生的多维发散思维和广阔视野，让学生时刻充满着新奇的想象力；再次，在 STEM 实施过程中，主动开发并自觉积累经验；最后，应培养学生的任务心态，学生在整个过程中应是有目的地去完成一项任务。学生创意学习的四个关键要素总结如下：

①享受——进行创造力的学习应该是有趣的。

②发散思维——发展想象力。

③经验学习——开发和积累经验。

④动机——培养学生的任务心态。

## （三）STEM 教学框架下的创意学习环境

在 STEM 创意学习的过程中，创意环境至关重要，不仅要重视校园的外部建筑设计，还要重视发挥内部空间作用。打造良好的人文氛围有助于创意学习环境的形成。学生不一定只待在教室里学习，STEM 教学提倡开放的、共享的、积极的和鼓励创新的人文环境，具体参见第二章的详细论述。


## （四）STEM 教学框架下的创新思维的学习评价

STEM 框架下的创新思维教育实践通常需要多方评价，包括教师评价、学生自评、学生之间相互评价、社区或者其他专业人士的评价等。评价的内容也不局限于成果或作品，还可能包括反馈、目标设定、真实性、小组合作、线索联结、语言的重要性、管理与记录等。评价创新思维学习的工具也将分别从创造力 4P 模型的多维度的焦点、特征以及评价工具的例子和描述进行分析和说明，具体参见第五章的详细论述。


## 本章小结

本章主要内容为创造力教育及创新思维的培养。从宏观上我们对创造力的概念和重要性进行了阐述，中观层面上我们对创造力 4P 模型及教育创造力的三维度进行深度剖析，微观上我们结合创造力 4P 模型对 STEM 框架下的创新思维培养进行分析。接下来我们将视角切入创造力 4P 模型的其他层面（包括创意环境、创意教学、创新思维、创造力学习的评估等），并围绕创造力 4P 模型对中国和新加坡创新案例进行深度分析。第二章我们将重点介绍适合学习者发展创造力的创意学习环境，并提供一些可行的方法。

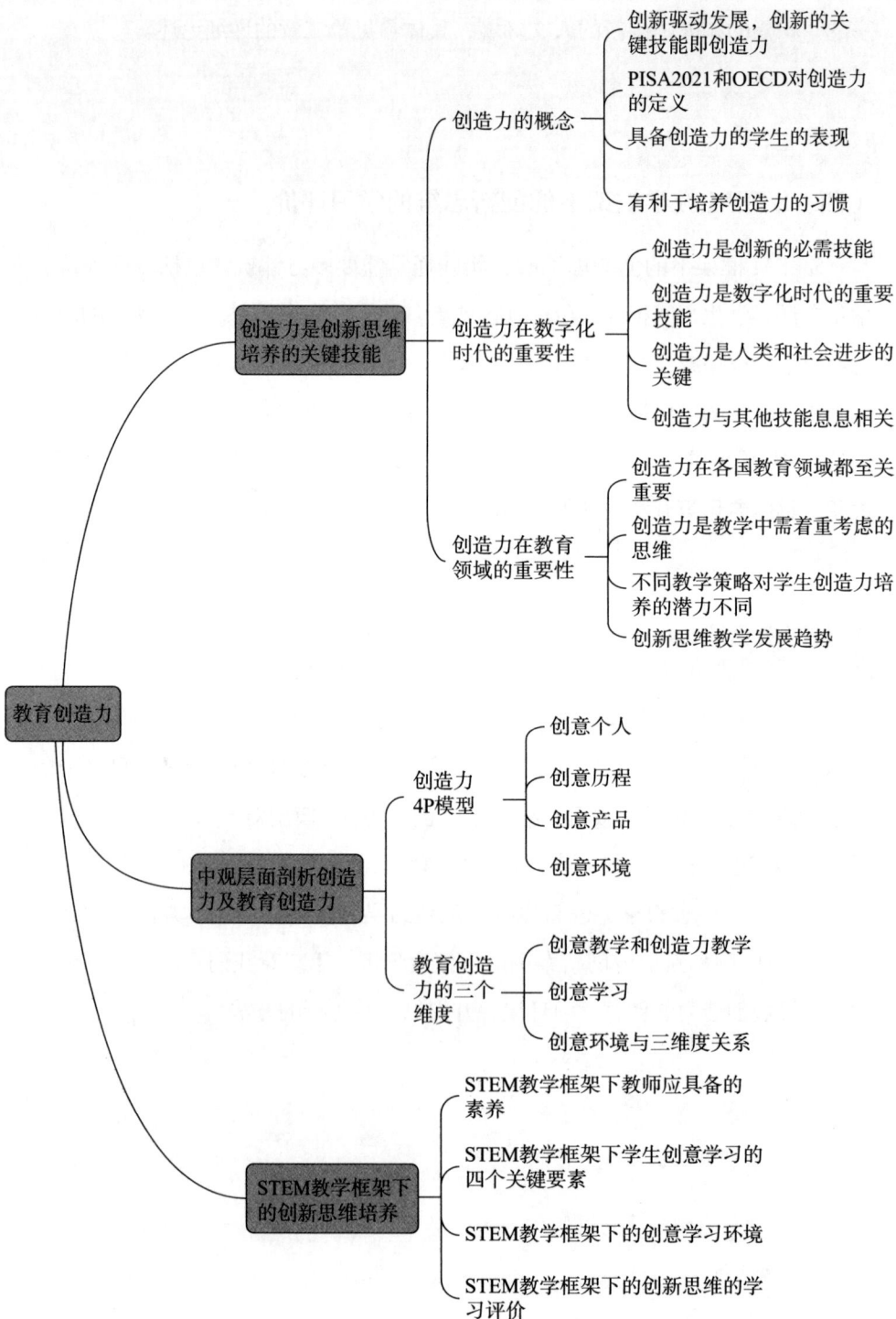

```
                                          ┌─ 创新驱动发展，创新的关
                                          │   键技能即创造力
                                          │
                                          │  PISA2021和OECD对创造力
                          ┌─ 创造力的概念 ─┤   的定义
                          │               │  具备创造力的学生的表现
                          │               │
                          │               └─ 有利于培养创造力的习惯
                          │
                          │                  ┌─ 创造力是创新的必需技能
                          │                  │
                          │                  │  创造力是数字化时代的重要
          ┌─ 创造力是创新思维 ┤  创造力在数字化 ┤   技能
          │   培养的关键技能 ─┤  时代的重要性 ─┤  创造力是人类和社会进步的
          │                  │                  │   关键
          │                  │                  └─ 创造力与其他技能息息相关
          │                  │
          │                  │                  ┌─ 创造力在各国教育领域都至关
          │                  │                  │   重要
          │                  │  创造力在教育   │  创造力是教学中需着重考虑的
          │                  └─ 领域的重要性 ──┤   思维
          │                                     │  不同教学策略对学生创造力培
          │                                     │   养的潜力不同
          │                                     └─ 创新思维教学发展趋势
          │
          │                                  ┌─ 创意个人
          │                     创造力       │
  教育创造力 ┤                  ┌─ 4P模型 ───┤  创意历程
          │                  │               │  创意产品
          │                  │               └─ 创意环境
          ├─ 中观层面剖析创造 ┤
          │   力及教育创造力 ─┤               ┌─ 创意教学和创造力教学
          │                  │  教育创造     │
          │                  └─ 力的三个 ────┤  创意学习
          │                     维度          └─ 创意环境与三维度关系
          │
          │                  ┌─ STEM教学框架下教师应具备的
          │                  │   素养
          │                  │  STEM教学框架下学生创意学习的
          └─ STEM教学框架下 ─┤   四个关键要素
              的创新思维培养  │  STEM教学框架下的创意学习环境
                             │
                             └─ STEM教学框架下的创新思维的学
                                 习评价
```

## 本章回顾与反思

1. 阅读完本章内容之后，你认为全书的核心框架是什么?

2. 本章提出的教育创造力三维度，你认为它们之间存在怎样的联系?

3. 谈谈你对 STEM 教育提高创造力的理解。

# 第二章 创意学习环境

能促进学生创新思维发展的物理空间环境

良好的人文氛围助力创意学习环境的形成

与外部"合作伙伴"联合创建创意学习环境

从学生踏进校门的那一刻开始，创意学习环境便对学生产生潜移默化的影响。宽敞的学校门口有亲切熟悉的教师相迎，绿色安全的校园让学生感到轻松愉悦，教室、公共场地都是学生创意表现的场所，学习资源总是随手可拿、随时可用，满足学生创新思考所用；自由积极的课堂帮助学生表达创意，教师、社区、社会场馆、家长资源都是助力学生创新学习的环境资源。

美国职业篮球运动员欧文说："人类过去、现在和未来，都始终是他们出生以前和出生以后的周围环境的产物。"可见，具有创造力的学习者必须在适宜的环境中产生。如何建设适宜的学习环境，帮助学生发展创造力？围绕此问题，本章将从校园的物理空间环境、人文环境以及校外资源联合三方面展开讨论。

本章学习目标：
- 了解创新学习环境中物理空间环境的布局原则。
- 认识从学校管理、教师教学等角度为学生创建创意学习人文环境的方法。
- 能够有意识地挖掘校外资源为学生创造良好的创意学习环境。

# 一、能促进学生创新思维发展的物理空间环境

学校物理空间是师生学习、生活、交流、活动的场所，包括教学楼、行政楼、实验室、图书馆、餐厅等室内场所，以及校园、绿化区域、露天活动场等室外场所。学校的物理空间支撑学生进行学习、研讨、探究实践、头脑风暴等学习活动，直接影响学生的学习过程和体验。学校物理空间是发展学生创造力的重要硬件条件之一，也是有效培养学生创造力的重要物质支撑。因此，如何在校园内营造舒适宜人的物理环境，创设开放、多样、灵活的校园空间，成为学校亟须面对和解决的问题。

## （一）空间建设原则

以科学的设计理念为依据的空间设计可以保证学习场所符合科学的育人理念。（Addison et al.，2010）从校园整体规划布局到多样化空间设计，都应当以现代教育理念为指导，以科学化、人性化的设计理念满足师生学习生活的需求。为了促使创新活动与学习的有效发生，科学有效地进行学校物理空间建设，我们提出了以下两点原则。

### 1. 符合面向未来的学习理念

2015 年联合国教科文组织发布了"教育 2030 行动框架"，提出要确保

所有人打下扎实的知识基础，发展创造性、批判性思维和协作能力，培养好奇心、勇气及毅力。学校建筑与学习空间环境的设计与培养人的目标和方式直接相关。因此，为培养新时代人才，学校空间设计应当紧扣当今教育理念，改变工业化时代校园布局的统一模式，满足适应时代发展的教育需求。

### 2. 互动共享的开放平台

学校物理空间要满足学生的正式学习与非正式学习，因此在空间布局上要坚持"开放性"原则。在校园建筑里可以创设与社区互动的平台，实现资源的共享。荷兰的代尔夫特蒙台梭利学校把学校大厅建设成公共街道，把教室设计成街边的住宅，学校入口连接着校外。在对社区开放的布局中，可以使用可坐的矮墙或可公共使用的场馆等作为过渡，构建连接校内外的互动空间。校园里许多公共角落或学生活动的"等待区"都可以设计成互动共享的场所。例如，楼道拐角处放置合适的书架、沙发就变成微型图书馆；教室四周可放一些置物架、可移动白板等满足师生日常作业、学习单、教具的摆放。灵活可移动的置物架或白板可满足不同互动学习的需求。创造性地利用教室、学校的物理空间，让学生随处可学，遇到问题可以很方便地查询资料、询问老师，学生可以随时记录"突发奇想"，随地而坐进行讨论，让学校处处都是互动共享的学习场地。

## （二）区域布局设计

创新学习环境应该便于学生进行自主学习和讨论互动。因此可以打破原有的区域布局，设计非线性布局的、开放灵活的多样化学习空间，让学生在生活中学习，促进学生发展创新思维，满足学生独立学习、同伴互学、团队合作、教师一对一教学、讲座、项目化学习等多种学习方式需求。

### 1. 学习社区的非线性布局

学习社区的非线性布局（见图2-1）打破了传统学校的线性布局（见图2-2），将学习空间按照学习需求分成各种形状的学习区，如发现区、讨论区、设计方案学习区、动手制作区、展示区等。学习分区的位置关系排布须符合学生创新学习过程中的思维逻辑和行动路线，保证学生在探究过程中思路不因物理环境分布不合理而中断，并且每个区域要配备学生完成此阶段学习任务的学习工具。比如发现区应配备能展示所发现问题的工具：黑板、白板或者多媒体等，供师生借助不同形式（文字、图画、图片、视频等）展示要研究的问题。

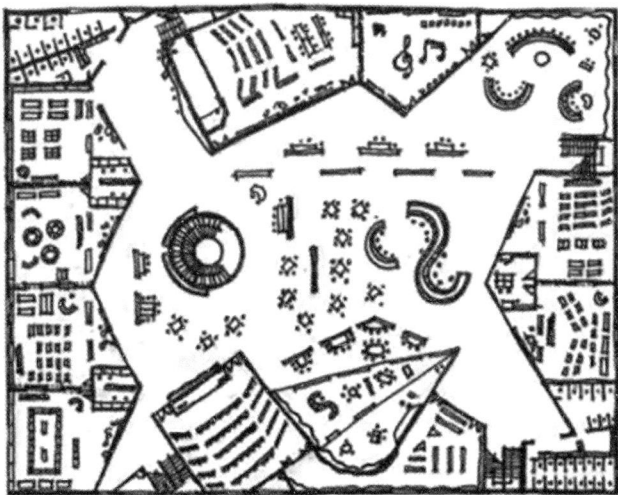

图 2-1　学习社区的非线性布局

图 2-2　传统学校的线性布局

### 2. 开放灵活的学习空间

一所学校总体的建筑面积是有限的，为了在有限的空间内满足学生多样化的学习需求，就需要将不同空间进行灵活的开放与组合。例如，教室之间可以利用可移动隔断进行区域划分，方便需要时灵活扩展空间区域，原则是整合后的学习区域仍要符合学习者发展创造力的思维逻辑和行动路线。此外，为了方便学习者更深入交流，室内的桌椅也可以采用更灵活的方式组合摆放，满足如圆桌会议、头脑风暴等活动的使用。在环境中尽可能多地配备记录灵感或思路的纸笔、展板等物品，让学习者随时可用、随地可拿、随地可谈、随处可坐，让创造性思维随时发生。

### 3. 生活化的学习场所

未来学校的教育强调在真实的世界中学习，课堂是连接书本与生活的桥梁，知识的实践与应用需要紧密联系生活。因此，为满足学生社交、体验与实践的需要，学习空间不能仅局限于教室，还应向更广阔的区域拓展。如在餐厅设置多媒体触屏，普及营养学知识，向教师与高年级学生渗透用餐礼仪。在卫生间里设计"如厕小脚印"，学生可以就如何保持厕内卫生进行探究。生活处处皆课堂，未来学校的学习应该是无边界的。

## （三）中外学校创新设计典型做法

### 1. 重视校园建筑设计

学校建筑与周围环境的良好结合，可以促进校园物理空间更好地与周围环境形成互动。合理的校园设计可以最大限度利用地域优势，发挥环境的作用。例如，在校园内设置生态农场，校园空间较小的学校在建筑顶层平台设计"屋顶花园"等，不仅有利于提高校园的绿化率，而且充分利用了校园环境，为学生提供了科学观察及实践的基地。此外，在建筑的外观上也可以有所创意，美国的威卡里斯小学把孩子喜好的颜色、人物、食物、玩具等元素融入学校环境和建筑中，使整个校园充满了童趣，符合儿童的身心发展特点，让儿童乐于接受校园生活。

## 2. 发挥内部空间作用

建筑的内部空间也应当从师生的需求出发。例如，加拿大的学校设置宽敞的室内公共空间供学生课间游戏、师生午餐相聚、小组讨论等，满足了师生交流、学习、生活的需要。教师的办公室与学生教室相通相连，既体现了教师陪伴学生成长的教育理念，又体现了内部空间的开放性。内部空间在布局开放的基础上，还可以创设个性化的学习空间，适当增强空间的复杂性、灵活性，充分发挥空间的作用。例如，教室区域的个性化辅导教室、图书馆的个性化阅读空间、适合头脑风暴的小空间等，都对学生的发展有着重要意义。

如"头脑风暴屋"的设计，需要尽可能多的座椅以满足多人共同参与。此外，大面积的书写墙也必不可少，这有利于随时记录、梳理参与者的创意设想，使大家的想法"让所有人可见"。本着灵活开放的原则，这些内部空间的设施要方便移动。例如，配置可随意摆放的桌椅，满足多种学习活动形式的需求；加置可移动储物架、耗材柜、移动电源等方便师生取用。

## 3. 重视原有空间的改造

创新空间设计要求具有可推广的普适性。所以在空间设计中，我们应坚持效益最大化原则，在满足学习和实践的基础上，最大限度地发挥空间作用。除了建设新的学习实践区域外，还应重视原有学习空间的改造，在旧有学习空间的基础上进行提升。例如，美国哈格特学校，为了在狭小空间内为学生提供自由学习、活动的场所，围绕体育馆设计的环形走廊既能隔音，又满足了观景的需要。屋顶的探测器既能反射自然光线，又可充当防护栏，保护游戏中学生的安全。该学校充分设计利用原有空间，为学生营造了舒适、丰富的学习和活动环境。

综合国内外的经验可知，创设面向未来的学校空间，要坚持面向未来、以人为本、互动开放的原则。创设非线性的灵活布局，建设开放灵活的学习空间，实现在生活中学习。在物理空间建设中，我们不仅要充分利用周围环境，最大限度发挥物理空间的作用，还要重视原有空间的改造，使创新物理空间设计具有可借鉴的意义。

# 二、良好的人文氛围助力创意学习环境的形成

创新教育的利益相关者——学校管理者、教师、学生，三者需要营造良好的人文氛围，才能形成学校创意学习环境，即学校管理者创新地去做管理、教师创新地去教学、学生创新地去学习。学校良好的人文氛围可以是开放的、共享的、积极的和鼓励创新的，这种氛围下教师或学生的想法都可以充分表达出来，共同商讨改进，将其实现或展示出来，这样的氛围有助于创新的发生。

研究表明，营造学校内部的创造性生态，有利于有效和持久的教育变革（Harris，2016）。所以创意学习环境的形成除了物理环境之外，还需要营造学校内部的创造性生态，即：学校首先为教师营造创意学习的人文环境，进而教师在课堂上为学生营造创意学习的教学环境。

## （一）学校管理

具有创新能力的教师才能够培养出具有创新能力的学生。研究发现学校管理者重视创意技能和能力起关键作用，有助于整个学校成为一个创造性场所

（Harris，2016）。学校管理者需要开发出一套系统的、开放的学校管理模式，让教师勇于创新、敢于创新，这种氛围会渗透到教学中，潜移默化地影响学生创造力的发展。

### 1. 教师培训

研究显示，教师和学校管理者普遍希望进行更个性化的培训、专业发展和全校培训，以培养教师的创造力（Harris，2016）。研究还表明，专业教师培训可以通过在开发思维和跨学科协作方面的技能开发、更好的技能发展，为教育界带来宏观层面的变化（Sawyer，2015）。

提高教师创新能力的培训需要围绕创新思维技能及其实施策略展开，让教师学会创新思考的方法和工具。培训形式建议注重教师参与度，让教师学会创造性地完成学习任务的方法才能"授学生以渔"。培训重点在于让教师充分掌握创新思考的方法和工具。

> 工具一：可视化思维。
>
> 学习者对思维过程的认识越清楚，越能进行独立思考。可视化思维是哈佛大学教育学院"零点计划"（Project Zero）的一个项目，它是一套训练思维能力和学习能力的教学方法，秉承"让思考主导学习"的理念，帮助学习者发展出提炼、概括、推理、分析、综合等思维能力，并学会运用追问、比较、批判、发散、聚合等思考策略。学习者可以使用各种各样的思考套路（thinking routines）将抽象的思维路径、思维结构通过图示或图示组合的方式直观地呈现出来，帮助学习者深入理解概念、激发学习兴趣、学会思考；帮助教师了解学生的见解和错误，同时为教师进一步规划学生的学习进度创造条件，方便学生持续探索。

在学校教育中，为了帮助学生获得最佳学习结果，我们需要将学生的学习过程可视化，也就是让教师看得见学生的学，始终知道自己的作用，进而有的放矢地进行教学设计和研究。另外，让学生看得见教师的教，让学生逐渐成为自己的教师。学校要掌握教师的哪些行为造成了学生学习结果的差异化，学校管理者与教育研究者应该帮助教师思考他们正在对学生学习产生的作用，并帮助教师找到有关这一作用的可靠证据。换句话说，学校要帮助教师"看见"自己的教对学生的学产生的影响。

如何让学习可见？对这一问题的回答涉及另外三个互相关联的问题——"我要到哪里去？""如何到那里？"以及"下一步要到哪里？"教师不仅需要自己回答这三个问题，而且还要启发学生自发地去寻找这些问题的答案（见图2-3）。

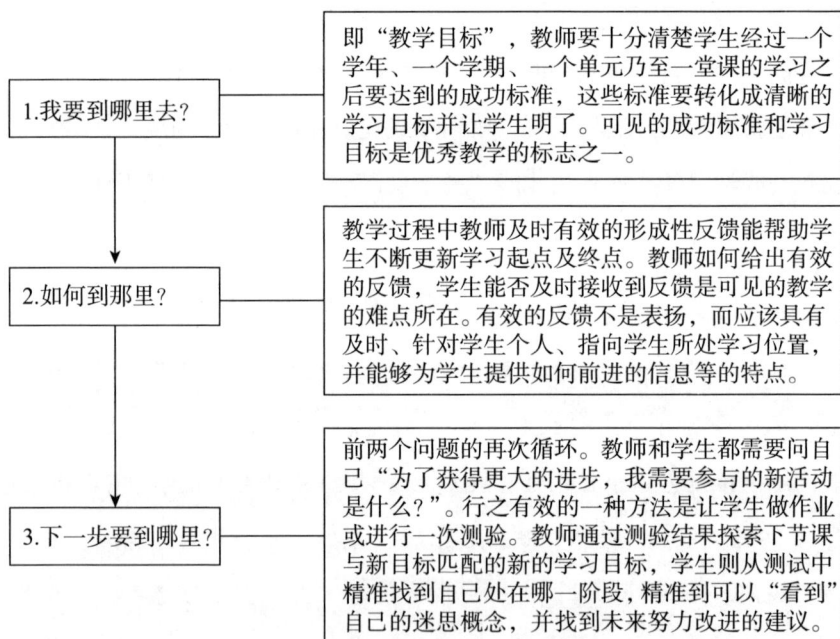

| | |
|---|---|
| 1.我要到哪里去？ | 即"教学目标"，教师要十分清楚学生经过一个学年、一个学期、一个单元乃至一堂课的学习之后要达到的成功标准，这些标准要转化成清晰的学习目标并让学生明了。可见的成功标准和学习目标是优秀教学的标志之一。 |
| 2.如何到那里？ | 教学过程中教师及时有效的形成性反馈能帮助学生不断更新学习起点及终点。教师如何给出有效的反馈，学生能否及时接收到反馈是可见的教学的难点所在。有效的反馈不是表扬，而应该具有及时、针对学生个人、指向学生所处学习位置，并能够为学生提供如何前进的信息等的特点。 |
| 3.下一步要到哪里？ | 前两个问题的再次循环。教师和学生都需要问自己"为了获得更大的进步，我需要参与的新活动是什么？"。行之有效的一种方法是让学生做作业或进行一次测验。教师通过测验结果探索下节课与新目标匹配的新的学习目标，学生则从测试中精准找到自己处在哪一阶段，精准可以"看到"自己的迷思概念，并找到未来努力改进的建议。 |

图2-3　引导学习可视化的问题线索

训练学习者的可视化思维通常有三种思路，如引入和探讨型思路、综合和系统化思路、深入和延展型思路，每类思路都有针对性的思考方法和学习者应该具备的关键思考步骤（见表2-1）。

表 2-1　可视化思维的具体思路介绍

| 思路类型 | 思路名称 | 关键思考步骤 |
| --- | --- | --- |
| 引入和探讨型思路 | 观察—思考—怀疑 | 描述、分析、怀疑 |
| | 思考—疑惑—探究 | 调动已有知识、产生疑惑、计划 |
| | 局部—整体 | 描述、推测、分析 |
| | 构想—回应 | 揭示已有知识和观点、提问 |
| | 3-2-1 关联法 | 调动已有知识提问、提炼观点、通过比喻建立联系 |
| | 指南针定位法 | 做决定和计划、发现个人反应 |
| | 解构 | 观察细节、构建解释 |
| 综合和系统化思路 | 归纳法 | 总结、抓住核心 |
| | CSI：颜色、符号、图像 | 利用隐喻性思维、抓住核心观点 |
| | 收集—排序—连接—细化，概念图 | 利用已有知识建立联系 |
| | "过去我认为，但现在我认为" | 反思和元认知 |
| | 4C 联系—质疑—观点—变化 | 建立联系、辨别关键概念、质疑、考虑启示 |
| 深入和延展型思路 | 环形视角 | 视角分析 |
| | 角色扮演法 | 视角分析 |
| | 拔河法 | 视角分析、论证、分析复杂性问题 |
| | 句子—短语—单词 | 归纳、提炼 |

如图 2-4 所示，美术教师利用观察—思考—怀疑和 3-2-1 关联法的思路设计《大碗岛的星期天下午》名画欣赏课，引导学生完成观察、思考、怀疑的思考过程，用"这幅画里发生了什么？""你看到的什么让你这么说？""你还能看到什么？"这三个问题使学生的思考过程可以被教师、同学看到，完成欣赏的学习目标。运用 3 个关键词、2 个问题、1 个比喻来深度探究名画背后的知识，让学生保持好奇心和对名画作品的赞叹之情。

工具二：系统思维。

我们有时看到的事物只是冰山一角，无法看透事物的本质，进而不能彻底解决所面临的问题。系统思维指从整体上对影响系统行为的因素及其相关的内容或关系进行思考，从而增强对复杂事物的认知、决策与影响力，也即用整体的观点观察周围事物，看清事件背后的结构和各要素之间的互动关系，并主动地"建构"和"解构"的思维能力。图2-4是系统思维的主要内容。

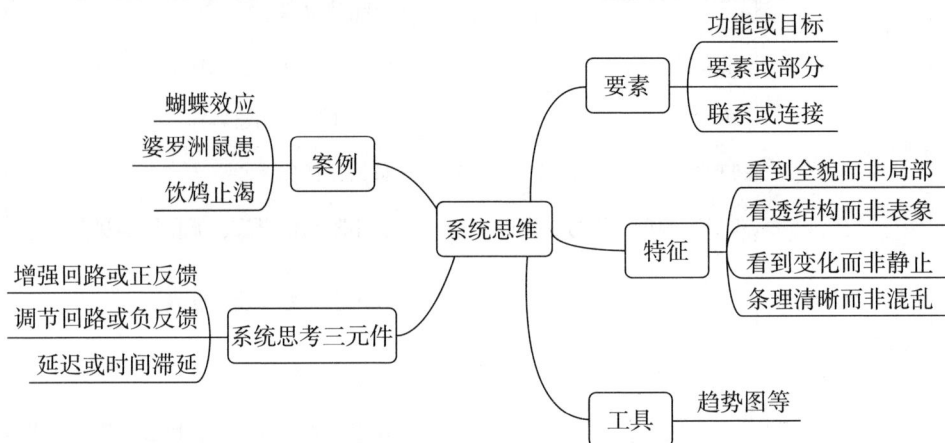

图2-4 系统思维的主要内容

## 2.学校风气

学校管理中开放、平等、自由的理念促进学校良好风气的形成。一所培养学生创新思维的学校应该具有人与人之间（教师与学生、学生与学生、教师与教师之间）相互尊重、相互接纳、积极鼓励、开放自由的校园风气。这种风气可以表现为学生的一个惊奇的眼神、同伴的一个肯定的表情、小组成员的一个迎难而上的手势、团队共同商讨问题的背影、教师与学生的一次欢呼击掌等，这些都能鼓励学生随时表达自己的想法，积极寻找办法去解决难题，同时不会担心被否定、被束缚。

## （二）学习环境

### 1.课堂环境

在课堂氛围的营造方面，莫兰（Moran，2004）通过实验研究发现，在民主型教师的课堂中师生关系融洽，学生的学习主动性高，对知识的反应能力和接受能力较快，利于学生创造力的发挥；而紧张压抑的气氛则相反，阻碍学生的发展。

### 2.师生关系

学习的过程也是一场建立人际关系的过程，师生关系是教育关系中的核心。良好的师生关系可以为学生建立积极和包容的学习氛围，让每个学生都能被支持、被尊重、被认可。美国心理学家托尔斯也曾指出，创新精神的培养和创造力的开发必须在自由而安全的氛围中才能进行。所谓自由，就是尽量减少对儿童思维和行为的无谓限制，给其表现的机会；所谓安全，就是不对儿童的独特想法进行批评或挑剔，使其消除对批评的顾虑，获得创新的安全感，敢于表达自己的见解。

> 一些可复制的做法：
>
> ①抓住学生第一次，放慢节奏，让每个学生知道规则是什么，有哪些规则，什么样的行为是符合规则的。
>
> ②教师做示范。模仿是简单有效的学习方法，教师示范正确做法有助于学生尽快适应新环境的规则规范。
>
> ③正向引导，正确利用学生的羞耻心。
>
> ④建立行为公约，如上课发言的"4+1"要求，对回答问题者的要求有4个：站姿端正、表述准确、表情自然、声音洪亮；对其他学生要求有1个：做一个好的倾听者。

发展学生创新思维的师生关系需要教师与学生相互尊重、平等对话。教师可以运用幽默等沟通技巧让学生享受学习过程，感受到教师对自己的高期望，同时教师也需要注重学生创造态度的塑造。要构建这样的师生关系，需要教师秉持最朴素的教育价值共识：无条件地尊重学生的个性和差异。

创意学习过程中教师应该对学生的参与采取积极态度：能意识到学生的需求，让学生参与自己的计划，愿意成为榜样，能设计灵活的课程并运用创意教学方法。

> 一些可复制的做法：
>
> ①给予学生应有的信任。在承认学生具有可开发的巨大创造潜能的基础上，给予其充分的机会，让学生可以独立进行创造性学习或活动。应有的信任是培养、增强学生自信心的基础，而自信心又是发挥学生创造力不可缺少的因素。
>
> ②减少不必要的规定。教师应该尊重学生，允许他们自由表达自己的想法。对学生的想法、行为限制规定过多过细，会使学生感到紧张、焦虑甚至压抑，阻碍学生创造力的发展。
>
> ③拒绝批评。这是奥斯本"头脑风暴法"的一条原则，目的就是消除个体因害怕自己的想法被评判而产生的阻碍自由发挥的紧张。拒绝批评能给学生带来安全感，有利于其创造潜能的发挥。
>
> ④对学生表示诚恳的支持。这种支持可以是对学生创造性表现的赞扬，也可以是奖励。无论什么形式的支持，其目的都是激发学生的创造性行为和表现，激发他们创造的渴望和热情，促进其创造力的发展。（李学文，2008）

### 3. 同伴关系

同伴关系作为儿童青少年间的主要人际关系，对学生创造力的发展也有显著影响。已有研究表明，这种影响可以分为两种：正向影响和负向影响。支持正向影响的研究者认为同伴关系中他人的支持、群体的互动会促进个体创造力的发展（Simonton，2000）。但也有研究（Torrance，1992）发现，儿童大概在四年级阶段会为维持良好的同伴关系而出现"与同伴保持一致"的倾向，这种倾向的逐渐增强，抑制了儿童思维独特性的表现，导致儿童人云亦云，盲目顺从，不敢创新，进而影响个体创造力的发展。

### 4.建立关键事件

学生在参与学校"关键事件"过程中，以具体事物为载体发挥自己的创造力。这些事件可以是主题周、特殊项目、竞赛，也可以是与外部团体合作进行的公开展览等。教师或学校教育管理者可以根据学生学业进度安排校级或班级活动，校级活动如每周主题升旗仪式、就餐课程、大课间活动、主题月、科技节、文化节、艺术节、音乐节、重大节日的庆祝等，班级里可以有主题汇报、辩论赛、卫生评比、主题展览等，给学生参与活动的机会越多、形式越丰富，学生接触到的事物会越多，进而进行创新思考的机会也就越多。

### 5.做真实的任务

教师可以设计有趣、激励式学习项目，让学生在完成项目任务的过程中发生真实的学习。比如学生喜爱的寻宝主题、竞赛主题等的活动情境，小助手、小能手的角色扮演都可以让学生沉浸其中。

# 三、与外部"合作伙伴"联合创建创意学习环境

"加强学校之间、校企之间、学校与科研机构之间合作以及中外合作等多

种联合培养方式"是《国家中长期教育改革和发展规划纲要（2010—2020年）》的要求。虽然学校内部大环境是学生创新学习能力培养的温床，但是，人类社会已经进入了信息时代，知识更新日新月异，社会发展对复合型、多元化、创新型人才的需求越来越迫切。未来学生需要具有多元且实用的创造力、广阔的视野以及探究意识等创新能力，学校内部环境是有一定局限的，无论在空间上还是时间上，面向未来的学生培养有赖于更加广阔的环境与平台支持。将学生的学习环境延展到校外，抑或将校外资源引进校内是创建创意学习环境的重要一步。

扫描二维码 2-1，了解如何寻求校外合作伙伴

那么，怎样寻求校外合作伙伴呢？具体内容可扫描二维码 2-1 了解。

## 本章小结

本章关注的焦点是创建适合学生创造力发展的创意学习环境，文中也提供了一些可行的方法。学校管理者和其他教育工作者可以从学校物理空间环境、文化氛围、外部资源三个角度出发，结合自身需求和资源特色，开发具有自我特色的创意学习环境。下一章我们将视角切入创新教学课堂中，去了解教师如何运用创意教学法让教学生动活泼、富有创意，激发学生内在的学习兴趣，以培养学生好学乐学的态度和提升学生的学习能力。

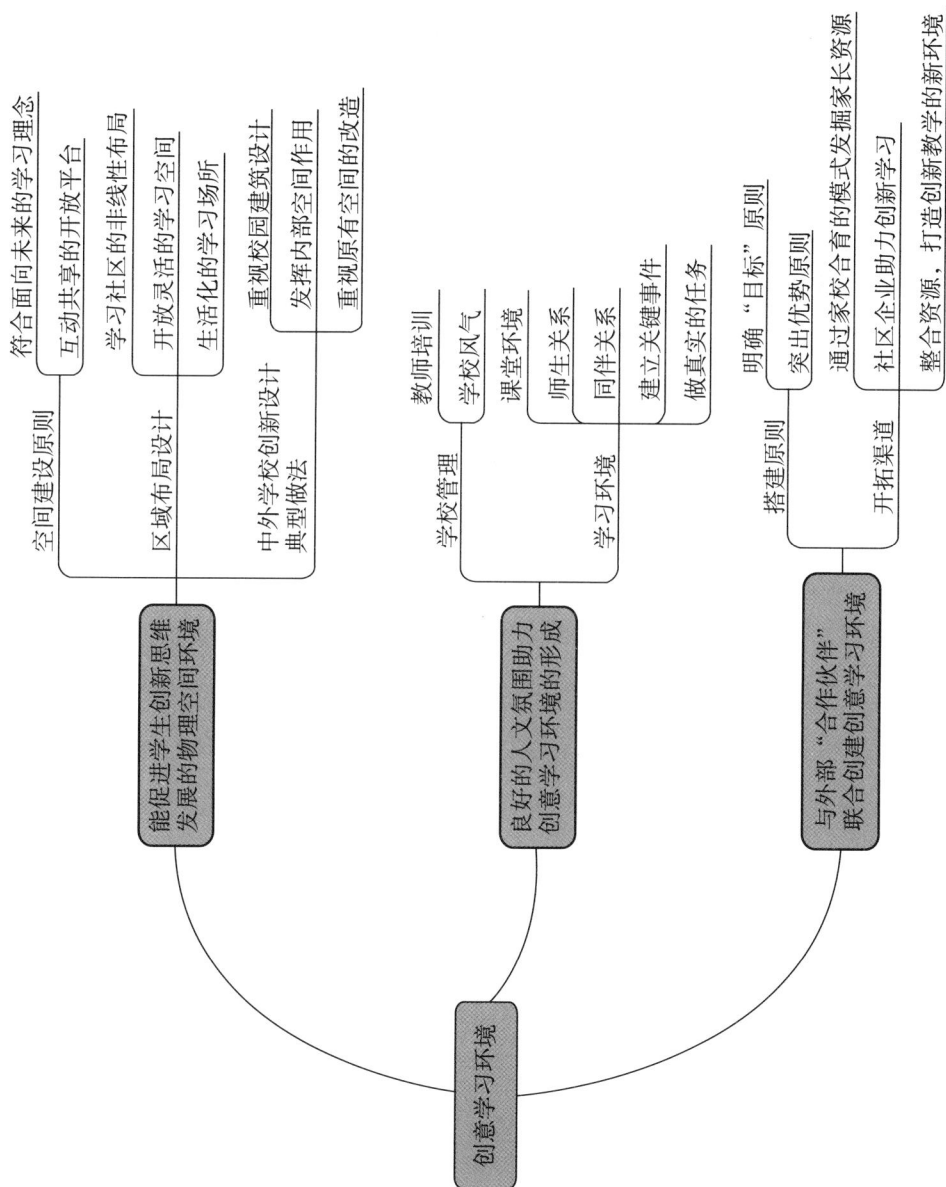

创意学习环境

能促进学生创新思维
发展的物理空间环境

空间建设原则
├─ 符合面向未来的学习理念
│  └─ 互动共享的开放平台
└─ 学习社区的非线性布局
   ├─ 开放灵活的学习空间
   └─ 生活化的学习场所

区域布局设计

中外学校创新设计
典型做法
├─ 重视校园建筑设计
├─ 发挥内部空间作用
└─ 重视原有空间的改造

良好的人文氛围助力
创意学习环境的形成

学校管理
└─ 教师培训

学校风气
├─ 课堂环境
└─ 师生关系

学习环境
├─ 同伴关系
├─ 建立关键事件
└─ 做真实的任务

与外部 "合作伙伴"
联合创建创意学习环境

搭建原则
├─ 明确 "目标" 原则
└─ 突出优势原则

开拓渠道
├─ 通过家校合育的模式发掘家长资源
├─ 社区企业助力创新学习
└─ 整合资源，打造创新教学的新环境

## 本章回顾与反思

1. 在创意学习物理环境的营造方面,你或你的学校最需要提高的是什么?

2. 在创意教学过程中,你将如何创建良好的人文环境呢?

3. 在你的学校周围有哪些校外资源可以用来帮助你发展学生的创新思维?

# 第三章　STEM创意教学法

STEM创意教学是教师在STEM教学过程中，采用多元活泼的教学方式，选择多样丰富的教学内容，让教学生动活泼、富有创意。STEM创意教学有助于激发学生内在的学习兴趣，培养学生乐于学习的态度，提升学生的学习能力和创造力。在STEM创意教学中，教师是主体，需要具备创新教师的核心素养，并且做好角色定位，即充当教练的角色，善于倾听、提问、给出反馈，设定目标并最终让学生实现成长。同时，教师需要运用合适的创意教学法和教学策略来实施教学，如以信息技术为主体、以学习科学为主体和以社会文化为主体的教学法的创新等。诚然，STEM创意教学的实施和发展具有一定的阻碍，但是，仍旧有很多积极的探索，并且取得了不错的成绩和广泛的影响。

---

本章学习目标：

- 了解STEM创意教学的定义。
- 认识STEM创意教学中的教师角色。
- 理解并应用STEM创意教学法和教学策略。

# 一、 STEM 创意教学的定义

创意教育（creative education）是以培养人们的创新精神和创新能力为基本价值取向的教育。它的基本元素包括创意教学与创造力教学。

STEM 创意教学是教师在 STEM 教学过程中，采用多元活泼的教学方式和多样丰富的教学内容，让教学生动活泼富有创意，激发学生内在的学习兴趣，培养学生乐于学习的态度，提升学生的学习能力和创造力（吴清山，2002）。而 STEM 创造力教学则着重研究和解决教育如何培养学生的创新思维、创新精神和创新能力的问题。STEM 创造力教学利用创新思维策略，配合课程，让学生有应用想象力的机会，以培养学生流畅、变通、独创及缜密的思考能力。因此，STEM 创意教学强调让学生享受 STEM 课程和活动中学习的乐趣，而 STEM 创造力教学重点是学生创造力的激发。我们所说的"创造力"是指通过对中小学生施以教育和影响，使他们作为一个独立的个体，能够善于发现和认识有意义的新知识、新事物、新方法，掌握其中蕴含的基本规律，并具备相应的能力，为将来成为创新型人才奠定全面的素质基础。

创意教学与创造力教学都需要教师具备创新能力，因为创新是发展的源泉。教师的创新精神关系着我国科教兴国的实现，更影响着学生创新能力的形成。在经济全球化的今天，教师创新精神和能力的培养就显得愈加重要。教师教学创新能力的培养不仅是教师专业成长和发展的需要，更是学校发展和推进新课改的关键。所以，教师要担负起创新的重任，在教育教学创新实践活动中，不断反思总结，使优化课堂教学、培养创造力不再成为一句敷衍的空话。

STEM 创意教学具有三重价值：知识传授价值、潜能激活价值、个性偏好价值。教学活动是一个知识传授的过程，但是创意教学活动不能拘泥于单纯的知识传授，而要更加重视发展学生的个性，挖掘学生的潜能，培养学生的能力，促进学生身心健康、和谐发展，也就是说除了知识传授价值，创意教学还应具有潜能激活价值、个性偏好价值。

因此，对于 STEM 创意教学而言，现代中小学教育的根本使命，是在符合儿童成长的生理特征和心理特征的前提下，把人类长期积累的知识系统有效且有序地传授给他们，并成为其知识结构的组成部分。人类所具有的独特生存逻辑、规则意识、团队精神、团队创造力和环境改变能力，都可以并且必须通过教育得以实现。

# 二、STEM 创意教学中教师的核心素养和角色特征

## （一）核心素养

世界各国及国际组织对创新教师素养展开了丰富的研究与政策实践，并基于各自的社会文化、教育传统对教师提出了相应的要求和期许。通过对经济合作与发展组织、世界银行、未来职业组织等相关国际组织以及美国、欧盟、澳大利亚、新加坡等关于教师素养的研究报告、专业标准的分析，发现目前全球关于教师核心素养的框架类型主要有二维度说、三维度说、四维度说以及融合说（见表3-1）。

表 3-1　STEM 创意教学中教师的核心素养

| 不同维度 | 描述 |
|---|---|
| 二维度 | 知识和技能 |
| 三维度 | 按照不同领域分为专业领域、教学领域与学校领域<br>按照教师如何引导学生分为专业知识、专业实践和专业参与<br>按照教师专业标准分为专业理念与师德、专业知识和专业能力 |
| 四维度 | 认知素养、内省素养、人际交往素养和教学素养 |
| 融合说 | 不再拘泥于各个模块单一的形式,更关注教师与学生、教师与工作环境、教师与社会的互动,是不可分割的整体素养 |

通过以上对 STEM 创意教学中教师核心素养的讨论,不难发现,教师既有专业属性也有职业属性,既要传道授业还要立德树人。因此,要认识教师的核心素养和特征,不仅要从教师自身出发,更应该结合学生的需求与发展,在教师的专业知识和能力的基础上,形成在实践中发展的知识素养、能力素养、伦理素养和实践智慧(王潇晨 等,2020)。

### 1. STEM 创意教学中教师的知识素养

STEM 创意教学中教师的知识素养指现代公民学习和掌握科学文化知识的素养,它是其他素养发展的基本载体。STEM 创意教学中教师的知识素养是教师在对专业知识理解与运用的基础上形成的素养,教师不仅需要掌握与 STEM 相关的事实类知识,如了解 STEM 教育发展理念等,更需要掌握教师如何指导学生学习,如何为学生创造优质的创新学习环境等程序性知识。知识素养的形成不仅在于专业知识的积累,更在于教育教学过程中引导学生进行恰当的整合与运用。因此,教师知识素养逐渐被赋予一种动态的、生成的意义。

### 2. STEM 创意教学中教师的能力素养

STEM 创意教学中教师的能力素养是教师胜任教学活动和实现专业发展所需要的个性心理特征,使得教师能够在特定情境中采取专业而恰当的行动。这些行动主要体现在 STEM 教学过程中需要的一系列教学研究和管理技能,如 STEM 教学设计与实施能力、组织管理能力、教学监控能力、行动研究能力与终身学习能力，也包含 STEM 教师合作交流与发展的能力。能力素养不仅要求教师在教学管理方面精益求精，更要求教师积极进行人际交往协作，能够根据不同情境中的需求，有机结合相关的认知与非认知能力，采取专业而恰当的行动，这也是核心素养倡导的专家思维和复杂交往的综合体现。

### 3. STEM 创意教学中教师的伦理素养

STEM 创意教学中教师的伦理素养是教师基于职业责任与道德规范形成的素养，强调教师的社会规范性。世界银行在《学会在知识社会中教学》中指出，教师应依据专业伦理和专业责任履行教学职责，正是对教师道德规范和社会责任感的要求。在全球多元化的背景下，教师的伦理素养在中国被赋予重要的地位，教师的理想信念、道德情操、仁爱之心都是伦理素养的体现。我国《中小学教师专业标准（试行）》中要求教师具备专业理念与师德，要具备良好的职业道德修养，为人师表，也了解其专业职责的规范与要求。此外，新加坡的《教师教育 21 世纪框架》（*The 21st Century Framework for Teacher Education*）中提出教师需要具备多元文化素养、全球意识以及环境意识，也体现着教师的社会责任感。融合视角的教师核心素养也强调教师需要包容不同文化背景的学生，这些都是对教师在专业伦理上的要求和规范。不论是国内还是国外，伦理素养都是教师核心素养的重要内容。

### 4. STEM 创意教学中教师的实践智慧

STEM 创意教学中教师的实践智慧是教师在教育工作实践中通过经验积累、总结和反思所形成的素养。教师一方面进行实践参与，另一方面进行实践反思。实践参与意在使教师参与到学生的学习和生活中，能够适当地使用提问技巧来激发学生兴趣和启发学生思考，善于激发学生的联想并建立事物之间的关联，平衡课程负担，给予学生创新的时间，能够评估、反馈、报告学生情况，并且能与同事、家长、社区进行交流。实践反思主要是教师对教学实践活动进行的反思和总结，进而使自己的水平不断提高的过程。善于内省，面对教学中的情况能够进行自我管理和调节，具有独创性、自主权，具备作为创意人和创意教育者的自我发展感，这些都是教师实践智慧的应然体现。

## （二）角色特征——教练

在 STEM 创意教学中，教师要转变自己的角色，从讲台上的"独舞者"转变成为"教练"。为什么这么说呢？即便是世界上最好的篮球明星，他仍旧需要教练，不是因为教练比他打球好，而是因为教练能够提供一定的指导和建议（如倾听和反馈、制订计划、监督等），帮他做出更好的决策。好的老师也是这样，与学生建立一种自然的指导关系，将辅导行为融入课堂的日常活动中。

教练应该具备如下基本特征和能力（见图 3-1）。

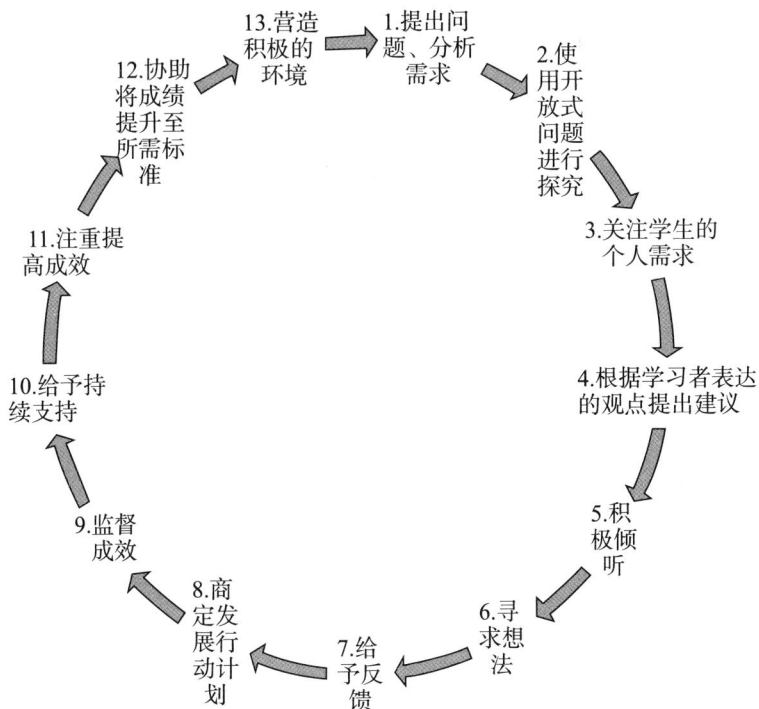

图 3-1 教练的基本特征和能力

作为一名"教练"，为了让学生提高工作效率，教师需要知道学生如何学习，如何应对和适应变化，以及是什么促使他们以不同的方式做事的。

当我们了解了一个教师作为"教练"的特征后，我们需要明确的是，一个好的教练到底应该怎么做，才能实现创意教学。我们总结为"倾听—提问—给出反馈—设定目标—鼓励成长"。

### 1. 倾听

你会倾听吗？你真的能够放下偏见，全神贯注地倾听别人的意见吗？人们常常在思考表述者下一步要说什么，对个人做出假设，或者更糟的是，思考与表述者完全不同的东西。在繁忙的教室里，倾听可能是最难做的事情之一。教师有必要给学生时间来表达他们的观点，认真倾听他们的反应，并鼓励其他学生也这样做。通常，时间的限制意味着教师必须让整个过程继续进行；不过，也可以在对学生的回应中表现出教师的理解，或者通过课下一对一跟进来证明你真的倾听了某人的意见，这样更容易关注到学生个人的需求。这也是每个人都能获得的宝贵技能。同时，帮助他们识别非语言行为，如肢体语言、姿势和表情中的信息，这些学校以外的世界对学生来说是一种有用的学习经验。

### 2. 提问

正如倾听一样，有效提问同样重要。在正确的时间提出正确问题的能力是有效教学的基本组成部分。通常有效提问有特定模式，但除了承认这种模式外，谈话尽可能自然也很重要。大多数对话都是建立在问题的结构上，最初提出的问题，应该让学习者都可以回答。这些问题被归类为封闭式问题，通常会得到"是"或"否"的答案，但老师们应在课堂上问更多的开放性问题。它们通常是围绕"如何""何时""为什么""什么""何处"来构建的。随着课程的发展，教师可以提出更多探索性或澄清性的问题，如"告诉我更多关于……"或者"你到底是什么意思？"等问题。无论何时提问，不要问多个问题来迷惑学生，一次一个就够了。起初，有些人可能会在回答上犹豫不决，没关系，我们要耐心等待。如果某个学生真的不知道答案，那就鼓励别人去回答，不要总是让同一个人在压力下回答。

### 3. 给出反馈

除了提问和倾听，教师还要为学生提供反馈。对于学习者来说，正确的反馈是至关重要的。但有时候学生个人收到的反馈往往不是以敏感和熟练的方式给出的。以下是可以采取的一些关键步骤（见图3-2）。

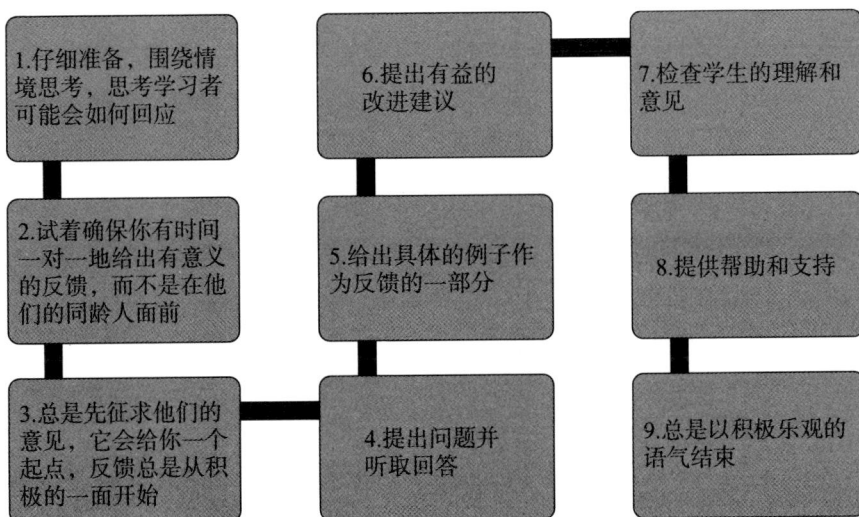

| 1.仔细准备，围绕情境思考，思考学习者可能会如何回应 | 6.提出有益的改进建议 | 7.检查学生的理解和意见 |
| 2.试着确保你有时间一对一地给出有意义的反馈，而不是在他们的同龄人面前 | 5.给出具体的例子作为反馈的一部分 | 8.提供帮助和支持 |
| 3.总是先征求他们的意见，它会给你一个起点，反馈总是从积极的一面开始 | 4.提出问题并听取回答 | 9.总是以积极乐观的语气结束 |

图 3-2　给出反馈的步骤

所有这些要素对 STEM 教师来说都是同样宝贵的技能。有效地倾听、提问和提供建设性反馈是创意教学工具的重要组成部分。

### 4. 设定目标

通过 SMART 原则设定目标，可以帮助学生顺利地实现目标。SMART 原则表述如下：

具体的（specific）。你的学生到底需要达到什么目标？他们能用一句话来表达吗？如果有几个目标，你能帮助他们确定优先次序吗？

可衡量的（measurable）。考试成绩是一个衡量标准，但在最终结果出来之前还有很多其他指标，如按时完成课程作业或以正确的方式完成分配等。

可以实现的（attainable）。这是对目标最重要的测试之一。如果目标是不可能实现的，那么学生将变得非常缺乏动力，最后很可能是失败的。有时候，设定一个小目标，鼓励学生继续前进，会更有效。

相关的（relevant）。这是另一个非常重要的阶段，将目标从幻想变为现实。学习者设定完全不现实的目标是没有好处的。这并不意味着他们不应该给自己设定挑战，或者渴望获得更多，而是要结合现实为成功而努力。

定时的（time-bound）。你可以通过商定现实的时间表来帮助你的学生。对于有创造力的人来说，这将是他们最大的挑战之一。努力在最后期限前完成任务可能是他们一生都要面对的事情。对许多有创造力的人来说，他们的创造力只有在时间不多的时候才会发挥作用。许多学生把作业留到最后一刻，通宵熬夜完成。帮助他们确定如何在最后期限内完成工作，这将让他们获得一个重要的技能。

### 5. 鼓励成长

"教练"法是一种非常有价值的方法，它既鼓励在课堂上进行更深入的学习，也可以是一对一的学习，最终目标都是要让学生实现个人的成长。为了达到这一目标，我们可以问以下问题：

这一目标与你目前的个人优先事项有何契合？

你有没有其他优先考虑的事情会消耗你的精力和动力？

你预计会遇到什么障碍？你将如何克服它们？

在0—10分的范围内，你的承诺水平如何评分？

如果你的承诺分数低于8分，你真的会开始吗？

你真的想这么做吗？如果是，你什么时候开始？

综上所述，通过"倾听—提问—给出反馈—设定目标—鼓励成长"的方式，将自己从原始教师的角色中剥离出来，做一个好的成长教练，陪伴学生的成长。

# 三、STEM 创意教学法和教学策略

自 2012 年迄今，英国开放大学（The Open University）的研究团队及其合作机构每年都会发布一期《创新教学报告》（*Innovating Pedagogy Report*，以下简称《报告》），已持续 10 年。《报告》的目标人群主要是教师、政策制定者、研究者及其他相关方，旨在帮助他们探求新的教学、学习以及评价模式和富有成就的创新。《报告》对全球教育技术创新领域带来的思考愈发引人注目，已成为一份颇具国际影响力的指导性文件。《报告》的发起方和主导方一直是英国开放大学的教育技术研究所（The Institute of Educational Technology，IET），在英国乃至全球的教育技术研究领域具有较高的影响力。

2012—2020 年，英国开放大学教育技术研究所发布的 8 份《创新教学报告》集中体现了西方国家在创意教学法领域的领先成果。各教学法内容新颖、学科知识丰富，描述了 66 种创意教学法，内容涉及机器人等新技术的教育应用、脑科学对认知过程的揭示、不同族群之间的文化理解等主题，为呈现 8 份《报告》的整体样貌，将历年《报告》中 66 种教学法的创新划分为信息技术、学习科学、社会文化等三种驱动类型，并以可视化的方式绘制了 66 种创新教学法全景图（见图 3-3）。多重因素驱动的创意教学法相互联系，勾画出一幅当代西方国家多元教育碰撞、交融的宏大图景（王斌 等，2019）。

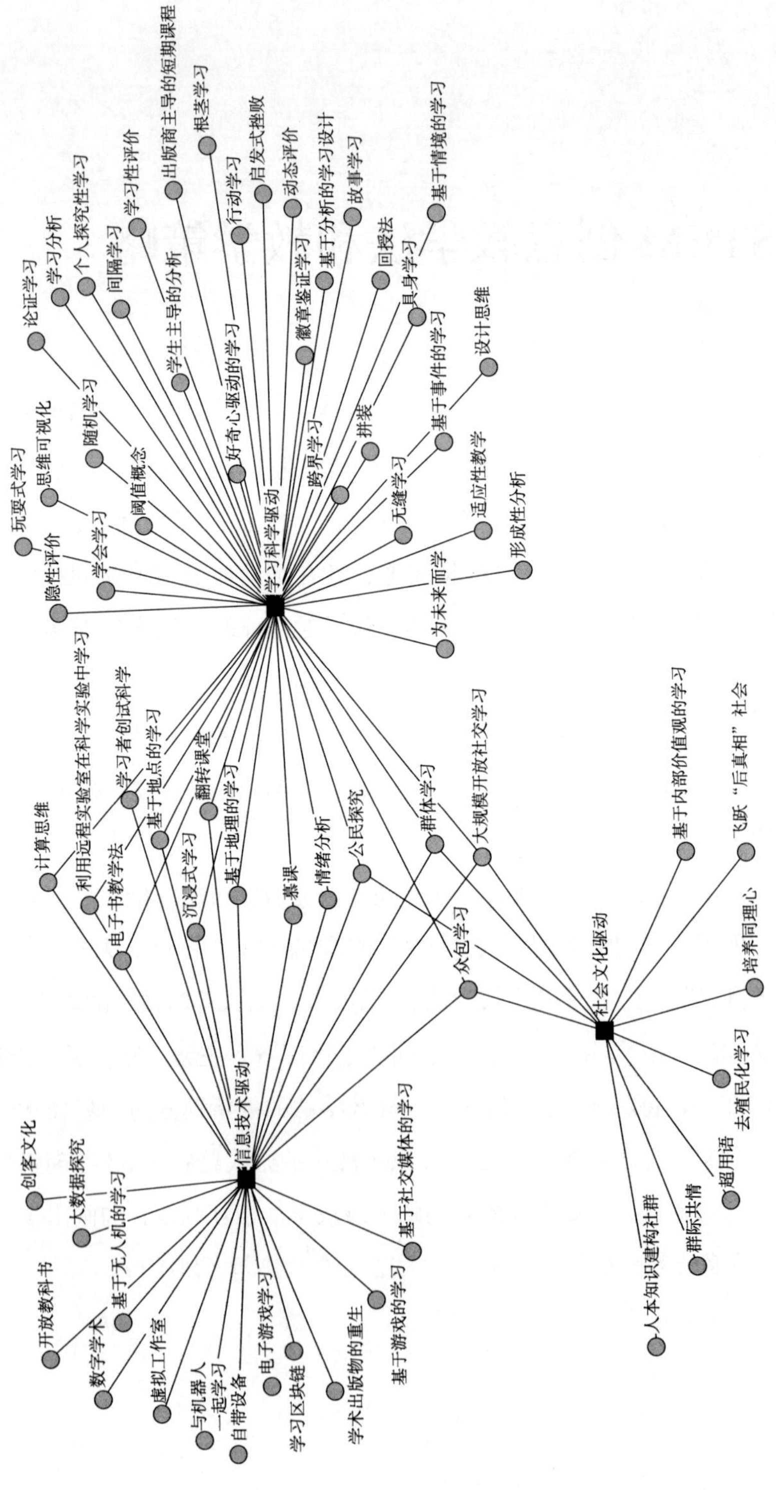

论证学习

学习分析

个人探究性学习

间隔学习

学习性评价

出版商主导的短期课程

根茎学习

启发式卷败

行动学习

动态评价

基于分析的学习设计

故事学习

基于情境的学习

学生主导的分析

好奇心驱动的学习

徽章鉴证学习

回授法

具身学习

设计思维

基于事件的学习

拼装

跨学科学习

无缝学习

适应性教学

玩耍式学习

思维可视化

阈值概念

随机学习

隐性评价

学会学习

学习科学驱动

为未来而学

形成性分析

计算思维

利用远程实验室在科学实验中学习

学习者创设科学

基于地点的学习

翻转课堂

电子书教学法

沉浸式学习

基于地理的学习

慕课

情绪分析

公民探究

群体学习

大规模开放社交学习

众包学习

基于内部价值观的学习

"飞跃"后真相"社会

社会文化驱动

培养同理心

超用语

去殖民化学习

人本知识建构社群

群际共情

创客文化

大数据探究

基于无人机的学习

开放教科书

数字学术

虚拟工作室

与机器人一起学习

自带设备

电子游戏学习

学习区块链

学术出版物的重生

基于游戏的学习

基于社交媒体的学习

信息技术驱动

图 3-3 《创新教学报告》创意教学法全景

## （一）以信息技术驱动的创意教学法

信息技术的发展是驱动教学法创新的重要动力，从 8 份《报告》中可以看出，随着社会科学技术的发展，如大数据、云计算、无人机、区块链等新兴技术的兴起，创意教学法也在不断更新和迭代，大多数创意教学法与信息技术在教育中的应用密切相关，如 2016 年的"电子游戏学习"（learning through video games）、2019 年的"虚拟工作室"（virtual studios）等创意教学法均以新技术的引进为前提。近些年来兴起的"慕课""微课""翻转课堂"也都是以信息技术为载体实现创新的教学方式。

## （二）以学习科学驱动的创意教学法

教育学、心理学、认知科学、社会学、计算机科学、脑科学等学习科学理论的发展，催生了教学法的不断创新。例如，探究"遗忘曲线"在提升记忆效果方面的应用，"间隔学习 + 重复 + 建立连接"创意教学法在学习中提升了学习效果的运用，"无缝学习""跨界学习""随机学习"等创意教学法的涌现等。同时，由于需要对学习效果做出评价，所以对于学习评价的研究诸如"动态评价""隐性评价""形成性分析""学生主导的分析"等教学评价方式如雨后春笋般涌现，对于"如何科学地学习"提出了合理的测量手段。

## （三）以社会文化驱动的创意教学法

社会文化层面更多以人本主义的视角，根据多民族、多文化、多语言共存的客观现状特点去推动教学法做出相应变革，如"群际共情"和"人本知识建构社群"、强调去欧洲中心化的"去殖民化学习"、强调多种语言交流的"超用语"等，这些教学创新更多地将学生作为中心和主体地位来进行教学，而非站在教师和学校的视角对教育教学法进行创新。

翻阅从 2012 年开始到 2020 年的报告，创意教学法在这几年中逐渐呈现出一个趋势：从单纯的技术导向转向更加人文的方向，更加关注人类社会整体以及未来的社会发展方向。其实，这也是对教育目标和本质的回归。我们发现，2020 年《报告》提出，"对教学的创新需要知道学生如何分析围绕技术出现的问题，如何提出具有挑战性的问题以及如何从不同视角来检视"（Agnes et al.，2020）。2020 年《报告》描述了 10 种创意教学法，按照影响力和产生的时间进行排序并编码，列举总结如下（见表 3-2）。

表 3-2　2020 年《创新教学报告》中的 10 种创意教学法（Agnes et al.，2020）

| 创意教学法 | 阐释 | 影响力 |
| --- | --- | --- |
| ①人工智能教育应用（artificial intelligence in education） | 基于人工智能的学习 | 高 |
| ②后人文主义视角（post humanism perspective） | 正视人与技术的关系 | 中 |
| ③借助开放数据的学习（learning through open data） | 使用开放真实数据的学习 | 中 |
| ④关注数据伦理（engaging with data ethics） | 数据在数字化学习和教育中的伦理观 | 中 |
| ⑤社会公正教育学（social justice pedagogy） | 学习解决思考社会的不公正问题 | 中 |
| ⑥电子竞技（esports） | 通过竞争性虚拟游戏进行教学和学习 | 中 |
| ⑦动画学习（learning from animations） | 通过动画来互动学习 | 中 |

| 创意教学法 | 阐释 | 影响力 |
|---|---|---|
| ⑧多重感知学习（multisensory learning） | 利用多种感官感受促进学习 | 中 |
| ⑨离线网络学习（offline networked learning） | 互联网以外的网络学习 | 高 |
| ⑩在线实验室（online laboratories） | 进入线上虚拟实验室学习 | 高 |

通过深入理解 2020 年《报告》，对上述 10 种创意教学的内容分析如下。

### 1. 创意教学法所体现的创新维度

在 10 种教学法中，"人工智能教育应用""借助开放数据的学习""电子竞技""动画学习""多重感知学习""离线网络学习""在线实验室"都体现了教学工具的创新，强调利用互联网技术、动画展示和大数据等对原有教学方法予以创新改造；"后人文主义视角""关注数据伦理""社会公正教育学"属于教学目标创新，重在促进社会不同文化种族的人进行交流，从宏观角度实现教学理念的创新，反映了未来教学的发展趋势。

### 2. 创意教学法注重学生创造力和学习能力的提升

涉及的 7 种技术类创新教学法，对于创意教学应该怎么设计、学生怎么参与互动和怎么学习都给出了较为详细的指导。但创造力的提升并不仅仅限于采用创新的技术，创新的工具除了上述技术外，还包括教师自身通过学习掌握的思维工具，我们将在第四章做具体的阐述，请你结合第四章中创新思维工具的使用，加以理解和应用。

香港教育大学王丛思探索如何让教师将创新思维与批判性思维运用到实际课堂教学中，让学生在学习科目知识的同时提升自身的创造力和批判性思维。他提出 20 种创意教学的策略，包括：（1）幽默玩意；（2）感官并用；（3）图像联想；

（4）实物推想；（5）类比比喻；（6）抽象具体化和具体抽象化；（7）角色代入；（8）团体接力；（9）矛盾探讨；（10）模仿再造；（11）强迫综合；（12）假设想象；（13）修订引申；（14）虚构情节；（15）问题解决；（16）好奇探索；（17）游戏演绎；（18）提纲摘要；（19）延迟判断；（20）冒险尝试。（詹宏志，2003）

通过上述研究可以看出，教师在整个教学过程中要发挥教练的作用，一是要以学生为中心，真倾听（用心倾听学生的心声）、真提问（层层提问制造矛盾）、真建立（与学生建立良好的关系）、真提供（给予良好的内外部资源）、真探究（针对矛盾问题，结合情境做真实探究）；二是在学习的整个过程中，鼓励学生用真感官体验真情境（可以借助地方优势实施）、提出真问题、实现真探究，从而激发学生的兴趣，实现真思考。在整个项目的实施过程中，实现学生能力的提升和创造力的培养。

此外，情感教学法也可以促进创意教学。胡卫平教授（胡卫平 等，2015）认为，情感习惯可以影响创造性认知过程的神经机制，如果教师能够考虑影响创意的情感习惯，并且有目的地自我培养和培养学生这样的习惯，那么，教师和学生将更具创造力。影响创意的15种情感习惯详见二维码3-1。

扫描二维码 3-1，了解影响创意的 15 种情感习惯

上述 15 种都是人在日常生活中的不自觉倾向。若教师在教学过程中能够采用多元活泼的教学方式和多样丰富的教学内容，让教学生动活泼富有创意，激发学生内在的学习兴趣，从而培养学生形成积极的情感习惯，对于提升创意教学具有非常重要的参考意义和价值。

综合国内外的研究，我们发现，虽然对于创意教学方法并没有完全统一的标准，但其所指的内容和操作方法很多是一致的。无论国内外，大家对于创意教学法内涵的理解是一致的，都是通过不同于传统课堂填鸭式、灌输式和讲授式的授课方式和策略，让学生喜欢学习、学会学习，培养学生的创造力和批判性精神，培养学生终身学习的能力。

此外，无论是国内还是国外的研究，都提到借助技术的力量。一方面可以不断提高教学生产力和生产效益；另一方面新技术可以成为驱动教学创新的重要指标，在构建新型教学生态、再造教学流程等方面的作用日益凸显。

这些创意教学法的研究对我们实施 STEM 教育有着深刻的启示：首先，教学环境需要支撑创意教学法的实施，包括真实的校外环境、轻松的教室环境，STEM 项目主题的产生应以真情境引导学生自己生成真问题；其次，要从教学本身的内涵出发，探索信息技术、大数据等技术与创意教学法深度融合的路径，但不仅限于技术的使用，教师还需要掌握创新思维工具；再次，在STEM 实施过程开展创意教学时，要发挥教师教练的角色，整个过程以启发学生为主体，在提供了有效的校内外资源后，尽量以学生为中心参与项目实践；最后，注重学生的学习体验，可以多设计一些以学习者为中心的游戏化教学模式，发挥创意教学法的优势。

# 四、STEM 创意教学法发展的阻碍

STEM 创意教学法作为一种新生事物，在发展的过程中肯定会遇到阻碍，这不是创意教学的问题。任何事情都会有阻力，正如再好的道路也会有摩擦力一样，阻力是一种自然现象。创意教学的问题也不仅仅是教育层面的问题，不需要再上一个层面看到问题的本质后解决根本性问题。创意教学的问题不可能仅仅依靠教育领域的人士、教育专业的方法、教育政策的制定解决，因为教育问题是一个综合性的社会问题，是大量社会矛盾和社会问题的集中折射。STEM 创意教学法的发展阻碍具体可从宏观和微观两个层面分析，详见二维码 3-2。

扫描二维码 3-2，了解阻碍 STEM 创意教学法发展的宏观原因与微观原因

## 本章小结

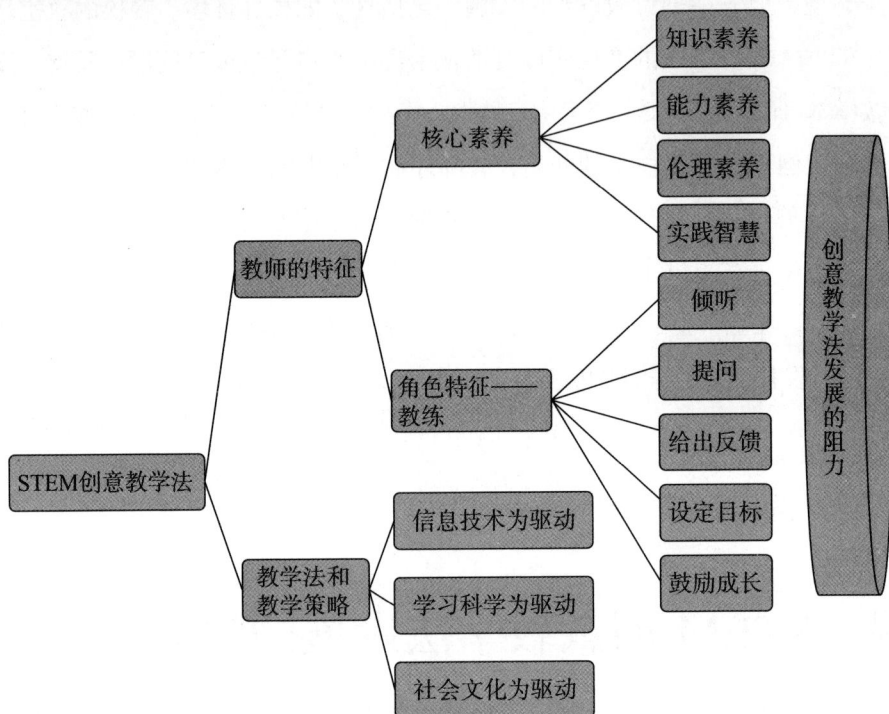

## 本章回顾与反思

    1. 创意教学中教师的角色应该是什么样的？

    2. 本章列举了哪些创意教学法？你在平时的教学中运用了哪些创意教学法？

    3. 你最想在教学中尝试使用的方法是什么？

# 第四章 创新思维方法应用

理解创新思维

创新思维的技法和工具

STEM 项目中运用创新思维

$H_2O$

"创新人才是国家的宝贵资源之一……无论是在既定的现行课程中还是在专门设计的新课程中,每所学校都必须教授如何创造性解决问题。"(Parnes et al., 1962)创造性解决问题需要创新思维的支撑,其不仅适用于学术科研,也适用于社会生活方方面面。前面的章节我们学习了通过校园环境创设和教师的创意教学,为学生的创新思维的培养提供外部空间和活动情境,学生创新思维的发展是创造力的内在动力源泉,所以让师生学会创新思维的技法和工具,将为创造力培养和进行创造提供抓手。不仅如此,培养创新思维还可以帮助学生适应迅速变化的世界,应对未来挑战。除此之外,还要引导学校教学用新颖和有意义的方式解释经验、行动和事件,改进课堂教学,促进创新思维教育实践持续完善优化。

STEM项目为创新思维发展提供了优良的场景,在充分调动左右脑并举全脑思维,进行创新思维与批判性思维训练的基础上,树立以人为本的创新理念。在STEM项目中解决问题的过程,有助于学生理解创新思维的原理和形式,主动、恰当地运用各具特色的创新思维工具和技法,体悟创新思维的价值,养成创意、创新、创造的心理状态及思维习惯。

---

本章学习目标:

● 知道创新思维的内涵和特征,体验创新思维的过程。

● 理解创新思维在设计思维流程中的使用及规则。

● 体悟创新思维以人为本的理念,并应用于STEM项目创新实践。

● 养成有同理心、能包容、敢质疑、无惧失败等创新心态。

# 一、理解创新思维

## （一）创新思维的内涵

创新思维是指人们有效地参与想法的产生、评价和改进，从而形成原创且有效的解决方案，促进知识提升和想象力有效表达的能力（OECD，2019a）。创新思维并非由个人的先天禀赋所决定，可以通过后天训练和教学让人人都获得，学校教育教学中设置有效的学习内容、过程和互动，将为创新思维生长提供土壤。

> 【案例】尼龙搭扣的故事
>
> 瑞士工程师特拉尔先生喜爱打猎。一次打猎到中午坐在草地上准备野餐，突然感到一阵刺痛，起身发现原来坐在苍耳子草上，身边小狗的毛上也沾满了（见图4-1），且清除这些苍耳子十分费力，这引起他的好奇。经过观察发现苍耳子上有无数的小钩，能非常牢固地钩附在绒面上。他大胆创新设计并实践，终于创造出了一种新型尼龙搭扣，应用十分广泛。
>
>
>
> 图4-1 由苍耳子引发的创新思维

## （二）创新思维的特征

观察身边的创新案例或富有创造力的人可以发现，创新思维往往有以下主要特征：

①联想性。利用已有的经验或他人的成果，积极寻找事物之间的关系，通过联想举一反三、触类旁通。如鲁班造锯子。

②求异性。关注事物间的客观差异性与特殊性，对日常现象和权威结论敢怀疑和批判，进而有所发现，创造性解决问题。如田忌赛马。

③发散性。让思维自由开放，产生丰富多样的方案、办法或假设，进而能独出心裁地解决问题。如牛顿发现万有引力。

④逆向性。有意识地从常规思维的反方向去思考问题。如司马光砸缸。

⑤综合性。将事物各部分作为一个整体，把握它的本质和规律进行思考。

## （三）创新思维的过程

创新思维首先起步于发现问题。善于提问，坚持追问，敢于打破砂锅问到底是创新思维的重要特征。在不断发问中，思维在各种可能性中展开，然后逐渐聚焦问题产生的原因，直到最终确定真正原因。伴随着问题解决的过程，思维经历多次的发散和聚敛。现象出现时，人们发现问题常常在开动联想生成诸多可能后，再经过逻辑判断、选择收敛聚焦，问题方才不断地定位并进而明晰（见图4-3）。这一过程通常被称为创造性问题解决模式（creative problem solving model），即CPS模式。五问法在面对问题时通过不断地追问，从而准确地定义问题，为问题解决指明方向。

五问法，也叫丰田五问法。丰田是众所周知的全球优秀车企，有段时间其前副社长大野耐一先生发现生产线的机器总是停转，虽多次维修仍不见好转，便上前询问现场工作人员。

问："为什么机器停了？"答："因为负荷超载，保险丝断了。"

问："为什么超负荷呢？"答："因为轴承的润滑不够。"

问："为什么润滑不够？"答："因为润滑泵吸不上油来。"

问："为什么润滑泵吸不上油来？"答："因为油泵轴磨损、松动了。"

问："为什么油泵轴磨损了呢？"答："因为没装过滤器，混进了铁屑等杂质。"

经过连续不停地问"为什么"，终于找到生产线停产问题的真正原因（润滑油里面混进了杂质）。回溯上面问与答的过程，在油泵轴上安装过滤器，就能依次解决上述问题（见图4-2）。

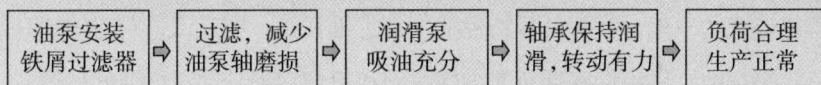

| 油泵安装<br>铁屑过滤器 | → | 过滤，减少<br>油泵轴磨损 | → | 润滑泵<br>吸油充分 | → | 轴承保持润<br>滑，转动有力 | → | 负荷合理<br>生产正常 |
|---|---|---|---|---|---|---|---|---|

图4-2 丰田生产线停转解决过程

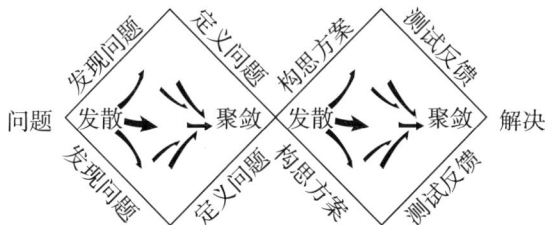

图4-3 问题解决过程中思维的发散与聚敛

随着社会化分工越发精细，以及技术门槛不断降低，人们在问题解决过程中越来越需要从技术、人文、艺术及商业等方面综合考虑，设计师面向客户解决问题的思维过程由此就逐步被吸纳融入，并发展成为当下创造性问题解决的主流模式——设计思维（design thinking）。

设计思维强调解决问题要从人的需求出发，多角度地寻求创新解决方案，它既是一种以人为本的创新思维理念，也是一套解决问题的工具和方法的框架。

在设计思维解决问题的过程中，各环节都有相应的关键任务、常用的创新思维方法和主要目的，在接下来创新思维的技法和工具部分我们会详细阐述。

# 二、创新思维的技法和工具

人类的大脑是创新思维的生理基础，大脑经过亿万年进化形成左右脑的特定结构，以及后天的学习生活中人与社会、他人的互动，造就了大脑的思维特点。人类在长期的问题解决中也形成了一定的创新思维形式，包括发散和聚敛的状态。理解思维形式的原理，掌握各具特色的创新思维技法，有意识、有目的地开展思维训练，将有助于逐步培养创新思维的意识和习惯，提升创新思维的品质。

创新思维存在于整个设计思维的流程中（见表4-1），在培养创新思维时有一些行之有效的技巧和工具。教师应了解如何教授学生掌握这些创新思维工具，包括有什么、在哪里用、和谁用以及如何用等问题。接下来我们将结合具体案例讲述和分析这些创新思维工具的使用。

表4-1 设计思维的流程对照表

| 创造性问题解决的环节 | 设计思维流程 | | | | |
| --- | --- | --- | --- | --- | --- |
| | 共情需求 | 定义问题 | 方案构思 | 原型制作 | 测试迭代 |
| 焦点问题 | 为谁？为什么？ | 是什么？ | 如何？在哪里？何时？ | 如何？ | 是什么？为什么？ |
| 创新思维技巧和工具 | • 访谈<br>• 同理心地图 | • 五问法<br>• 鱼骨图 | • 头脑风暴法<br>• 六何法（星爆法）<br>• 迪士尼创意策略 | • 快速原型 | • 用户测试卡 |

| 创造性问题解决的环节 | 设计思维流程 | | | | |
|---|---|---|---|---|---|
| | 共情需求 | 定义问题 | 方案构思 | 原型制作 | 测试迭代 |
| 创新思维技巧和工具 | • PIES 分析法 | • 渐距推远法 | • "你说得对，并且……"<br>• 反向头脑风暴<br>• 奔驰法（SCAMPER）<br>• 六顶思考帽<br>• 属性列举法<br>• PMI 思维策略 | • 故事板 | • 原型评估 |
| 创新思维的心态／态度 | • 以人为本<br>• 拥抱好奇心<br>• 观点采择 | • 富有洞察力 | • 开放性<br>• 暂停判断<br>• 容忍歧义／不明确<br>• 尊重他人<br>• 能够看到联系 | • 偏向行动 | • 从失败中学习<br>• 富有韧力的 |
| 创新思维能力 | • 探索<br>• 反思 | • 探索<br>• 反思 | • 想象<br>• 行动<br>• 反思 | • 行动<br>• 反思 | • 行动<br>• 反思 |
| 评价学生创新思维 | 创新思维的成就与进展主要从创造性表达、问题解决和知识创造三个方面进行评测。评价学生创新思维的过程，主要包括生成多样化的想法、生成创造性的想法以及评估和改进想法 | | | | |

设计思维的具体流程主要分为 5 个环节，共情需求、定义问题、方案构思、原型制作和测试迭代。

## （一）共情需求

共情需求即解决问题时通过换位思考，培养学生以人为本的意识，拥有好奇心，愿意站在用户的角度和位置，设计符合用户需求的产品和方案。共情需求主要解决"为谁？为什么做？"的问题，其中主要涉及的创新思维工具有访谈、同理心地图、PIES分析法等。

### 1.访谈

访谈是研究者寻访被研究者并且进行交谈的一种活动，是质性研究中搜集数据的有用方法。所谓质性研究，其最基本的研究问题是：到底发生了什么？以及如何发生的（事情的经过）？访谈的目的是了解受访者的所思所想；了解受访者过去的生活经历；从受访者的角度对研究现象获得多种描述和解释。主要步骤如下（见图4-4）。

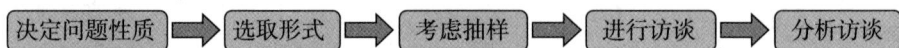

决定问题性质 ➡ 选取形式 ➡ 考虑抽样 ➡ 进行访谈 ➡ 分析访谈

图4-4 访谈的步骤

访谈前要做的准备主要如下：

- 列出主要问题和应该覆盖的内容范围；
- 访谈提纲尽可能简洁易懂，最好一页纸全览；
- 访谈问题应该具体、可操作；
- 要选择合适及具有代表性的访谈对象；
- 会见受访者前要先了解受访者的背景资料；
- 访谈的具体形式应该因人、因具体情境而定；
- 要避免用引导性问题，应以开放式设计，给予受访者发挥的空间；
- 访谈的时间和地点尽量以受访者的方便为主；
- 搜集的数据要尽量达到饱和原则；
- 如果条件可以且受访者同意，最好能录音。

提问、倾听、响应是访谈中的三项主要工作。

（1）提问

- 先说明访谈目的、内容范围及隐私数据的处理方法；

- 发问时宜由浅入深；

- 遇上不明白或特别的地方应加以追问；

- 要让受访者感到受尊重（如录音／录像须事先得到受访者同意）；

- 尽可能解答受访者关心的问题（见表4-2）。

表4-2　如何回答受访者关心的问题

| 典型的问题 | 如何回答 |
| --- | --- |
| 谁想了解这些情况？ | 简明扼要地说明访谈目的 |
| 想要了解什么情况？ | 具体说明我们需要何种信息（如有可能的话，举例）；让被访者了解访谈所需的时间 |
| 为什么要了解这些情况？ | 说明项目背景情况 |
| 为什么想从我这里了解这些情况？ | 确定访谈对象能提供可靠的、必要的信息，向访谈对象说明他所提供的信息的重要程度，对其丰富的专业知识应加以赞赏 |
| 对我有没有什么风险？ | 如有必要，向访谈对象保证我们不会泄露任何谈话内容 |
| 我是否会从中获益？ | 如有可能，向访谈对象提供调查结果等资料 |
| 下一步工作？ | 解释数据的用途以及如何共享访谈成果 |

（2）倾听

听比问更重要，它决定了问的方向和内容，要设法体察受访者没有说出来的言外之意，不断总结、归纳并及时与受访者核实。

倾听的方式有很多种：行为层面上的"听"要避免表面地、消极被动地听，尽量做到积极关注地听；认知层面上的"听"要避免强加地听，尽量做到接受、建构地听；情意层面上的"听"要避免无感情地听，尽量做到有感情、共感情地听。

倾听的原则：不轻易打断对方，采取容忍沉默的方式。

（3）响应

- 认可：言语行为—嗯、对啊、真棒；非言语行为—点头、微笑、鼓励的目光。
- 重复、重组和总结，让访谈者充分响应。
- 应该避免的响应方式：论说型响应和评价型响应。

结束访谈时候注意：总结要点；提出最后一个开放式问题；可以询问访谈者"有没有什么没有谈到的问题您想要补充的"；就下一步工作达成共识；为今后进一步提问留有余地；若访谈正往不利方向转变，应该立即结束；尽可能以一种轻松自然的方式结束（暗示）；在48小时内表达真诚的感谢。

"探讨互联网对青少年人际关系的影响"访谈步骤见表4-3。

表4-3　"探讨互联网对青少年人际关系的影响"的访谈步骤

| 步骤 | 事项 | 示例／说明 |
|---|---|---|
| 决定问题性质 | 1.基本数据（如受访者性别、年龄等）<br>2.态度、动机、信念 | 1.受访者男女比例？年龄阶层？从青少年、家长、教师、社工，还是多元的角度来看问题？<br>2.要客观、积极、忌先入为主。如研究旨在协助青少年改善人际关系，改进生活质量，宜多听青少年的声音，不能只局限于成年世界的观点。研究者也要看到同一事物的不同方面，即影响可能有正、反两方面（正：跨越了地域与时空的限制，使交际空间变得更广阔；反：减少面对面沟通的机会，人际关系变得疏离） |
| 选取形式 | 1.草拟访谈大纲<br>2.草拟访谈问题 | 例如，焦点探究问题：互联网如何影响青少年建立人际关系？<br>访谈大纲：（1）什么影响？（2）如何影响？<br>访谈问题：你尝试过通过互联网结交朋友吗？可否举一个实例？你认为通过此种方式结交朋友，对你有什么影响，如社交／人际关系方面？为什么？可否具体解释如何影响？身边的人对你此方面的情况有什么看法？就"互联网如何影响青少年建立人际关系"这个问题，你还有其他补充吗？换言之，访谈问题所得的答案必须能够解答"焦点探究问题" |

| 步骤 | 事项 | 示例/说明 |
|------|------|-----------|
| 考虑抽样 | 1. 选择样本（代表性样本、知情者）<br>2. 进入样本群体（过程及其可行性） | 1. 例如，定位是访问青少年群体，代表性样本：经常使用互联网的同学？来自不同班别的同学？不同上网年龄经验的同学？多少样本？（一般而言，个位数字就够了）<br>2. 我认识受访者吗？如何邀请对方接受访问？事先要告知受访者什么信息？如何告知？ |
| 进行访谈 | 1. 建立关系<br>2. 正规访谈<br>3. 策略、追问 | 1. 使受访者感到友善（如要谦虚有礼）、互信（如要先介绍自己，讲清楚访谈目的）、安全（如约对方在熟悉的地方访谈）<br>2. 时间长短，如半小时；录音／笔录？<br>3. 追问才能得到你想要的深层答案 |
| 分析访谈 | 分析内容 | 针对"探究目的"及"焦点探究问题"整理内容重点 |

访谈最根本的目的：解构错综复杂的事情之来龙去脉。访谈最重要的技巧：设定的访谈问题必须呼应焦点探究问题；于适当的地方，要加以跟进追问；访谈时或完成后，尽快记下你当下的理解、判断、推测。记录访谈数据要系统；当整理及分析访谈数据时，得紧扣探究题目、探究目的及焦点探究问题。

### 2.同理心地图

同理心地图是研究用户的一种工具，可以更好地完善用户体验。当基于真实数据，并将同理心地图与用户画像、用户体验地图等其他研究工具结合使用时，可以发挥以下作用。

- 消除偏见，使团队在用户角色理解上保持一致；
- 发现研究中的缺陷；
- 发现用户自己都不知道的用户需求；
- 了解驱动用户行为的因素；
- 引导团队走向创新。

同理心地图详见图 4-5。

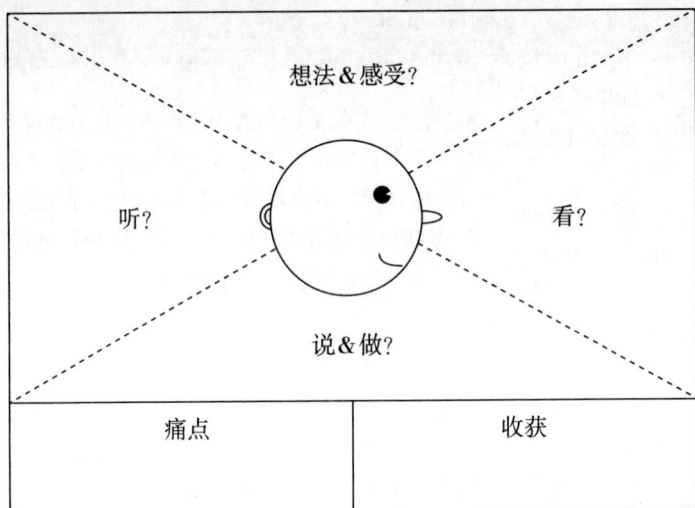

想法 & 感受?

听?

看?

说 & 做?

痛点

收获

图 4-5　同理心地图的绘制案例

## 3.PIES 分析法

PIES 是指从生理（physical）、智力（intellectual）、情绪（emotional）、社会（social）四个方面对需求进行分析。这种分析技巧可以帮助学生在需要解决目标群众的问题时，思考如何满足他们的需求，从而更好地改善他们的生活。新加坡初中阶段的教育也涉及 PIES 分析法，详见第八章。

## （二）定义问题

定义问题是在大量收集信息的基础上，精确地定义用户需求，培养学生敏锐的洞察力。明确、可操作的需求，为下一阶段寻找可行的解决方案指明了方向，主要解决"是什么"的问题。其中主要涉及的创新思维工具有五问法、鱼骨图、渐距推远法。

## 1. 五问法

为什么运用五问法可以进行根本原因分析？根本原因分析旨在深入挖掘一个特定的问题，以确定其背后的主要原因。当我们试图解决一个问题时，我们面临的最重要的挑战之一是，我们所认为的问题不是根本原因，而是一个或多个根本问题的结果。结果，我们产生的解决方案将朝着一个错误的方向，不会帮助解决眼前的问题。五问法基于对策方法学，不仅可以识别问题的根本原因，而且可以防止它发生。这种方法比传统的只针对最终结果的方法更有效。这个工具背后的核心概念使它变得实用且精简，因为它可以用来研究一个或多个问题。

在根本原因分析时使用五问法的好处包括：

① 帮助我们确定问题起源之间的关系，因为在讨论过程中，连续的问题将不同的原因联系起来；

② 这是一个简单的工具，不需要对问题进行任何静态分析，团队可以学习如何在会议中快速有效地使用；

③ 它是时间灵活和力求精益的工具，可以用来分析简单和复杂的问题；

④ 它可以与其他工具（如因果关系图、失败模式和影响分析图）一起使用，以获得准确的结果，并验证结果并确保这些结果是真正的根本原因。

应用五问法工具可以遵循以下步骤：

（1）定义问题

推动者定义、记录需要调查的问题，并准确地描述它，以确保所有团队成员都清楚地理解它。例如，患者不去看医生。

（2）问"为什么"问题

一系列的5个"为什么"问题形成基于以下的陈述（见图4-6）。

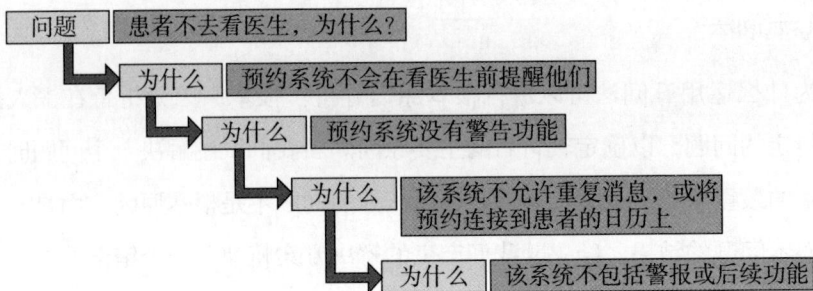

图 4-6　应用 5 个 "为什么" 的问题

最后一个问题似乎是患者缺勤的根本原因。可以采取五问法进一步追问，直到团队认为他们找到了问题的真正原因。

（3）谈论结果

5 个 "为什么" 可以是上面例子中所示的一条路线，也可以是有多个原因的多个方向的路线。在上面的案例中，研究小组仅在四个 "为什么" 问题之后就得出了根本原因。结果是，他们需要在系统中添加一个功能，可以在预约前提醒患者，或者允许他们将预约添加到日历中。

使用五问法工具的主要目的是识别问题的根本原因。然而，他们还需要针对根本原因的解决方案。这里的技术可以用来解决问题，比如 TRIZ 方法。此外，头脑风暴法可以作为一个简单的工具来讨论问题的各种可能的解决方案和探索它的各个部分。结合五问法的方法用于课堂教学实践部分内容将在第十章深圳市福田区新沙小学案例中呈现。

### 2. 鱼骨图

因果关系图帮助用户识别问题（结果）的所有可能原因。如鱼骨图（见图4-7），结果包括来自不同问题视角的对象。然而，这些原因可能不是问题的根本原因，需要使用五问法工具进行验证。一旦在鱼骨图中确定了不同的原因，团队就可以使用五问法工具来探索问题背后的真正原因，然后制订一个行动计划来解决问题的真正原因，防止问题再次发生。

鱼骨图，顾名思义长得像鱼的骨架，头尾间用粗线连接，犹如脊椎骨一样。

鱼骨图是日本管理大师石川馨先生发明出来的一种发现问题"根本原因"的方法，也被称之为因果分析图或石川图，它具有简洁实用、深入直观的特点。鱼骨图是一个非定量的工具，可以帮助我们快速找出引起问题潜在的根本原因。

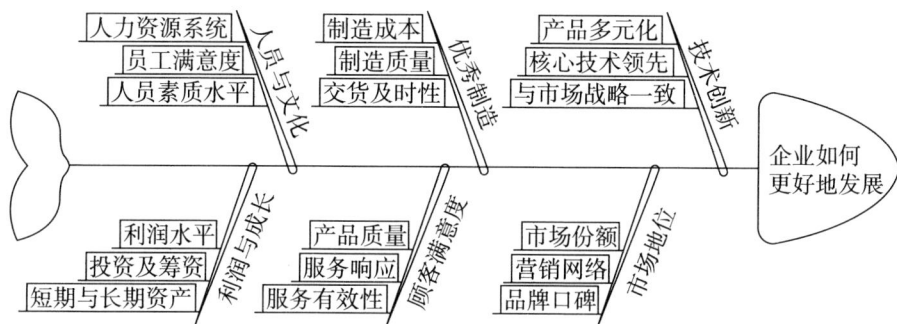

图 4-7　鱼骨图示例

鱼骨图的绘制步骤如下：

①画一条主干骨及鱼头，可以自己制作，也可以网上下载一个模板。

②将要解决的问题写在鱼头之上。

③画大骨，一般画六条大骨，与主骨呈 60 度至 80 度角。这六条大骨就是分析问题的六个方面，"人、机、料、法、环、测"，即"5M1E"（见图 4-8）。

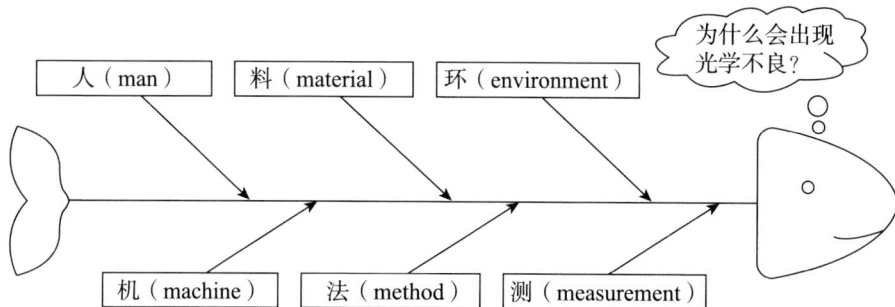

图 4-8　具体"人、机、料、法、环、测"的鱼骨图

④召集会议，针对问题，利用头脑风暴法（后文将介绍）进行检讨。尽可能多地提出问题可能的原因，过程中不反对、不打击。将所有原因整理列出，

共同讨论，去除重复及没有意义的原因。

⑤将主要原因按照"人、机、料、法、环、测"分类，分别填入六个大骨，然后再逐一讨论，找出最可能的原因，进行标注。头脑风暴过程中，切不可打断别人的发言，不批评、不反对，防止真因被扼杀。

### 3. 渐距推远法

所谓"渐距推远法"是用你的习惯来下定义，然后扩大定义容纳的范围，再下一次定义；然后再扩大，再定义；再扩大，再定义……直到你的视野完全变化为止。

①我是一个早上卖豆浆的人。（我的问题是如何把豆浆、油条做得好吃，降低成本，招揽顾客。）

②我是一个供应早餐的人。（我可以卖咖啡和油条、豆浆和煎饼的组合吗？）

③我是一个为早上外出人士提供方便、让他们快速进食的人。（豆浆店是最方便、最快速的方法吗？有很多人还是来不及，我是不是可以设计一种容器，使人们在车上能很方便享用？或者，我应该更进一步，使他一边进食，一边向他的办公室、学校前进，有没有经营一种"早餐巴士"的可能？）

## （三）方案构思

方案构思是解决问题的关键，根据上阶段形成的需求，要尽可能多地提出各种解决问题的方法。通过创想培养学生自如地发散与收敛思维，灵活进行正向和逆向构思、有想象力且包容尊重他人不同的观念。方案构思主要解决"如何做？在哪里？何时？"的问题。其中主要涉及的发散思维工具有头脑风暴法、六何法（星爆法）、迪士尼创意策略、"你说得对，并且……"、反向头脑风暴、奔驰法（SCAMPER）、六顶思考帽、属性列举法以及 PMI 思维策略。

涉及视觉思维工具有思维导图、思考—怀疑—探索、粉笔谈话等。接下来我们将对部分工具进行具体阐述。

## 1.头脑风暴法

头脑风暴法一般是举行一个小型的会议，与会者围绕目标畅所欲言地提出各种想法，彼此激励，相互启发引起联想，在一种竞争的氛围中满足个人充分展现自我的欲望，以产生更多的"点子"，达到集思广益的效果。头脑风暴法常常用于方案构思阶段，通常按照如图4-9所示的流程进行，以便聚焦问题，持续推进。

准备阶段 → 明确问题 → 热身阶段 → 自由畅谈 → 加工整理

图4-9　头脑风暴法运用流程

运用头脑风暴法能激发学生思维的开放性，让学生敢于异想天开，破除创新思维中普遍存在的学术或行政权威的障碍。参与头脑风暴将有利于学生养成延迟评价的习惯，包容他人的不同观点。对团队而言，平等地畅所欲言，充分发表观点，也能营造创造性解决问题的氛围。

为了发挥头脑风暴法的效用，人们经常使用便利贴辅助信息的收集，以便阶段性聚焦目标问题，或是最后对便利贴进行统计投票。在使用头脑风暴法时，应深刻理解并严格遵循自由畅想、延迟评判、以量求质、综合集成的原则。因为奇异的想法虽然未必实际，但可以启发他人突破思维定式、激发想象。研究表明，延迟评判可多产生70%的设想。当然，在鼓励人们运用头脑风暴法的同时，也要求参与者必须聚焦问题不能离题。

## 2.六何法（星爆法）

六何法，也称星爆法、5W1H分析法，具体是指何人（who）、何事（what）、何时（when）、何地（where）、何解（why）及如何（how），从原因、事件、地点、时间、人物和方法六个方面提出问题并进行思考。层层追问，通过练习提问和探究技巧，使学生对问题有更深刻的理解，有助于提高他们的思考能力。

与星爆法类似。

星爆法是集中在讨论主题上，并且从主题向外生发出问题。在这种方法中任何事情都可以讨论，任何问题都是合理的，并且问题越多越好。星爆法主要基于六个主要问题组，它们以星形排列，由以下位置标记：谁？什么？当？哪里？为什么？如何？在团队会议期间讨论每个问题组，并给每个小组分配一些问题。通过回答分配的问题，可以确定项目或新想法的清晰愿景。

以下步骤将指导团队如何应用星爆法。

①用一张大纸画一颗六点星。在星形的中间写下你的想法或项目名称。

②在星的每一点写一个主要的问题组：谁？什么？如何？哪里？何时？为什么？围绕这些问题，小组将按系统顺序进行讨论（见图 4-10）。

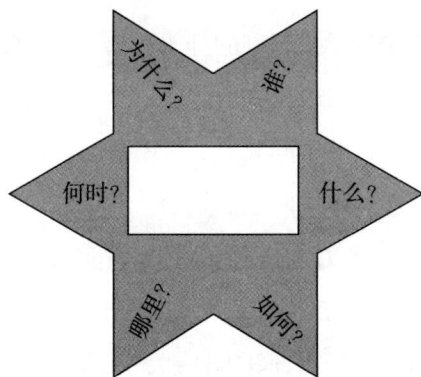

图 4-10 星爆法

③开始集思广益，在这个阶段，专注于写下问题的相关星点，而不回答它。

例如，公司希望为其在线商店创建一个新的移动应用程序。在纸的中心写下"移动应用程序"一词，问题示例如下。

*谁：*

• 谁将使用此应用程序？

• 谁将在项目中工作？

• 谁是我们的竞争对手？

*什么:*

- 我们该叫它什么?

- 应用程序成本是多少?

- 该项目的创作风格是什么?

*如何:*

- 此应用程序将如何帮助我们的业务?

- 我们如何推广它?

- 我们如何将其添加到当前服务中?

*哪里:*

- 我们将在哪里销售应用程序?

- 我们将把广告放在哪里?

- 从哪里获得资金?

*何时?*

- 应用程序何时发布?

- 我们什么时候开始开发?

- 什么时候开始做广告?

*为什么:*

- 我们为什么要创建这个应用程序?

- 为什么人们会对此应用程序感兴趣?

- 在市场竞争中,为什么它会超过其他竞争对手?

④在此阶段,团队将讨论每个问题的答案,收集的答案有助于建立对产品或想法的坚实愿景。如果有很多问题,可以举行进一步的会议来探索所有的答案。

比较来看,虽然其他集思广益会议可以转向开放式讨论,但经常无显著结果,而星爆法往往提供有重点、系统和全面的引导思维流程,并限制其回答具体步骤和问题。与其他集思广益会议相比,如思维图和六顶帽子法,星爆法可以花更少的时间达到目标结果,因为所有的一般标准都事先设置到位。

### 3. 迪士尼创意策略

迪士尼创意策略是一种集创意方法及决策支持于一体的方法。整个过程都是通过角色扮演来实现的。

迪士尼在工作过程中运用了非常特别的使用头脑的"心略"。他的公司在他去世后多年后仍然非常成功，是因为他会从不同的角色，如"梦想家""实践者""批评者"等来处理问题。这种策略称为"迪士尼创意策略"。该方法在3—4人的团队中效果最好，但也可以单独进行。当参与者扮演该角色时，应把自己真正代入该角色之中。

### 4. "你说得对，并且……"

在发散思维这个环节，必须保证大家的讨论有充足的时间和余地。我们会鼓励你在这段时间内尽可能地用"你说得对，并且……"这样充满热情和鼓舞的句式代替 "你说得对，但是……" 这样令人沮丧和退缩的句式。

"你说得对，并且……"句式可以帮助人们在其他人的想法上构建自己的想法。发散思维阶段之所以意义重大源于一个单纯的逻辑原因：它迫使你找到很多想法，并将最初的想法通过反复思考不断完善。

### 5. 反向头脑风暴

要想获得创造性的产出，需要参与者和参与方式具有创造性和创新性。然而，上述集思广益的过程缺乏有助于在会议中取得预期创造性成果的创造力。反向头脑风暴试图以我们现在已有的流程但相反的方式解决问题。该方法可以影响人类的头脑，创造更好的想法和解决方案。

反向头脑风暴不是聚焦如何解决问题，而是侧重于导致问题的原因或如何实现与预期相反的结果的想法。此方法可帮助团队了解问题，并突出显示可用于解决该问题的想法以及会议期间讨论的其他想法。例如，团队考虑如何增加成本，而不是如何降低成本等。

## 6. 奔驰法（SCAMPER）

奔驰法一般用于作品改良和方案优化。它通过替代、整合、调整、修正、其他用途、消除、重组或反向这七种常用的不同的思维角度（见表4-4），能有效地辅助人们推敲新的方法，获得新的创意。SCAMPER是7种思维角度的英文首字母的组合。

表4-4　奔驰法（SCAMPER）

| 角度 | 内涵 |
| --- | --- |
| 替代（substitute） | 何物可被"取代"？ |
| 整合（combine） | 可与何物合并而成为一体？ |
| 调整（adapt） | 原物是否有需要调整的地方？ |
| 修正（modify、magnify） | 可否改变物品某些特质，如意义、颜色、声音、形式等？ |
| 其他用途（put to other uses） | 可有其他非传统的用途？ |
| 消除（eliminate） | 可否将原物变小？浓缩？或省略某些部分？使其变得更完备、更精致？ |
| 重组或反向（rearrange、reverse） | 可否重组或重排原物的排序？或把相对的位置对调？ |

奔驰法的特点启发我们创新思维要从改变开始，要敢于从形式、方向和内容等多个方面尝试变化，主动迎接创新的到来。

例如，若让同学们用奔驰法改良自己的书房，就可从以下七个方向思考：

替代，书柜可以被替代吗？

整合，窗户和窗帘合并会怎样？

调整，如果将床改造为可以折叠收放的会怎样？

修正，调整书桌的大小，将其做成与床一样大小可以吗？

其他用途，座椅可用作锻炼健身的器材吗？

消除，可以把座椅去除吗？

重组或反向，重新安排书柜、书桌、床等，书房的空间大小及人的活动线路有何变化?

### 7. 六顶思考帽

"创新思维学之父"博诺(Bono)认为,思考最大的问题在于混乱,我们总是试图一次解决太多的问题。于是他提出一种全面思考问题的方法——六顶思考帽,用六顶不同颜色的帽子将复杂的思维简单化或分割化(见图4-11),让思维平行、清晰(博诺,2013)。

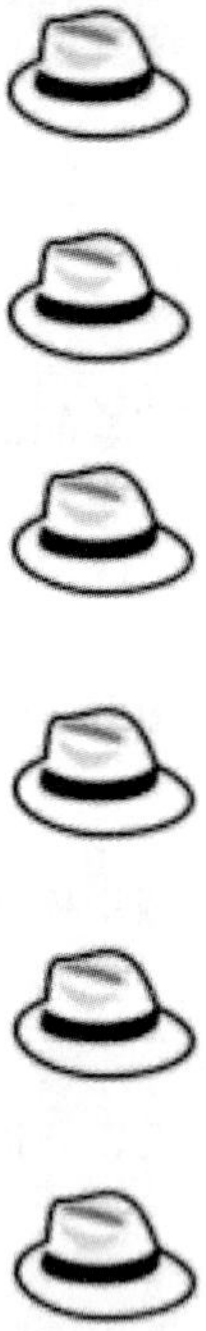

白色思考帽:中立而客观地陈述事实和数据

红色思考帽:带情感的直觉和预感判断

绿色思考帽:代表创造和新点子,提出问题解决方案

蓝色思考帽:像乐队指挥,控制整个思考流程并总结

黄色思考帽:表示乐观积极,提供建设性、正面的观点

黑色思考帽:代表冷静、反思,它意味着警示与批判

图 4-11 六顶思考帽的功能

六顶思考帽既是思维的工具又是方法论。它把复杂的思维活动简化,要求同一时刻每个人都看同一方向,让每个人的经验和智慧得到充分运用,使混乱的思考变得更清晰,使团体中无意义的争论变成集思广益的创造。使用时戴上相应的帽子即可,帽子戴上或脱下方便,且被团队明显地看见,能有序高效地推进团队创新活动深入。通常使用的步骤如下。

①陈述问题事实(白帽)。

②提出解决问题的方案（绿帽）。

③评估该方案的优点（黄帽）。

④列举该方案的缺点（黑帽）。

⑤对该方案进行直觉判断（红帽）。

⑥总结陈述，做出决策（蓝帽）。

要注意，六顶帽子代表的是思考方向，如"让我们戴上黑色思考帽"，则意味着每个人要从批判审视的角度提出现有方案可能存在的缺点。

六顶思考帽的思维方法，能够训练学生学会把复杂的思考活动加以分解，使各种思考既逻辑关联又都能得到充分重视，有序进行。学会从不同视角思考，不受情绪的影响，团队彼此合作而非争执不下、无谓浪费时间。

### 8. 属性列举法

属性列举法是将一种产品的特点列举出来，制成表格，然后再把改善这些特点的事项列成表。这种方法旨在根据设计对象的构造及性能，按名词、动词、形容词等特性提出各种改进属性的思路，从而萌发新设想。主要步骤如下。

①确定对象：补充说明。

②列举属性：名词属性是指部件名称、整体、局部、材料、制法等；动词属性是指功能、动作、方式等。

③整理属性：对众多的属性进行分类整理，通过提问或自问产生特性联想，并考虑有没有遗漏的。

④找出最佳方案：以思维模式的综合结构既不是金字塔式的层叠构架，也不是螺旋上升的圆圈构架，而是纵横交错的网络结构。

针对分析问题时存在不周到、不细致的思维障碍，用属性列举法可方便人们把思考的方向尽可能汇总起来，逐项研究谋取突破。如绳子有哪些用途？通过列举可得到如表 4-5 所列的多种用途，为产生新的设想奠定基础。属性列举法主要用在方案构思阶段。

表 4-5　绳子的用途列举

| 序号 | 应用领域 | 用品 |
|:---:|:---:|:---:|
| 1 | 日用品 | 腰带、牙线、灯芯 |
| 2 | 文娱及体育用具 | 球网、跳绳、乐器 |
| 3 | 捕猎工具 | 捕兽器 |
| 4 | 安全用品 | 高空作业安全绳 |
| 5 | 衣服及服饰 | 织衣服、鞋带 |
| 6 | 艺术 | 绘画工具、艺术品 |
| 7 | 燃料 | 代替火柴生火 |
| 8 | 救护用品 | 止血带 |
| 9 | 其他用途 | 火药引、造桥 |

运用属性列举法有助于培养学生分析和分解的能力，通过属性、优缺点分析进而产生关联，通过对构成部分分解进而为创新思维寻找焦点。

列举相对比较容易，因而它是方案和作品改进的实用方法。实际使用属性列举法时，可以从对象的特性、缺点或希望点等维度进行列举。表 4-6 列举了绳子的 9 种用途，这个数量体现了思维的流畅性；"燃料"的新颖列举体现了思维的原创性，"艺术"领域的列举则体现了思维的变通性。

### 9.PMI 思维策略

PMI 思维策略强调对待观点要进行全面的分析，有目的地从正面的（plus）、负面的（minus）和有趣的（interest）三个方面进行分析。新加坡初中阶段 STEM 中已有关于 PMI 思维策略的教授，详见第八章。

## （四）原型制作

原型制作阶段要求尽可能快地做出粗糙、简单的产品或产品中的特定功能的原始模型，以便测试上一阶段提出的解决方案，为不断迭代提供一个参照的原始雏形。原型阶段侧重培养学生技术实践的能力，方案构思主要解决"如何解决？"的问题，其中主要涉及的创新思维工具有快速原型（物理原型、数字原型）和故事板。

### （五）测试迭代

测试迭代使用初步得出的产品原型或模拟环境来严格测试，判断问题是否得到解决，评估需求是否得到满足。在此过程中，常常发现一些想法需要修正，可能会被重新定义，甚至发现新的问题。测试遭遇失败是很常见的，通过测试迭代环节培养学生正确认识失败、乐于拥抱失败的心态，以及不断从失败中分析改进、找到正确路径的习惯。用户测试卡和原型评估是测试常用的方法。

设计思维流程是一个通用的流程，实施中可以根据每个阶段的特点，运用前面已经学习过的创新思维的形式和技法。但要注意，其实施过程并非线性，根据需要可以在任何时间段重复整个过程或是某些特定的阶段。

# 三、STEM 项目中运用创新思维

## （一）STEM 项目与创新思维培养

STEM 项目面向真实问题，综合运用科学、技术、工程、数学等多学科知识解决问题。在项目化学习的过程中，开展跨学科学习，促进学生的知识与能力协调发展，培养学生的创新思维与创造力。

由于 STEM 项目关注来自真实情境的问题解决，其真实性、综合性、创新性等特点为培养创新思维提供了极佳的园地。在 STEM 项目教学和实施中，融入创新思维面向问题、解决问题，为创新思维的各种形式、各种工具、技法的充分运用提供舞台。以设计思维流程为模式的创造性问题解决的流程框架，也已经成为 STEM 项目实施和思维训练的有力抓手。


## （二）应用创新思维技法改进手推车

"改进手推车"是新加坡初中二年级实施的一个 STEM 项目。学生们观察生活，发现市场上的手推车虽然可以满足用户携带物品的需求，但使用中还存在一些问题，给使用者带来许多不便。例如，手推车比较笨重，不便乘坐公交车携带或放入汽车后备厢；手推车的空间有限，不便盛放更多物品；等等。如何提高目前手推车的便携性和装载物品的性能，更好地适应使用者的需求呢？

### 1. 调查手推车使用存在的不足，发现问题培育同理心

创意问题解决要树立以人为本的理念，事先弄清楚"为谁？""解决什么问题？"因此，要设身处地观察访谈，与用户的需求共鸣，从而设计出贴近用户需要的作品。同理心为创新思维铺垫了良好的态度基础，同时还提供了获取真实信息、打开思维的多元视角的通道。

此时，团队成员走进市场、超市观察，亲身体验用户使用手推车装不同数量的物品，在不同情形下的使用感受，进行同理心体验或访谈。

借助"用户旅程地图"工具，观察用户使用产品的场景、功能、态度和期望等，尤其是用户在各阶段的痛点（见表 4-6），通过比较进而发现并确定核心问题，从而为思考找到明确的方向。

表4-6 "改进小推车"用户旅程地图

用户：家庭主妇      场景：去菜市场买菜      用户目标和期望：装载多，轻便

| 阶段1：去菜场 | 阶段2：装菜 | 阶段3：乘车返回 |
| --- | --- | --- |
| 用户痛点：<br>小车重不便用<br>小车大不便带 | 用户痛点：<br>筐的空间有限<br>买多了放不下 | 用户痛点：<br>小车不便上车<br>堆高的菜品容易滑落 |
| 机会和想法：<br>减轻小车重量<br>让小车折叠 | 机会和想法：<br>扩大筐子<br>增加储物的装置 | 机会和想法：<br>辅助上车装置<br>固定堆高的物品 |

## 2. 收集需求信息和数据，精确定义明确问题

通过同理心体验和访谈，学生们发现手推车的用户主要是家庭主妇和长者，他们认为手推车存在塑料袋通常会被填充到顶部，空间经常不够用，塑料袋塞进手推车易滑落，携带物品袋无法放入手推车，不方便随身携带，效率不够等问题。

对手推车使用不便问题使用鱼骨图进行分析即可得到如图4-12所示的分析结果。

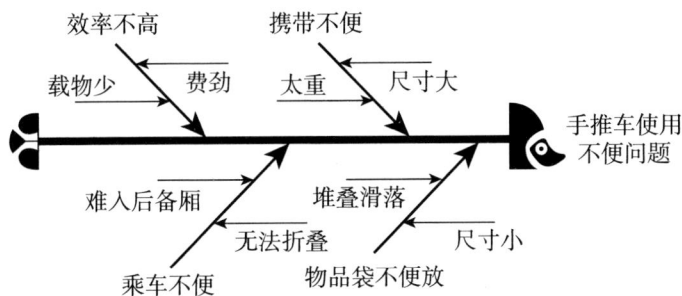

图4-12 手推车不便问题分析鱼骨图

进一步面向目标用户发放问卷，辅以获取的相关数据和图表（见图4-13）后，可更精确地刻画问题：手推车是否方便？手推车存在哪些问题？

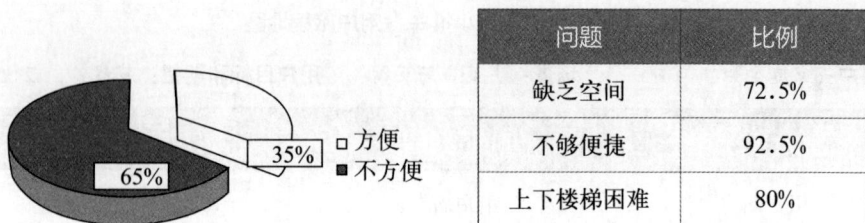

| 问题 | 比例 |
|------|------|
| 缺乏空间 | 72.5% |
| 不够便捷 | 92.5% |
| 上下楼梯困难 | 80% |

图 4-13　对手推车是否方便及存在问题的问卷数据图表

依据充分的调研和数据，问题确定为：如何为家庭主妇或长者改良手推车，使其更便携、更宽敞，让手推车更方便地进出菜市场或超市？学生们的目标是使手推车易于用户使用的同时，改善手推车的便携性和宽敞性。

### 3. 构思手推车的改良方案，创新思维敢于创想

（1）头脑风暴，充分发散思维

面对问题，学生们分组进行头脑风暴，有的建议扩大篮子的容积，有的提出增加可折叠的篮子数，有的建议使用收放的机架放置更多的物品，有的打算添加钩子挂物品袋，有的想附加一个布背包，有的提出增加手推车折叠的功能……

（2）思维导图，让方案清晰表达

运用图文并茂的形式，清晰、生动地把各种改进的设想及相互关系表现出来（见图 4-14），这种思维可视化的工具被称为思维导图，作为表达思维的有效图形工具，思维导图可以充分激活左右脑思维的特点，协助人们在科学与艺术、逻辑与想象之间发散和收敛思维，从而释放大脑创新的潜能。

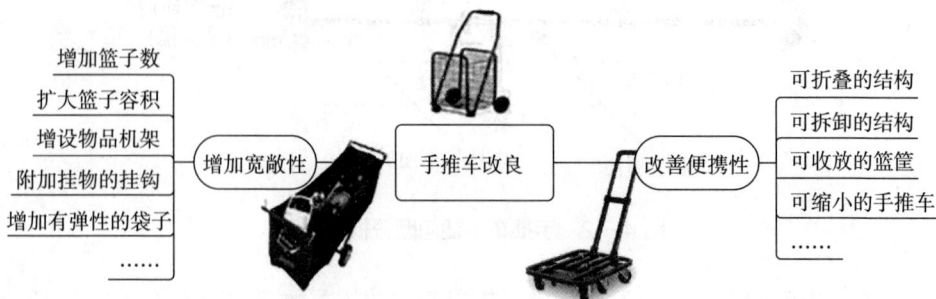

图 4-14　手推车改进思维导图

（3）5W2H分析法，质疑中优选方案

面对众多的设想，需要聚焦问题和设定的目标，可以用5W2H分析法。如图4-15所示，通过回答What（做什么）、Why（为什么）、Who（何人做）、Where（何地）、When（何时）和How（如何）、How much（多少），帮助人们发现解决问题的线索，审视构思的方案，从而进行优选。

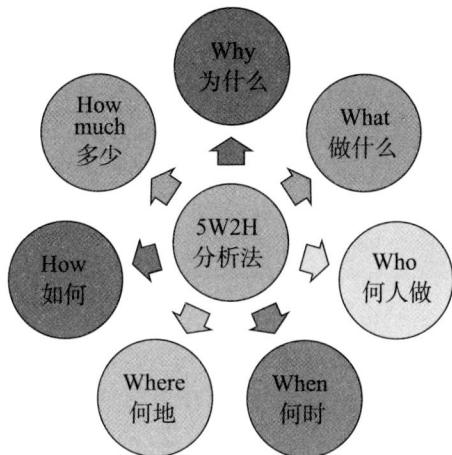

图4-15　5W2H分析法

学生们的产品是面向家庭主妇和老人，提供更便携和宽敞的手推车，以适应他们在超市或菜市场装物品的需求。通过对添加挂钩载物、额外的功能等方案讨论，增大篮子的容积会带来更不便携的问题，增加折叠的设计虽然便携但未必可以增加宽敞性。考虑到用户的特点和使用的场合，为手推车添加挂钩方便用户挂各种物品袋（见图4-16），既解决了宽敞性问题，同时又不太增加质量和影响便携，合理地安排挂钩的位置，还可以实现额外的功能——挂雨伞等，且成本便宜易于实施。

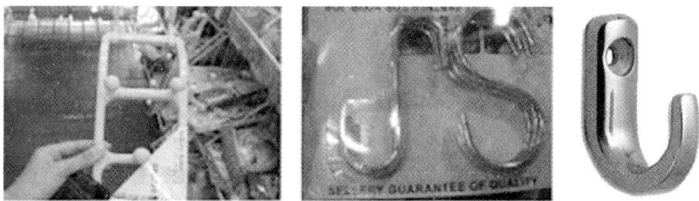

图4-16　选择挂钩方便挂物

### 4. 快速拿出作品雏形，积极行动制作原型

获取制作原型的简易材料和工具，如手推车、纸板、物品袋、手工制作的铁丝钩以及钢笔、铅笔、小刀、遮蔽胶带、绳子等，快速动手将挂钩的方案加以粗略制作，于是就得到了第一个原型（见图4-17）。

图4-17　第一个手推车原型

学生们的第一个原型由于使用的是借用的铁质手推车，再附着纸板等，所以非常笨重，手推车也很难折叠收起，侧面的瓶架比较占空间，所以还有很多地方需要改进。

原型是产品的雏形，通过前面的快速原型方法，就能快速、廉价、粗略地得到模型，让创意变得可见、可感，为用户体验和评价提供了可能。

原型可以是物理模型，也可以是草图、简易纸模型等，用故事板或角色扮演的方式表达、示意设计的方案也是常用的方式。无论哪种原型，都要注重视觉化呈现，制作时保持新手心态，模型由粗略到精细，且越早制作出来越好。

### 5. 测试反馈，拥抱失败走向成功

使用第一个原型给用户测试时，由于笨重、不便携而不被用户认可。但学生们勇敢地面对，认真反思，从失败中找寻解决问题的办法，逐步具备了拥抱失败、从失败中汲取营养的积极心态。

经过再观察和听取建议，学生们运用奔驰法改进设计：选用轻便、可伸缩的塑料手推车；纸板改成了更坚固、耐用的金属薄板，且可随手柄上下滑动伸

缩；钩子改用了更结实的铜钩；在手推车的后面添加了一个夹子，以便放置所购买的较长的物品，如雨伞和拖把等。经过多次迭代，终于完成了测试的原型产品（见图4-18）。

图4-18　手推车原型产品

测试是任何新产品或新服务应用前必经的阶段。创新的设计本身就是一种探索，需要大量的测试，在失败中发现新的路径直到成功。测试时可以仅有自己的团队，也可以邀请用户参与体验测试（见表4-7），有助于用户与用户产生"共情"，如果由专家进行测试，那就能快速、深入获得专业意见反馈。

表4-7　测试卡

| 团队名称： | 时间： | 地点： |
| --- | --- | --- |
| 步骤1：假设我们相信——<br>•用钩子，可以以较低的成本增加手推车宽敞性，不降低便携性<br>•伸缩的塑料手推车，增加便携性的同时增加宽敞性<br>•改进的成本相对低廉 | | |
| 步骤2：测试<br>•让钩子挂更多额外的物品<br>•伸缩改变小车的大小<br>•乘车或放汽车后备厢<br>•…… | | |

| 团队名称： | 时间： | | 地点： |
|---|---|---|---|
| 步骤 3：反馈 | | | |
| 肯定的： | | 批判性的： | |

# 本章小结

　　了解了创新思维及多种常用的思维技法后，我们有哪些收获呢？对教师而言，可能明晰了教学设计中思维活动设置的时间节点、组织形式和实施流程及开展思维操作的规则和训练方法。那么，请试着在教学中实践一下吧！例如，学习杠杆原理后，可否设计一次将杠杆原理应用于生活的头脑风暴？这不仅有助于演练思维方法，培养创新意识，还能激发学生进行知识提取和迁移。对学生而言，会为他们在生活学习中有意识地运用各具特色的创新思维技法埋下种子，养成积极主动的创新心态。STEM 项目是培养和展现创新思维的舞台，我们面对问题，探索解决的科学原理、与用户"共情"、不惧失败，充分发挥技术的魅力和工程的智慧，用新颖且富有创造力的方案解决问题。这样，我们的师生和教育教学都将获得强大的内在发展动力，迎来持续创新的美好明天。

创新思维的内涵

理解创新思维 ── 创新思维的特征 ── 联想性 / 求异性 / 发散性 / 逆向性 / 综合性

创新思维的过程

创新思维方法应用

创新思维的技法和工具
- 共情需求 ── 访谈 / 同理心地图 / PIES分析法
- 定义问题 ── 五问法 / 鱼骨图 / 渐距推远法
- 方案构思 ── 头脑风暴法 / 六何法（星爆法）/ 迪士尼创意策略 / "你说得对，并且……" / 反向头脑风暴 / 奔驰法（SCAMPER）/ 六顶思考帽 / 属性列举法 / PMI思维策略
- 原型制作
- 测试迭代

STEM项目中运用创新思维 ── STEM项目与创新思维培养 / 应用创新思维技法改进手推车

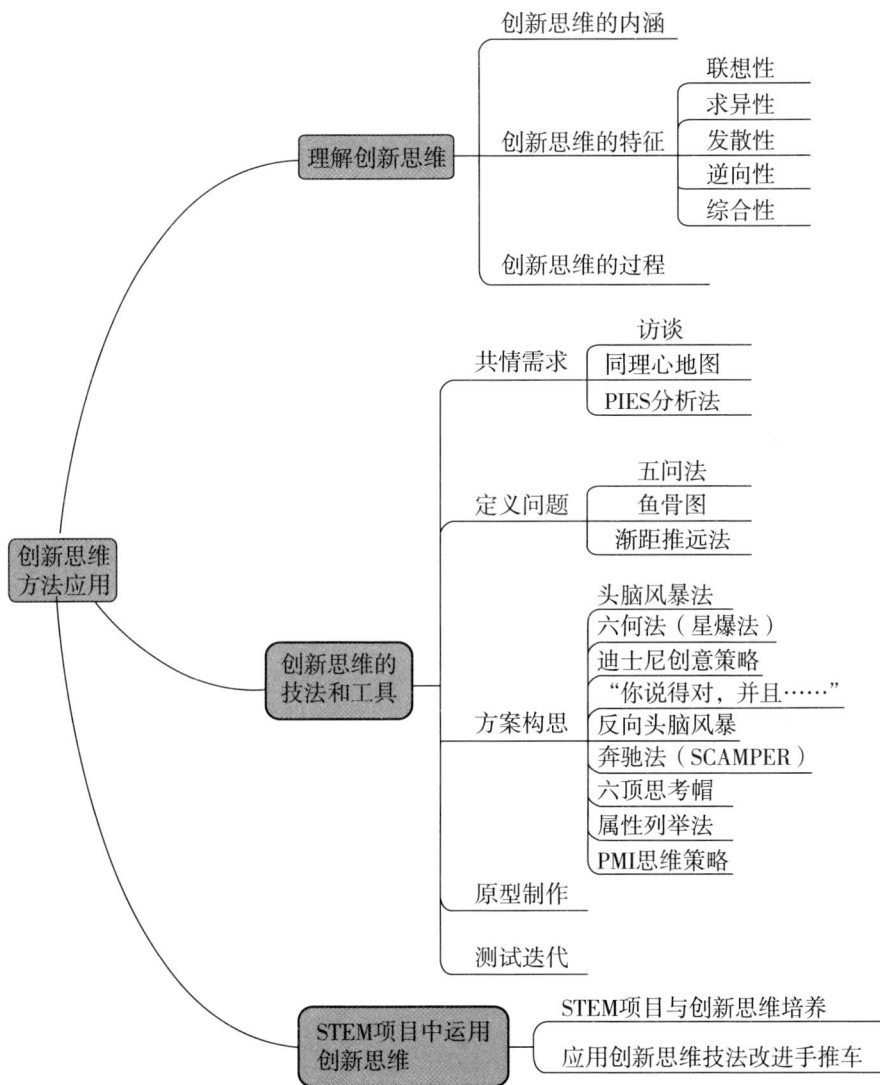

# 本章回顾与反思

1. 请举例谈一谈发散思维和收敛思维的关系。

2. 设计思维的流程中分别都有哪些创新思维工具，您能否将其教授给学生，并用于日常的活动项目中？

3. 假设你的学校处在一个闹市区，每天学生、家长上学放学十分拥堵，请您运用所学的创新思维方法，带领学生一起解决交通拥堵状况的问题。

# 第五章　创新思维教育的学习评价

创造力评价的概念、原则、模型和相关工具

创造力评价的具体案例

许多国家的政府和相关部门已陆续把STEM教育纳入中小学课程体系，因此，需要有科学的工具和方法来评价学生在STEM教育中创新能力的提升。评价不仅应作为教学参考的目标，还应贯穿学习过程。

本章学习目标：
- 了解创造力评价的概念及其在创造性教育中的重要作用。
- 了解创造力评价的常用模型和相关工具。
- 积极尝试在教学中通过有效的反馈促进学生的学习（以评价促进教学）。
- 探索在STEM教学中设计具体的、合适的创造力评价量表的方法。

# 一、创造力评价的概念、原则、模型 和相关工具

## （一）创造力评价的内容

在本书第一章，我们知道了创造力是一个内涵丰富而多元的概念，创造力 4P 模型比较系统地阐述了影响创造力产生的四个因素。本书基于创造力 4P 模型，以一种简洁的方式整合了创造力的多维度内涵（见表 5-1）。创造力评价可以从创意个人、创意历程、创意产品、创意环境四个维度展开，并针对具体的教育教学情境，明确评价维度的焦点，选择合适的维度特征进行评价。

表 5-1　创造力的多维度内涵（Fields et al., 2013）

| 维度 | 维度的焦点 | 维度的特征 |
|---|---|---|
| 创意个人 | 特殊的个人属性以及动机和态度 | • 自信<br>• 好奇<br>• 足智多谋<br>• 风险承担者<br>• 表达力强<br>• 对歧义的容忍<br>• 抑制较少<br>• 自我接受<br>• 自我意识<br>• 不受构造型约束<br>• 对潜意识体验开放 |

| 维度 | 维度的焦点 | 维度的特征 |
|---|---|---|
| 创意历程 | 专注于有利于创造力的特定认知过程和结构 | • 问题解决<br>• 发散性思维<br>• 重组信息<br>• 建立关联 |
| 创意产品 | 创造性思想的物理表现（如艺术作品、小说、产品） | • 新颖<br>• 原创<br>• 对社会有用<br>• 精心制作 |
| 创意环境 | 专注于分析实现创造力的学习环境 | • 帮助培养创造力的物理环境<br>• 支持创造力的学习文化<br>• 可用资源<br>• 设计创造力培养的教师行为 |

## （二）创造力评价的方法

　　创造力的四个维度，即创意个人、创意历程、创意产品、创意环境都能够在 STEM 教育框架中找到合适的连接点，本部分将创造力评价与 STEM 教育评价体系紧密结合，以创造力评价贯穿 STEM 教育过程，促进学生创造力的培养。首先，STEM 教育评价是一个综合体系，由丰富多元的评价方式组成，主要分为形成性评价与终结性评价两类（详见二维码 5-1）。其次，基于创造力 4P 模型，本书对每个维度都给出了具体的评价工具介绍，方便读者学习、了解、借鉴。最后，本书介绍 OECD 提出的创造力评价模型，为读者在教学中做"产品—过程"维度的创造力评价提供参考。

扫描二维码 5-1，了解 STEM 中的形成性评价与终结性评价

　　STEM 教育评价是对学生 STEM 学习中所要达到

目标的程度测量和界定。引导 STEM 课堂的学习目标本身是多维度的，因此，STEM 评价体系也应该是全方位的。STEM 教育常用的评价方式扫描二维码 5-2 获取。

扫描二维码 5-2，了解 STEM 教育常用的评价方式

### 1. 创造力 4P 模型下的创造力评价工具

以创造力 4P 模型为框架，创造力评价有哪些可用工具呢？研究表明，各种创造力量表和问卷是创造力研究中收集信息的第一选择。针对创造力不同的维度，我们梳理了常用的评价工具，包括清单、量表、测试等（见表 5-2）。

表 5-2　创造力 4P 模型下的创造力评价工具整理（肖微 等，2016）

| 维度 | 评价工具的例子 | 评价工具的描述 |
|---|---|---|
| 创意个人 | 创造力清单（Creativity Checklist，CCh） | 从以下方面对人的行为进行评价：流畅、灵活、原创性、足智多谋、内在驱动、好奇心、敢于冒险、有想象力或者直觉思考者、从事复杂任务并且喜欢挑战 |
| 创意历程 | 托伦斯创造性思维测验（Torrance Tests of Creative Thinking，TTCT） | 基于发散性思维。测试材料包括：<br>词语测验由问题罗列、因果猜测（原因猜测／结果猜测）、物体改进、用途变通、非常问题、假设推断 6 个分测验组成，从流畅性、灵活性和独特性 3 方面记分<br>图形测验包括构建图画、完成图形、圆形（或平行线）组图等分测验，从流畅性、灵活性、独特性、精确性 4 方面记分<br>声音词语测验包括声音想象、拟声词想象等分测验，只对独特性记分 |
| 创意产品 | 创意产品语义量表（Creative Product Semantic Scale，CPSS） | 3 个分量表：新颖性、解决性、精进与综合为横轴，细分为 40 个评分项目<br>新颖性（产品是原创的、令人惊讶的和萌芽性）、解决性（产品有价值、有逻辑、有用和易于理解）、精进与综合（产品是有机的、优雅的、复杂的和精用的） |
| 创意环境 | 情境扫描量表（Situational Outlook Questionaire，SOQ） | 资源：创意时间及支持、挑战性和个人成就动机<br>氛围：信任和公开、轻松和幽默、无人际冲突<br>探索：冒险、对问题的争论和自由度 |

（1）创意个人维度的评价工具

创造性人格测验主要是针对态度、人格、兴趣的测量。这类测量既有他评形式的，也有自评形式的。

①创造性人格测量

理论基础："大五"人格理论

测量内容：人格特征

测验形式：自陈式报告

优点：简便

缺点：自陈式报告，受自我偏差的影响

当前应用较为广泛的创造性人格自陈法问卷量表有托伦斯等制定的"你是哪种人"量表、柯顿制定的适应与创新量表（KAI）和威廉斯（Williams，1980）创造力倾向测量表。以威廉斯创造力倾向测量表为例，它通过测验个人的冒险性、好奇心、想象力和挑战性等性格特点来测量个人的创造性倾向。量表请扫描二维码5-3阅读。

扫描二维码5-3，
了解威廉斯创造
力倾向测量表

②创造力清单（CCh）

理论基础：多维智力理论

测量内容：创造性潜能

测验形式：评价

主要变体：天才评价量表（GRS）

优点：评价全面系统

扫描二维码5-4，
了解创造力清单
评价量表及表现
指标描述

缺点：专家打分，受评价者效应影响较大

创造力清单评价量表的项目及表现指标描述请扫描二维码5-4阅读。

（2）创意历程维度的评价工具

发散式思维被认为是创造力最主要的表现形式，有关发散式思维的测验广泛应用于教育和研究领域中。

①托伦斯创造性思维测验（TTCT）

理论基础：吉尔福德（Guilford）的智能结构的智力理论

测量内容：发散式思维

测验形式：言语 / 图形

主要变体：非常规用途测验（UUT）

优点：全面反映发散式思维

缺点：分数解读，原创性 / 图形部分的记分依赖专家经验

托伦斯创造性思维测验的适用对象很广泛，从儿童到研究生都适用[①]。测验材料包括 3 套创造力量表，即词语测验、图形测验和声音词语测验，共包括 12 个分测验。扫描二维码 5-5 了解测验描述及案例。

扫描二维码 5-5，了解托伦斯创造性思维测验描述及案例

②远距联想测验（RAT）

理论基础：梅德尼克（Mednick）的连接理论

测量内容：发散式思维

测验形式：言语

优点：记分和解读操作简便

缺点：个体的语言思维能力 / 词汇量会影响最终得分，且依赖专家经验

远距联想测验认为创造性思考是将可以联想的元素进行重新整合的过程，新整合的元素之间的联想距离越远，问题解决过程就越有创造力。因此，测试任务考查的是从词语之间找到广泛的联系，以及将看似不相关的事物联结在一起的远距联想能力。扫描二维码 5-6 了解测验案例详情。（肖微 等，2016）

扫描二维码 5-6，了解远距联想测验案例

（3）创意产品维度的评价工具

评价产品的创造性是创造性学习的一种终结性评价，在教育实践中具有较

---

① 对小学四年级以下的学生必须逐个施测。

为广泛的应用，常用的评价方式有同感评估技术和创造性产品语义量表。

①同感评估技术（CAT）

理论基础：阿马比尔（Amabile）的同感理论

测量内容：对作品创造性的评价

测验形式：创造性作品

缺点：缺乏常模，打分依赖专家经验，易被低估

同感评估技术（Consensus Assessment Technique，CAT）（也称主观评价法）是基于同感理论的评估技术，它强调通过评价创造产品来测量创造力。同感评估技术认为一个人的创造力能够通过其作品所呈现的创造性得以体现，而作品的创造性主要反映在作品的新颖性（原创性）和适宜性（有用性）两个方面。（宋晓辉 等，2005）真实情况下，一个作品的新颖性和适宜性既取决于作品本身的特征，也取决于他人（尤其是专家）对该作品的评价。因此，评价者（专家）是同感评估技术在实施中的重要因素。

②创造性产品语义量表（CPSS）

创造性产品语义量表（Creative Product Semantic Scale，CPSS）是研究者（Susan et al.，1999）以创新产品分解矩阵为基础设计而得到的，本量表要求评价者对作品的新颖性、问题解决的有效性、精密性和其他综合特征做出评价。语义量表详见二维码5-7。

扫描二维码5-7，
获取创造性产品
语义量表

（4）创意环境维度的评价工具

①情境扫描量表

情境扫描量表是用于测量组织、团队氛围的创造力量表，它通过使用定性和定量的多种方法来产生有效的结果（Scott et al.，1999），具体从9个维度展开，详见二维码5-8。

扫描二维码5-8，
获取情境扫描量表

②创造力培养的教师行为量表（CFTI）

教师个人的教学行为在培养学生创造力的过程中起着至关重要的作用。培育学生创造力的教师应具备如下行为特征：鼓励学生独立学习，具有互动式的

教学风格，激发学生学习动机，延缓评判，鼓励有弹性地思考，鼓励学生自我评价与回馈，重视学生观点，提供处理多元学习材料的机会，帮助学生面对挫折与失败。（Cropley，1997）基于上面的 9 项行为特征，有研究者制定了创造力培养的教师行为量表（Creativity Fostering Teacher Index，CFTI）（Soh，2000），针对每项行为特征，各列出 5 种教学行为陈述该量表的适用范围。本量表作为课堂环境下培养学生创造力的指导和测量工具，可针对中小学各级学校教师施测。行为量表详见二维码 5-9。

扫描二维码 5-9，了解创造力培养的教师行为量表

### 2. 实用的"产品—过程"创造力评价标准

在 STEM 教学中，教师可能更多地关注"产品"和"过程"这两方面的评价。一方面，产品评价需要有可见的学生作品，例如，对一个问题的回答、一篇论文、一个工艺品、一场表演等，产品的评价旨在评价学生的工作。另一方面，过程评价需要有教师观察或者由学生记录的学习和产品制作的过程，有一些中间想法或者制作过程的某些方面可能无法在最终的学生作品中体现出来。对不同方面的评价适用于不同的情境，也取决于评价者实际上能看见什么和（想要）评价什么。OECD 提出了实用的"产品—过程"创造力评价量表，详见二维码 5-10。

扫描二维码 5-10，了解"产品—过程"创造力评价量表

## （三）创造力评价的主体

STEM 教育是多元主体评价的教育，个人、同伴、教师、外部专家甚至家长都可以作为评价的相关方。评价主体的多元性正是由 STEM 教育的综合性与实践性决定的。详细介绍见二维码 5-11。

扫描二维码 5-11，了解创造力的评价主体

## （四）创造力评价的领域相关性

创造力评价是应该在特定情境／领域中进行，还是应该不受领域影响具有通用性？这在创造力评估领域一直具有争议性，核心问题就是有创造力的人是在从事特定活动时才具有创造力还是做每件事时都具有创造力（耿超 等，2020）。

OECD PISA2021 提出了创造力评价的框架，既有通用领域的综合描述、面向课程实用的评价量表（详见二维码5-12，前者是综合的创造力各维度描述，后者面向课堂应用），也有适用于具体领域的评价量表（详见二维码5-13，三个量表分别是在通用领域基础上，针对语言艺术、数学、科学的面向课堂的创造力评价量表）。OECD 的量表将创造力分解为好问、想象、行动、反思四个维度。（OECD，2019a）

扫描二维码5-12，了解 OECD 通用领域创造力评价量表

扫描二维码5-13，了解 OECD 特定课程领域创造力评价量表

PISA2021 创造力评价聚焦于两个大领域：创造性表达和创造性问题解决（见表5-3）。创造性表达指的是一个人在与他人交流内心世界的过程中体现的创造力，具体又可分为写作（文字表达）和可视（视觉表达）。这些领域主要的创造性参与特征有原创性、审美观、想象力和情感意图及回应等。相对地，创造性问题解决中的创造性参与包括对创造性思维（例如，与开放性问题探究相关）更加功能化的使用，它又可以分为社会问题解决和科学问题解决两个领域。在这些领域中，创造性参与是朝向更好结果的途径，体现为产生原创、创新、有效果、有效率的解决方案。（OECD，2019a）

表 5-3　PISA2021 创造力评价的关注方向

| 创造性表达 | |
| --- | --- |
| 写作（文字表达） | 可视（视觉表达） |

| 创造性问题解决 | |
|---|---|
| 社会 | 科学 |

基于上面的框架，PISA2021 创造力评价横向分为四个内容维度：文字表达、视觉表达、社会问题解决、科学问题解决，纵向分为评价创造性思维的三种可能途径：产生多样化的想法、产生有创新性的想法、评价和改进想法，具体扫描二维码 5-14。（安奕 等， 2019）

扫描二维码 5-14，了解 PISA2021 创造力评价

## （五）提高创造力评价的质量

教学过程中，要将评价融入教学过程，常见做法是"教—测试及学习—评分—继续"，但这并不是好的做法。那么,如何提高评价的质量呢？可以设计"明确目标—诊断学习中的错误和遗漏—纠正问题"这三个主要环节（Petty， 2009）。

形成性评价实践有三个要素，分别是奖牌、任务、目标。奖牌用于表示目前哪些已经做得不错，任务反映改进的对象，用于诊断学习中的错误和遗漏，并做问题纠正，是提高评价的环节。在评价中，明确目标具有重要作用，也是提高评价质量的主要环节之一，一方面有利于将复杂、抽象的目标具体化，另一方面，对奖牌和任务的反馈要提供有用信息。它们之间的关系见图 5-1。

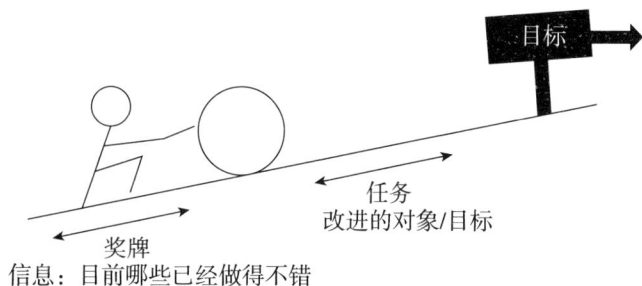

图 5-1　形成性评价实践三要素示意图

在创造性过程和创造性成果之间，教师通常更加关注创造性过程，对于这些过程来说，形成性评价是最有用和最合适的工具。许多科学研究已经印证了，合适地使用形成性评价策略能够在之后的终结性评价考试中产生巨大的效果。在创造性学习和创造性教学中，学生将自己建构新的意义，教师想要知道这些新意义的建构是否有效，学生在过程中是否完成了有效学习？以及如果有，那么学生学到了什么？教师在这个过程中要做出判断，这个判断就是一种形成性评价（见图5-2）。

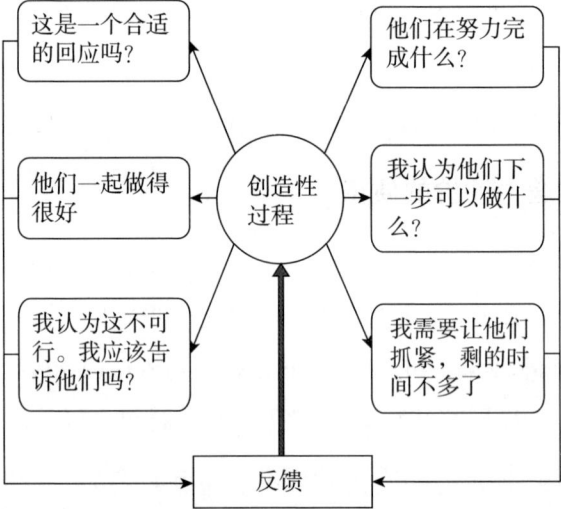

图 5-2　创造性过程中的教师反馈（Fautley et al.，2007）

创造性过程与教师反馈是双向关系，一方面反馈作用于创造性过程，另一方面，在创造性过程中，教师思考相关问题并给出学生相应的反馈。教师通过有效反馈可以促进学生的创造性学习过程，教师思考创造性学习过程与学生交互的一些问题，也有助于提高反馈质量。

学生可以从教师、自己或者同伴处获得关于他们学习成果的任何形式的反馈。可以对学生完成一个特定任务所经历的过程和使用的策略给出反馈，高质量的反馈对于教学有极大的促进作用。图 5-3 描绘了典型的教与学的整个过程（填充箭头表示反馈 / 形成性评价）（半填充箭头代表不一定会发生，当建构不合理时，需要返回之前的阶段，纠正后重新开始）。项目化学习（有活动、有产品）尤其适合和需要形成性评价（Petty，2009）。

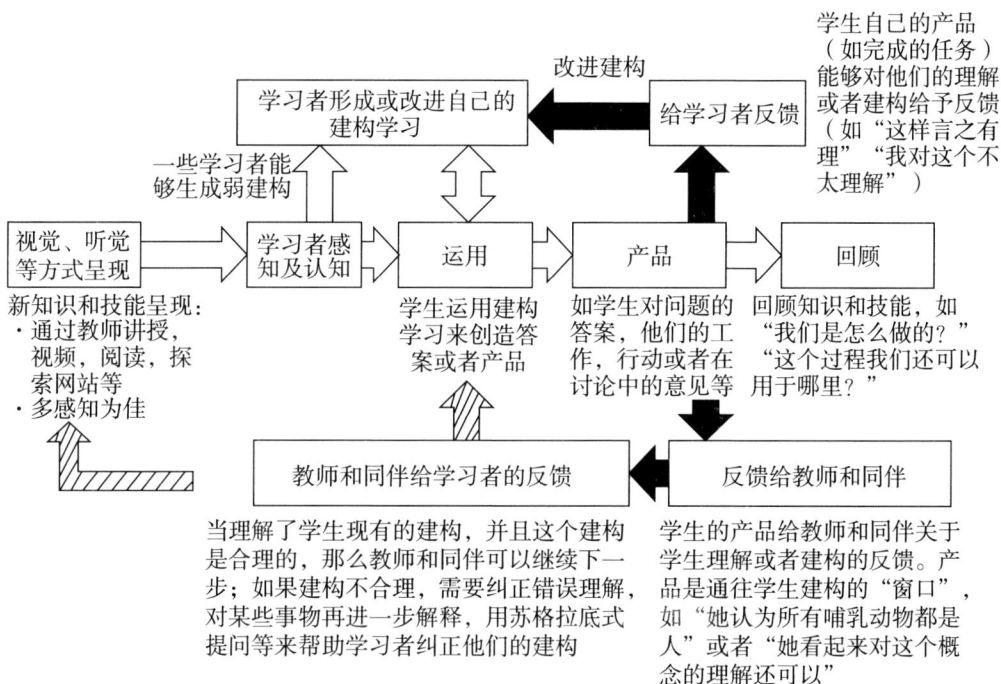

图 5-3  教学过程

学生在创造性学习过程中，一般会被告知支持性学习理论，或接到老师布置的任务，任务可以是真实情境或者非真实情境的，结合先前学习、目标设定、教师的有效反馈，学生开展创造性学习，在过程中得到形成性（过程性）评价，用于指导教师反馈及进一步迭代创造性产品，当产品合适时，进行终结性评价，并最终得到成绩（见图 5-4）。教师在引导学生的创造性过程中，通过及时反思和调整，给出最适合学生的反馈，对整个过程的进展有很好的作用。反之亦然，创造性过程中的师生互动，对提高教师反馈质量有很好的作用。

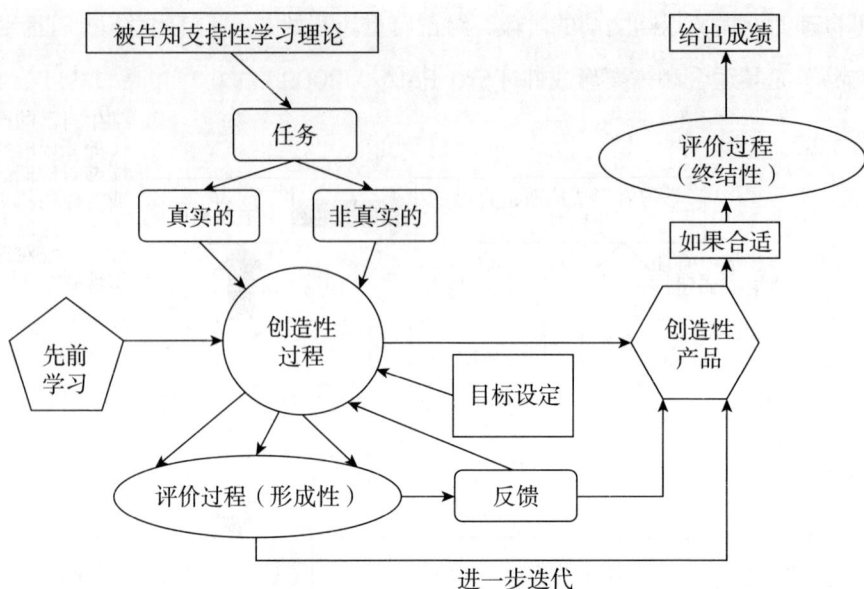

图 5-4　创造性过程中的评价（Fautley et al.，2007）

## （六）开发自己的创造力评价工具

### 1. 从 STEM 教育和项目化学习评价中借鉴经验

对于全面整合的 STEM 教学，其评价方式在传统关注学科知识的同时，更关注怎么评价学生在真实或模拟真实场景下的项目化学习的表现和效果。（江丰光 等，2017）。为此，教师和指导者需要制定一个翔实的、便于定量分析的评估标准，这包括：将学习目标分解具体化；明确要考查学生的能力以及能力水平等级的划分；综合使用多种评价方式。其中，能力水平划分能够有效帮助教师清晰地认识到学生的学习效果和反思教师自己的教学成果。在实际教学中，学生的表现不能用哪一种方式判断好与坏，需要形成性评价和终结性评价结合观察，多元主体共同进行，不同维度尽可能全面考查。可从我国课标中的评价借鉴相关经验，详情请扫描二维码 5-15 了解。

扫描二维码 5-15，
了解我国课标中的
评价经验

## 2. 创造力评价工具开发的综合考量

本节前面部分从创造力评估为什么、是什么、要评价什么、怎么评价、谁来评价、是否领域相关、如何提高评价质量、STEM 教育怎么评价、项目化学习怎么评价等多个方面展开。教师如果要开发自己的创造性评价工具，需要依次思考和厘清上述问题。

关于创造力评价，本书围绕创造力 4P 模型，阐释创造力的丰富内涵，解析其多维复杂的结构，提供相应的评估工具及参考。另外，OECD 也从方便教师理解和使用的方式，建立了创造力评价模型（创造性过程和产品两方面）和对应的工具（量表）。OECD 的模型和量表具有很强的实际操作性，从通用领域到多个特定课程领域都为教师提供了参考。

在项目化学习中评价方式是越多越好吗？根据项目化学习的目标、学生的特点、教学的方法，教师可以"因地制宜"，对不同的评价维度采用不同的评价方式。在学校教学中对创造力进行评价，从不同主体来看有哪些方法和途径呢？表 5-4 给出了一个参考案例（Lucas，2019）。

表 5-4　学校评价创造力的方法

| 学生做的事情 | 教师做的事情 | 实物产出 | 电子产出 |
|---|---|---|---|
| • 实时反馈<br>• 照片<br>• 自我报告量表<br>• 日志／日记／日报<br>• 同伴评价<br>• 小组点评<br>• 作品集 | • 标准参照的打分<br>• 对产品和过程评分<br>• 结构化的观点<br>• 表现型任务<br>• 顶点项目（Capstone Project） | • 专家综述<br>• 点评<br>• 真实测试，如展示、面试、播客、电影<br>• 展览 | • 可靠的、经过验证的在线测试<br>• 数字徽章<br>• 电子作品集 |

本书中介绍的一些关于创造力评价的量表工具，很多是商业化的，大多数比较完备，因此内容很丰富、信息量很大，可能会让教师觉得很难直接使用。可行的办法是，教师可以在一次课上只使用或者借鉴量表中的具体一个维度、具体某一项，化大为小。

创造力培养和评价不一定需要专门的课程，可以嵌入平时常规课的教学活动中。创造力培养与其他素养的培养不是独立分开的，思维方向的培养是复合的，比如教师在信息科技课上，让学生运用计算思维解决实际问题的过程中，可以同步进行创造力的培养和评价。创造力的评价是可以融入教学过程中的，可以通过合适的教学设计促进和评价创造力，如后面案例中将要介绍的合作互惠学习，能够通过评价激发学生的创新兴趣。

教师可以基于 STEM 中的创造力 4P 模型，依据自己学校的情况，整理一个对应的在学校评价创造力的方法，并对每一项在学校的具体实施给出详细说明，经过几轮教学的迭代优化，形成具有自己学校特色、适应自己学情的创造力评价体系。

# 二、创造力评价的具体案例

## （一）PISA 的创造力评价案例

PISA 测试在全球范围内具有影响力。2021 年，PISA 首次引入创造力（创造性思维）测评，评估指标和记分方式见表 5-5。该测验分为创造性表达下的文字表达、视觉表达和创造性问题解决下的社会问题解决、科学问题解决 4 个内容维度，考查学生在生成多样化的想法、生成创造性的想法、评价和改进想法 3 个能力维度上的表现。

PISA 强调学习和测试的情境性，将创造性思维测试置于生活和学习的情境中，测试任务类似于学生在教室内外参与的真实活动，以反映 15 岁学生在学习情境中的创造性思维表现，以期对学生在学校内外的创造性成就和进步做出预测（耿超 等，2020）。PISA2021创造性思维测试题型有选择题、建构题和交互式仿真任务3种，测试延续了发散思维测验使用开放式问题的测试方法，但按照不同的任务类型采取不同的评估指标和记分方式（OECD，2019a）。

表5-5　PISA2021创造性思维测试评估指标和计分方式

| 三个能力维度 | 分值占比 | 评分指标 | 记分方法 |
|---|---|---|---|
| 生成多样化的想法 | 40% | 是否适宜 + 是否不同 | 三个维度均为：满分：答案同时符合2个指标 给部分分数：只有部分符合 不给分：其他情况 |
| 生成创造性的想法 | 30% | 是否适宜 + 是否创新 | |
| 评估和改进想法 | 30% | 是否适宜 + 是否创新 | |

PISA2021创造性思维测试基于对测试中收集的学生真实回答模式的分析，在每个任务的评分指南中提供了情境化的解释、不同类别答案的说明或常规答案示例，作为判断答案"是否不同"和"是否创新"的依据。扫描二维码5-16，阅读文字表达、视觉表达、社会问题解决、科学问题解决4个内容维度的测试样题（安奕 等，2019）。

扫描二维码5-16，阅读 PISA 2021 测试样题

## （二）STEM项目化学习中的创造力评价案例

在STEM项目化学习中，教师面向真实情境引领学生开展学习，以期促进学生综合能力的发展，培养学生的创造力和创新能力。通常，STEM项目化学习的开展是基于学生学习内容的整合，这些内容将成为项目化学习中学生自己创作的基础，我们将其叫作 X。这里的 X 可能是一种已有的发现、发明、算法、工具等。创新思维六边形，如图5-5是一种发散性思维工具，引导学习者按照一定的方法，从多种角度尝试创新。

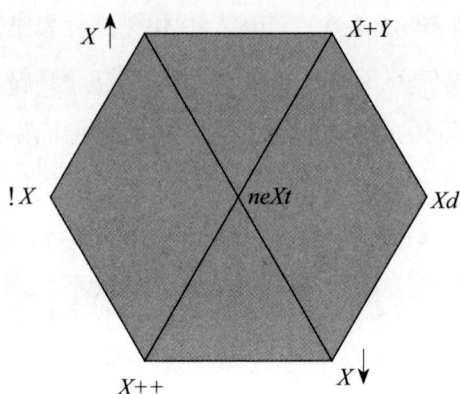

图 5-5　创新思维六边形工具

创新思维六边形引导学习者思考：有了 $X$，接下来怎么做创新？它包括 6 个维度：

- $Xd$：拓展到更高维度（或其他维度）。
- $X+Y$：融合两个不同领域的成果。
- $X++$：选择你自己的形容词，让 $X$ 更快、更好、成本更低、更有效。
- $!X$：逆向思维，做相反的事情。
- $X\downarrow$：有了工具 / 解法 / 技术，找可以解决的问题，拿着锤子找钉子。
- $X\uparrow$：有了问题，找其他解决方法，有了钉子找各种锤子（工具）。

---

【案例】　请读者将以下列出的 6 个实际案例匹配到创新思维工具 $X$ 六边形的每个顶点。

- 如文字、语音、图像、视频、立体视频
- 如机器学习 + 生物，预测蛋白质折叠问题 AlphaFold
- 如更快的排序算法、更安全的加密算法
- 如区块链，从"中心化"到"去中心化"
- 有了锤子——AI 技术，找钉子，用 AI 技术可以做什么？
- 有了钉子——待解决的 AI 问题，找锤子，需要哪些工具？

---

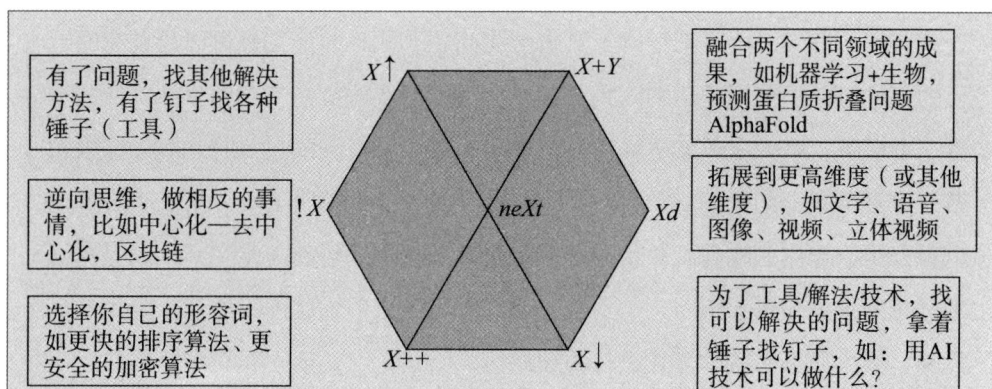

有了问题，找其他解决方法，有了钉子找各种锤子（工具）

逆向思维，做相反的事情，比如中心化—去中心化，区块链

选择你自己的形容词，如更快的排序算法、更安全的加密算法

融合两个不同领域的成果，如机器学习+生物，预测蛋白质折叠问题 AlphaFold

拓展到更高维度（或其他维度），如文字、语音、图像、视频、立体视频

为了工具/解法/技术，找可以解决的问题，拿着锤子找钉子，如：用AI技术可以做什么？

图 5-6　创新思维六边形工具实际案例匹配

匹配结果如图 5-6 所示。其中 $X\downarrow$ 和 $X\uparrow$ 的案例进一步阐释见图 5-7。在"利用人工智能解决问题——智能交互助生活"的 STEM 项目化学习中，$X$ 可以是 AI 工具，有了 AI 工具，需要思考可以解决什么问题？另外，$X$ 也可以是 AI 问题，有了 AI 问题，必须思考需要哪些工具？这两条主线在"智能交互助生活"的项目化学习中相辅相成。

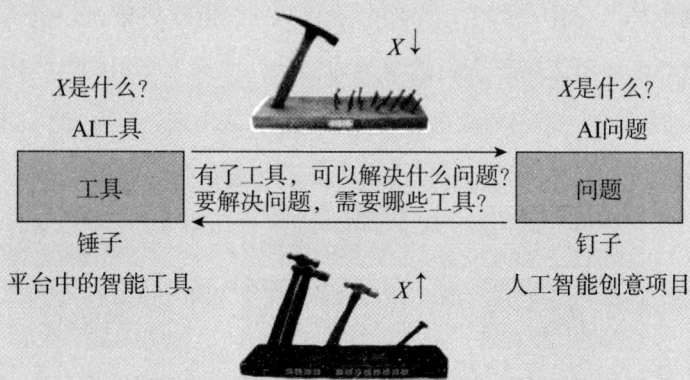

图 5-7　创新思维六边形中的 $X\uparrow$ 及 $X\downarrow$ 应用于人工智能创意项目

创新思维六边形面向创造力 4P 模型中的过程维度，它可以作为教师引领学生创新思考的脚手架、教师评价学生创造性过程的基础工具，在其基础之上，教师可以开发适合学情、便于教学实践的评价标准、量表等。

以高中阶段 AI+X 课为例，这次课是围绕计算思维的分析问题、求解问题、迁移应用的框架，用人工智能工具来解决问题，人工智能工具可以是现有平台上的，也可以是编程调用的工具，项目的目的是实践智能交互助生活。课程分为三个环节，第一个环节是解密创新思维工具和分析 AI 创意项目的系统过程，第二个环节是分组学习 AI 创意项目可能用到的各个模块工具，第三个环节是重新分组，合作完成创意项目并展示、反思、拓展。创新思维工具，就是前面的创意思维六边形，而针对"分析 AI 创意项目的系统过程"环节，采用教师提问、学生积极回答的方式进行快速评价。

其中，第二个环节，学生分组学习 AI 创意项目的模块工具，学会锤子 X。针对"分组学习 AI 创意项目可能用到的各个模块工具"环节，采用学生课堂分组合作探究并上台向同学讲解该模块内容的方式进行评价，作为听众的学生和教师可以提问讲解学生，教师通过口头交流给予学生评价反馈。在实施中，应保证学生都能够运行每个模块工具并简单讲解每个模块工具的基本框架。

第三个环节，教师首先抛出三个创意项目：智能口罩检测、情绪音符、人脸音符，明确每一个项目的目标。接着，教师引导学生重新分组。这三个项目明显需要调用环节二中在线 AI 大脑的三个工具：检测口罩、分析情绪、注册及搜索人脸，以环节二中三个组的学生为初始，由这三个组的学生依据项目所需，主动寻找新队友，重组为六个创意项目小组。接下来，教师给学生布置任务，明确任务要求，明确评价标准，并在学生完成活动过程中提供需要的支持和帮助。

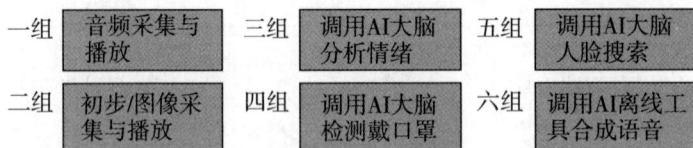

| 一组 | 音频采集与播放 | 三组 | 调用AI大脑分析情绪 | 五组 | 调用AI大脑人脸搜索 |
|---|---|---|---|---|---|
| 二组 | 初步/图像采集与播放 | 四组 | 调用AI大脑检测戴口罩 | 六组 | 调用AI离线工具合成语音 |

针对"重新分组，合作完成创意项目并展示"的环节，采用互惠学习的教学方式，将评价有效融入教学环节。

• 在上一个环节学习各个模块工具后，学生依据三个创意项目所需，分析项目需要哪些模块工具，主动寻找新队友，重组为三个创意项目的新小组。重组过程是对学生分析创意项目情况的评价过程。

• 在重组团队中，上一个环节中由学生担任各个模块"小老师"轮流教学，在新团队中，全组需要合作完成创意项目，每一个模块工具都是必要的基础，因此，"小老师"是对上一个环节学习效果的重要评价。

●重组团队合作完成创意项目的过程是对团队合作的积极推动，引导学生开展更深入的交流合作，项目完成的结果是对学生整合各模块功能、实现整体解决方案的评价。

针对这次 STEM 课程，评价学生在项目化学习中的创造力，可以从历程和产品这两个维度评价。这里推荐使用 OECD 的创造过程评价量表。将互惠学习的教学方法融入评价，学生在小组合作探究中，在"小老师"教学中，在新分组的复杂问题解决过程中，既参与自己的创新过程，也参与和评价他人的创新过程，这是非常好的学习和激励机制。

# 本章小结

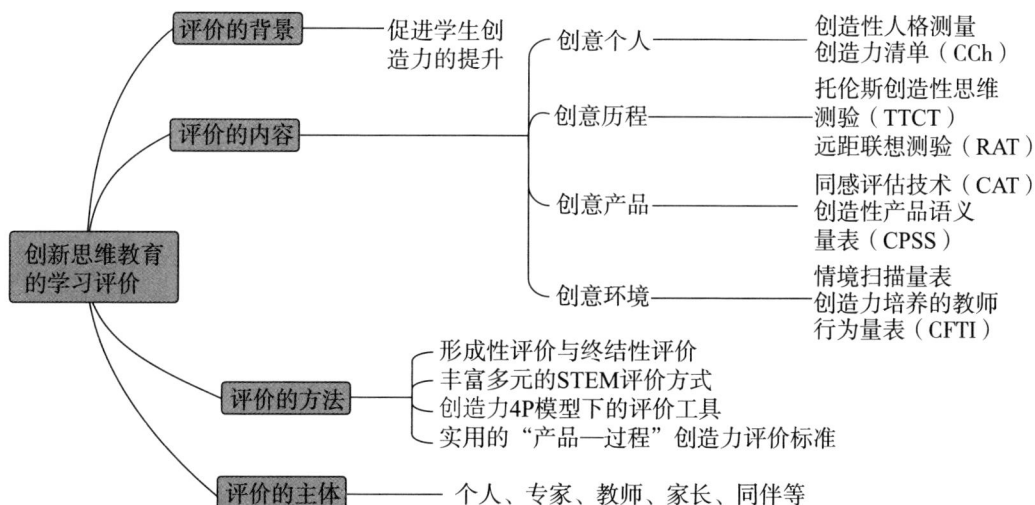

## 本章回顾与反思

1. 关于本章内容，你印象最深刻的是什么？

2. 本章开头提出的 4 条学习目标，你觉得自己哪些达到了？哪些还需要进一步学习？

3. 书中提到的哪个策略或方法你想立刻在教学中尝试使用？

# 第二部分

通过第一部分前五章的理论学习，我们了解了 STEM 中的创新思维教育相关的核心概念、原理与方法技能。从第六章开始，将进入本书的实践与案例部分，通过介绍新加坡和中国部分中小学创新教育案例，来揭示创新思维在 STEM 中的重要作用。

# 第六章

# 新加坡STEM课程及其创新思维培养

新加坡 STEM 课程的发展动因

新加坡 STEM 课程的体系建构

新加坡 STEM 课程类型及其创新思维培养

新加坡的STEM课程关注设计创意历程，多聚焦现实性、开放性和情境性问题，借助头脑风暴法、思维导图、六顶思考帽和方案迭代等多种创新思维工具来显性化发展学生的创新思维、工程实践和问题解决能力，从而使新加坡STEM课程在课程目标、课程内容、课程评价和课程资源等方面呈现出创新思维培养取向：目标上培养具有创新思维的人、内容上关注创意历程的生成效应、评估上关注创意产品（或问题方案）的循环迭代、资源上建构开放性创意学习环境，这为我国中小学教师开展STEM课程下的创新思维教学带来了些许启示。

本章节将首先回顾新加坡STEM课程发展动因及其体系建构特点，以帮助我国中小学教师能够从宏观上认识新加坡STEM课程的内涵及特点；随后，通过辨识新加坡的STEM课程类型、开发框架及其案例特征，来显性化地介绍其课程案例中的创新思维表现，以期能够为我国中小学教师开展STEM课程下的创新思维教学带来些许启示。

本章学习目标：
- 了解新加坡STEM课程的发展动因。
- 认识新加坡STEM课程的体系建构。
- 通过案例来认识新加坡的STEM课程及其创造性特征表现。

# 一、新加坡 STEM 课程的发展动因

## （一）全球化经济发展定位

新加坡，东南亚的一个岛国，华人祖先大多数源自中国南方，从地理位置上来看，新加坡背靠马六甲海峡，其地域狭小，资源贫乏，国内民众在宗教、信念及习惯等方面存在诸多差异，一直面临着激烈的国际竞争和社会安定问题。历史上，英国长期对新加坡施加多方面的影响，"二战"结束之后，独立的浪潮在世界各地掀起，新加坡作为曾经马来西亚的附属存在，最终在1961年独立，而新加坡至今仍然是英联邦国家。尽管受制于多种不利因素，但新加坡的全球化水平和经济发展水平却一直处于世界发展前列。在世界经济论坛所发表的全球竞争力报告中，新加坡在2018—2020年中都保持在前3名（Word Economic Forum，2020）。故此，通过研究新加坡经济发展历程，发现新加坡成功实现了劳动密集型产业、资本密集型产业、资本—技术密集型产业、技术—知识密集型产业四次经济转型（谢宗顺，2013），而每次转型后，新加坡政府都及时推出教育改革和培训方案，以提升企业研发和科技创新能力。

新加坡特别重视培养公民的全球化意识和科技创新能力，特别是随着信息技术、人工智能和工业互联网的发展，新加坡制定出多种政策来推进科学、工程、数学和信息技术等多学科的融合发展，不断提升公民的STEM兴趣和技能，塑造其STEM职业期望，正如新加坡科学中心首席执行官林直明所言，科学与技术为新加坡经济增长和进步提供动力，将使其从一个小型移民国家提升到

创新和知识驱动的社会（李阳 等，2020a）。

## （二）终身学习理念的影响

国内资源的贫乏、经济全球化的发展定位，使得新加坡越发重视培育公民的终身学习理念。只有这样才能够有效提升新加坡持续性的全球竞争力，如新加坡前总理吴作栋所言，我们必须全面发展全国性的终身学习系统，不断地对我们的劳动力进行再培训，并鼓励每个人在必要的时候随时学习（Goh，1997）。

基于此，自20世纪90年代以来，新加坡政府开展了兼具广度与深度的教育改革行动（见表6-1），并分别从教育理念、课程内容和评价指标等多个层面进行改革，最终使新加坡实现了从"知识为本"的效率导向教育向"创意发展"的能力培育教育的转变。

表6-1  新加坡教育改革行动及其内涵

| 年份 | 改革行动 | 改革内涵 |
|---|---|---|
| 1997 | 思考型学校，学习型国家（Thinking Schools, Learning Nation, TSLN） | 1. 改革理念：思考型学校是为了建构培养学生创新思维、终身学习意愿和国家民族认同的学校环境；学习型国家则强调培育出一种超越学校环境的持续性的学习文化<br>2. 改革目标：发展学生的批判性思维和创新思维；提高信息技术在教育中的应用；培养合格公民；重构卓越管理；鼓励学生以思考的眼光去看待新事物，旨在改变传统思维方式，增强学生学习和生活的技能 |
| 2005 | 少教多学（Teach Less, Learn More） | 1. 改革理念：对TSLN改革行动的进一步落实，从注重分数转向创新思维的培养<br>2. 改革措施：减少课程内容，保证教师和学生有更多的时间进行思考；减少作业量，保证学生有时间参加社团活动；创新教学方法，强调学生探究、合作和自主学习；鼓励多样化评价，突出学生的能力发展和过程成长；突出教师高质量地教学、学生高质量地学习 |

| 年份 | 改革行动 | 改革内涵 |
|---|---|---|
| 2015 | 未来技能运动（Skills Futher Movement） | 1. 改革理念：为民众提供多种学习机会，让他们不论起点高低，都能在一生中充分发挥潜能，建构终身学习文化<br>2. 改革目标：健全职业指导系统，以帮助个人在教育、培训和职业中做出最优选择；健全高质量培训和教育体系，以应对不断变化的社会；提升个人未来的职业技能；培育终身化的学习环境 |

由表 6-1 可见，新加坡树立了教育要"面向未来技能和生活"的理念，旨在通过缩减课程内容、拓展应用项目、倡导探究实践以及关注未来技能等多方面措施，来提升学生的技能素养、创新思维和批判性思维，不断增强其综合竞争实力。在此背景下，新加坡创新开设众多的应用实践项目，如早期的项目化学习、专长项目学校（Niche Programme School）等，尽管这些应用项目当时并没有冠名 STEM 课程，但其跨学科性、工程实践性、问题情境性和思维创意性无不体现着新加坡 STEM 课程的特征，可以说这些项目是新加坡学校实施 STEM 教育的雏形。

## （三）21 世纪核心素养追求

进入 21 世纪后，世界各国都越发强调核心素养及其能力。1998—2003 年，OECD 开展了"素养界定与遴选"（Definition and Selection of Competencies，DeSeCo）项目（师曼 等，2016）；欧盟提出面向终身学习的 21 世纪核心素养框架；美国则在其发布的"21 世纪学习框架"（Partnership for 21st Century Skills，P21）中，明确将批判性思维能力、问题解决能力、交流能力与合作能力视为未来 21 世纪所必备的技能。此种背景下，新加坡也于 2010 年提出了 21 世纪核心素养框架（见图 6-1）。

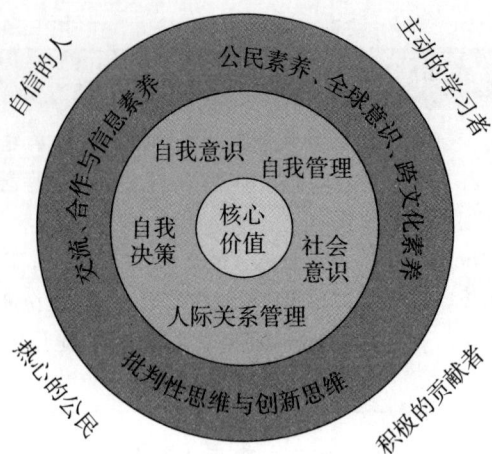

图 6-1　新加坡 21 世纪核心素养与学生学习成果图

从图 6-1 可见,新加坡的核心能力框架主要是由内到外的三圈层组成。

首先,核心价值位于 21 世纪核心素养框架的最内部圈层,旨在塑造个体的核心价值观念,主要包括尊重、诚信、坚韧、关爱、和谐、责任;其次,社交与情感能力位于框架的第二圈层,突出的是个体认识与管理自我情绪、关怀他人、承担责任并建立融洽人际关系的能力,主要包括自我意识、自我管理、自我决策、社会意识和人际关系管理;最后,21 世纪核心素养位于该能力框架的第三圈层,强调学生在未来全球化世界中所必须具备的素养,主要由公民素养、全球意识、跨文化素养、批判性思维与创新思维以及交流、合作与信息素养组成。

随后,新加坡逐步将 21 世纪核心素养融入语言、数学、科学、人文、体育、艺术与音乐、品格与公民教育、校本课程和辅助课外活动等多种类型的课程活动中,以期实现 21 世纪核心素养的渗透、融入与发展。另外,针对 21 世纪核心素养(创新思维和批判性思维等),新加坡教育部还进一步将其细化到各个学段的教育目标中,以保证素养培养的连贯性和层级性(见表 6-2)。

表 6-2　新加坡 21 世纪核心素养在各教育阶段的体现

| 教育阶段 | 创新思维 | 批判性思维 | 沟通 | 团队合作 | 自我管理 |
|---|---|---|---|---|---|
| 小学教育阶段 | 有强烈的好奇心 | 能够自信地思考 | 能够自信地表达自己 | 能够合作、分享和关心他人 | 了解自我优势和领域；为自己的工作感到自豪 |
| 中学教育阶段 | 有创造力和探究精神 | 能够欣赏不同的观点 | 能够有效地沟通 | 能够在团队中工作，具有同理心 | 相信自己的能力，能够适应变化；为自己的学习负责 |
| 高等教育阶段 | 有创新和进取精神 | 能够批判性地思考 | 能够有说服力地沟通 | 具有跨文化合作能力和社会责任感 | 面对逆境能保持韧性；追求卓越，为自己人生负责 |

　　综上所述，伴随着对终身学习理念和 21 世纪核心素养等的追求，新加坡日渐重视培养和提升学生的科技创新、工程实践和协作沟通能力，而能够融通多学科知识、工程设计实践和真实问题情境解决的 STEM 课程则能够很好地与学生的上述能力素养相契合并促进其发展。可以说，新加坡的 STEM 课程是培育学生 21 世纪核心素养的重要载体之一，着重突出了学生的创新思维培养。在此背景下，新加坡政府越来越重视 STEM 课程的建设，正如新加坡总理李显龙所言，"STEM 教育是重要的，这些技能对新加坡未来的 50 年至关重要"（Majid，2018），而这也促使新加坡的 STEM 课程逐渐从表层化、浅显化走向制度化和成熟化，并彰显出促进创新思维发展的显著特点。

# 二、新加坡 STEM 课程的体系建构

　　随着新加坡对 STEM 创新型人才越来越重视，新加坡各行政部门、学校、

教师培训机构乃至 STEM 企业均加大了对 STEM 课程开发的支持力度，进而使得新加坡的 STEM 教育呈现出体系化、制度化和生态化的发展趋势。故此，本节将首先从政府、学校、教师和行业的角度来审视新加坡 STEM 教育体系，随后则进一步剖析、探讨和揭示新加坡 STEM 创新学习环境的特征，以期能够为我国 STEM 课程体系建构带来些许启示。

## （一）新加坡政府：行政化推动与政策支持

为建构新加坡的 STEM 教育体系，新加坡政府开展了大量的行政化推动和政策支持工作。

首先，新加坡教育部开发出系列与 STEM 相关学科的课程大纲与指导手册，相较于其他国家的数学和科学课程标准，新加坡课程大纲的种类和数量都更加丰富和多样（见表 6-3）。

表 6-3　与 STEM 相关的新加坡课程大纲

| 课程类型 | 课程大纲 |
|---|---|
| 计算机 | 计算机应用课程大纲（2019） |
| | 计算机课程大纲（2017） |
| 设计与技术 | 设计与技术初中（学术）课程大纲（2019） |
| | 设计与技术初中（应用）课程大纲（2019） |
| | 设计与技术初中课程大纲（2017） |
| 电子学 | 初中电子学教学大纲（2017） |
| 食品与消费 | 食品与消费初中课程大纲（2014） |
| 数学 | 数学课程大纲（小学 1—6） |
| | 初中数学（应用／学术）课程大纲（2020） |
| 科学 | 科学课程大纲（小学 1—6，2014） |
| | 科学（初中）课程大纲（2014） |

从上表可见，与 STEM 相关的新加坡课程大纲包含设计与技术、电子学、食品与消费等课程大纲，这些课程大纲制定出 STEM 课程中的工程设计与应用实践标准，进而使得新加坡的 STEM 课程设计变得"有准可依、有章可循"，不但降低了课程设计的难度，而且保证了 STEM 课程的设计质量。下面，我们将简要介绍新加坡的设计与技术课程大纲。

新加坡的设计与技术课程是让学生通过自主定义、设计、制作和实践多种开放性问题，来帮助学生树立事物变化性观点、探索科学规律、发展创新思维并提升解决现实问题的能力，以及使用涂鸦、素描和 3D 打印技术来可视化地展示与交流的能力，其设计过程主要是由基本设计、基本技术、项目知识与技能、涂鸦与素描、设计思维和 3D 打印等六方面组成（见图 6-2）。

图 6-2　新加坡设计与技术课程学习框架

新加坡教育部自 2013 年开始实施了"应用学习项目"（Applied Learning Programme，ALP）和"生活技能项目"（Learning for Life Programme，LLP）。这两个项目旨在为学生提供多样的教育情境，帮助学生拥抱多元观点，提升学生解决现实问题和生活实践的能力（见表 6-4）。教育部每年为各学校拨款 10 万美元来进行建设，该计划于 2017 年已经覆盖到新加坡的每一所初中，并将于 2023 年覆盖全部的新加坡小学。

表 6-4 新加坡 ALP 与 LLP 项目的内涵特征

| 项目名称 | 项目内涵 | 活动类型 |
|---|---|---|
| 应用学习项目（ALP） | 主要是将数学、科学、人文等知识应用到现实生活实践中，旨在培养学生应用实践、问题解决、跨学科思考和主动探究能力 | ALP 项目涉及多个学科领域，不仅关涉科学、技术、工程、数学等与 STEM 相关的学科，还会涉及工商理财、社会调研和环境保护等人文类学科。因此，新加坡的 STEM ALP 项目是 ALP 项目的重要载体，它不仅跨越了传统的 STEM 学科范畴，更是将人文、社会、艺术也关联起来，彰显 STEAM 特征，能够有效提升学生学习 STEM 的兴趣 |
| 生活技能项目（LLP） | 主要是通过家庭生活、义务工作、社会实践和户外活动等形式来培养学生的家庭生活技能，并塑造其关爱友善、坚毅勇敢和自信互助的品格 | LLP 项目聚焦学生日常社交和团体活动，类型多样，开设有体育活动（足球、篮球、气球雕塑等）、社交活动（烹饪、烘焙、农场参观、慈善家访等）、个人讲座和工作坊等（网络健康、青少年励志演讲、应对考试压力、考试策略等），关注学生的社会生活技能，旨在培育学生的核心价值观、领导力和社交情感能力 |

最后，新加坡科学中心成立了 STEM Inc 平台（STEM Incorporation，STEM Inc），该平台是实践 ALP 项目的重要组成部分，旨在推动新加坡 STEM 相关课程的应用化发展与实践。该平台主要是通过 STEM ALP 项目和 STEM 产业伙伴计划（STEM Industrial Partnership Programme，STM IPP）来帮助学生尽早认识 STEM 企业、激发学生学习 STEM 课程的热情并提升其 STEM 应用实践能力。现阶段，STEM Inc 已经成为集课程开发、教师培训和资源共享为一体的综合性平台，汇集有 12 类 STEM ALP 项目、37 套课程包和 400 节以上的优质展演课，共涉及新加坡的 63 所初中共 20000 名以上的学生。因此，新加坡 STEM Inc 能够很大程度上满足学校教师 STEM 课程的设计、开发和实施的需求。

## （二）新加坡学校：差异化发展与课程重构

依托新加坡政府对 STEM 教育的行政化推动和政策支持，新加坡各中小学校开展了多样的 STEM 课程实践活动。由于新加坡教育部不强制规定学校发展方向，并赋予学校自主开发、设计和实施 STEM 课程的权利，新加坡的 STEM 教育逐渐走向差异化发展与课程重构的道路。

新加坡学校 STEM 课程不仅显示出差异化发展的特征，而且其课程的开发还呈现出下列显著特点。

一是 STEM 课程表现出独特的学校特色。之所以会出现该现象，很大程度上是受到学校学术资源和培养目标的影响，不同学校会根据各自学校的特点，有针对性地开展 STEM ALP 项目，而这也间接地促进了新加坡 STEM 课程的多样化发展。

二是 STEM 课程彰显出目标设置的连续性和层级性。从 STEM 课程内容的安排来看，STEM 课程的难度梯度往往会随着学段的增高而提升，这使得新加坡的 STEM 课程兼具广度与深度，能够满足不同发展水平的学习需求。

三是 STEM 课程跨越了科学、数学、技术和工程范畴，将人文、社会与艺术关联，凸显了 STEAM 特点。如皇后镇中学虽然旨在融合地理学与科学学科，但是其课程中的社会调研、工程设计和实践体验都越发强调不同知识间的整体性融合，其跨学科属性越发显著。

四是 STEM 课程聚焦现实性、情境性和开放性问题的解决，注重借助头脑风暴法、清单列举和方案迭代等多种思维创新工具来帮助学生定义、设计和实践问题解决方案，旨在通过多种方案活动来提升学生的创新思维，并发展其知识应用和工程实践能力。

## （三）新加坡教师培训机构：专业化培训与经验共享

课程是由教师来实施的，教师素养直接决定课程实施的质量。为发展教师专业化、提升和完善 STEM 教师的教学质量，新加坡分别从专业化培训与经验共享等方面来发展 STEM 教师，并不断提升教师的 STEM 教学实践能力。

首先，新加坡教师进修学院（Academy of Singapore Teachers，AST）通过多种举措来提升 STEM 相关学科教师的专业发展。一方面，AST 建立了 300 多个学习中心，让教师的校内、跨校间学习成为可能，并能够促进教师与家长间的交流学习。因此，相较于传统工作坊式的交流机制，这种扁平、及时和高效的合作机制，缩短了新手教师与经验丰富教师间的距离，拓展了教师的交流、研讨、反思、学习与修正的机会，能够迅速提升教师的职业能力。另一方面，AST 发布了系列的跨学科教学实践、创新性反思探究和专业化学习社区的标准与支持措施，这些措施不但有助于教师提升自身的跨学科教学和实践能力，而且能够建构合作化的工作关系，满足不同教师和学生的学习需求。

其次，新加坡国立教育学院（National Institute of Education，NIE）专门成立了"STEM 教育研究与产业发展中心"（MeriSTEM@NIE）来专业化培训 STEM 教师。NIE 是新加坡负责教师培训的主要部门，该部门旨在通过系列教育课程项目，来提升教师的专业知识和技能，以满足教师的专业成长。MeriSTEM @NIE 机构集 STEM 研究、教学和跨学科合作于一体，旨在开发出多种 STEM 综合教学和评估框架，进而帮助教师高质量地设计综合性 STEM 课程，图 6-3 就是该机构中所开发的 STEM 四维教学框架（Tan et al.，2019）。

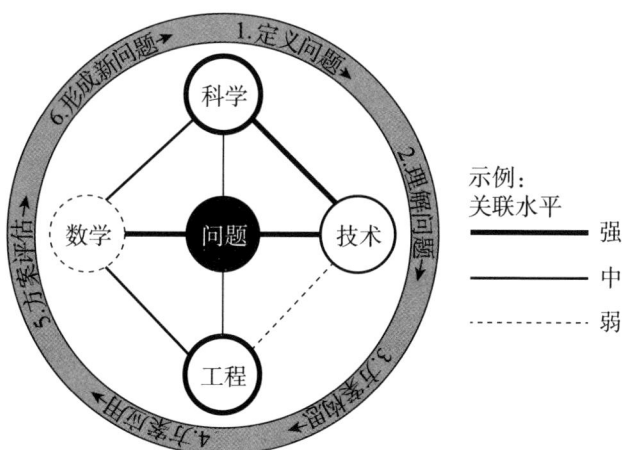

图 6-3 新加坡的 STEM 四维教学框架

该教学框架主要是以真实性、情境性和开放性问题为核心，通过问题理解与界定、方案构思与应用、问题解决与测验等循环设计过程，来链接不同学科间的垂直类或跨越类知识，并给出了不同学科知识间的关联度水平。因此，借助于该教学框架，教师能够认识不同 STEM 学科间的知识关系，融合并设计出综合化、情境化的 STEM 学习任务，能够有效提升学生的创新思维、学科知识掌握与实践发展能力，培育其 STEM 学习兴趣。

最后，新加坡的 STEM Inc 公司也开展了有关 STEM 教师培训的系列课程。截至 2020 年，新加坡 STEM Inc 中心开展了系列教师发展培训支持行动：通过"教师工作实习"来提升教师的教学知识与技能；通过"跨学科研讨会"来发展教师的项目设计与动手实践能力；通过"数字技能培训"来增强教师的数字应用和工程素养。此外，新加坡还特别重视教师 STEM 设计经验的分享，如新加坡 NIE 每年均会设立优秀的 STEM 杰出教师奖，用以奖励那些设计鲜明并能够显著提升学生 STEM 学习热情的老师；而新加坡 STEM Inc 也会通过设置多种教师共享网站来帮助教师讨论、交流和分享课程设计经验。

### （四）新加坡 STEM 企业：资源化支持与合作指导

　　除了新加坡政府、学校和教师培训机构对 STEM 教育愈发重视外，新加坡的 STEM 企业也对其进行了资源化支持与合作指导。早在 1998 年，新加坡就组建了社区与家长辅助学校理事会（Community & Parents in Support of Schools，COMPASS）。该理事会由家长、教师、各企业、媒体和教育工作者等相关代表组成，其主要的职责是"促进和发展良好的家校社合作关系；基于家长、社会和行业的视角对教育中的问题和政策给予反馈；鼓励家长、社区、行业与教育部共同努力；培养全面发展的终身学习者"（Ministry of Education Singapore，2021）。进入 21 世纪后，伴随着新加坡政府对 STEM 教育的重视，COMPASS 已成为新加坡 STEM 企业支持学校 STEM 课程开发与实践中的重要合作机构，不仅丰富了新加坡学校的 STEM 课程资源，而且拓展了学生 STEM 学习的实践场域。

### （五）总结

　　伴随着新加坡政府、学校、教师和行业的重视与支持，新加坡的 STEM 教育体系日渐呈现出体系化、合作化和多样化的发展趋势，旨在创建自主性、创新性和多样化的学习环境。

　　首先，从课程设置上来说，新加坡 STEM 课程不再仅仅局限于课外选修、校本或实践课程，而是逐步演变为融合性的常规 STEM 课程，新加坡 STEM 课程彰显出选修课程与必修课程、校内活动与校外实践等多种形式的交相辉映，使得新加坡的 STEM 教育越发体系化和制度化，这样就为学生提供了多样化的 STEM 学习机会。

　　其次，从合作机制上来看，新加坡重视政府、学校和行业间的合作交流，旨在通过多方联动来共同促进 STEM 课程开发与资源共享，这既保证了STEM 课程的质量，又能够满足社会对学生 STEM 技能发展的要求，能够有效提升新加坡 STEM 教育的培养效果，塑造 STEM 教育的整体图景，从而推动新加坡 STEM 教育的快速发展。

最后，从课程内容上来说，新加坡的 STEM 课程呈现出多样化和层级化特点。一方面，新加坡教育部门负责 STEM 课程纲要的设计，项目的筹划、批核和资助，但对于具体 STEM 项目的实施则由各个学校完成，这就使得不同学校往往根据其培养目标和学校资源，及时开设、调整和完善各自的STEM 课程，促进了新加坡 STEM 课程的多样化发展；另一方面，新加坡针对不同学段、年级和层次的学生均大力推动 STEM 课程的发展（如在中小学校开设的 STEM ALP 项目，在高中阶段开设的 STEM 学术化课程），这使得新加坡 STEM 课程呈现出层级化的发展特征，即 STEM 课程能够满足不同层次学生的发展需求。

# 三、新加坡 STEM 课程类型及其创新思维培养

前两节，我们详细审视了新加坡 STEM 教育的发展动因及其课程体系建构，但对于新加坡 STEM 相关课程类型及课程所培养的创新思维表现，读者暂不能够获得直观理解。对此，本节将进一步分析新加坡的 STEM 课程类型、开发框架和创新思维表现，以期通过 STEM 课程活动案例来明确新加坡的STEM 课程是如何发展和培育学生的创新思维的。

## （一）新加坡的 STEM 课程类型

STEM 课程是学校学生所应当学习的 STEM 学科总和及其进程与安排，是对教学目标、教学内容、教学活动等的综合性规划与设计。根据不同划分标准，STEM 课程往往呈现出多种课程类型，新加坡的 STEM 课程呈现出如下的课程类型。

一是从学段划分的角度来看，新加坡 STEM 课程已经融入小学、初中和高中阶段的整个学制体系中，并在各学段呈现出各自的特征。

新加坡小学阶段虽然会采取分学科的形式进行授课，但更多的是以跨学科专题作业来进行学习，即英语、数学、科学、社会学习、母语学习、信息与通信技术、国民教育、服务学习等课程往往被整合成一个整体，学校需要制定新的时间表，以实现课程、课堂教学和学习实践的创新。因此，新加坡小学会开展众多的融合性 STEM 活动激发学生的兴趣，提升其思维能力。例如，小学阶段的"编码娱乐"项目就是通过使用基于视觉的编程语言来学习相关概念，并将其与机器人套件和微控制器相结合，为学生创造编码体验，该项目旨在促进中小学生多接触编码，培养其创意计算思维，同时也为创新思维的培养提供环境和机会。

新加坡初中阶段开设了大量必修的 STEM ALP 项目，这些项目旨在培养学生的创新思维、动手实践和问题解决能力。截至 2017 年，新加坡几乎所有的初中均已开设 STEM ALP 项目。此外，学校还积极鼓励有突出表现的学生参加应用实践竞赛。例如，福春中学（Fuchun Secondary School）就鼓励成绩优异的学生积极参与 STEM 讲研班，报名参加理工学院举办的"海洋与近海挑战赛"；岗丽中学（Kent Ridge Secondary School）则通过机器人社团活动来培养学生的 STEM 兴趣，提升其 STEM 课程的选修意愿。由此可见，新加坡初中 STEM 课程呈现出多样化发展趋势：一方面学校设置有专门的 STEM ALP 课程，另一方面则通过社团活动、讲研班和 STEM 实践技能大赛等多种途径来丰富和拓展学生的 STEM 学习机会，不断提升其 STEM 学习兴趣。

新加坡高中阶段的 STEM 课程呈现出较强的研究性、实践性和合作性特征。新加坡学校往往会根据学生的兴趣特点、知识水平和发展需求有针对性地建构合作交流平台，以提升学生的研究和实践能力。例如，新加坡国家初级学院（Nanyang Junior College）就确定了多种科研合作计划（如国大科学研究计划、南洋理工大学研究计划等），这些计划主要面向的是具有良好数学、科学、技术和编程的高一年级学生；类似地，新加坡国立大学附属数理中学（NUS High School of Mathematics and Science）则通过设置 STEM 研究化课程、机器人挑战赛和俱乐部社团的形式来提升学生选择数学和科学相关学科的比重，数据表明超过 70% 的毕业生在大学攻读了与科学、技术、工程和医学相关的课程（Lai，2015）。除此之外，新加坡的德明政府学校（Dunman High School）还开设了必修类的"知识研究课程"（Knowledge Skills Programme，KSP），该课程旨在借助创新思维工具和设计过程来发展学生的创新思维、研究和论证实践能力。由此可见，新加坡高中阶段的 STEM 课程多注重与大学间的学术化合作，旨在让学生尽早适应和认识 STEM 学科的学术科研与实践活动，特别注重培养学生的创新思维。

二是从知识融合的程度来看，新加坡的 STEM 课程呈现出学科性融入与项目化整合两种主要的课程类型。

学科性融入是指 STEM 课程主要以某学科为主，其他学科内容往往是渗透性地融入该学科的学习中，课程整体的融合程度一般较低。例如，育能小学（Yu Neng Primary School）采用 Micro:bit 编程软件来计算三角形的面积，该课程仍旧以三角形面积的学习为主线，仅是让小学生通过 Micro:bit 软件来感受程序编码；美廉中学（Meridian Secondary School）则是将 Micro:bit 软件应用到植物生长影响因素的学习中，通过让学生操作 Micro:bit 软件，来探究光照、水分是否会影响绿色植物的光合作用。因此可以说，学科融入性的

STEM课程仍旧关注的是学科知识的学习，只不过在学科知识的获取过程中，教师会有针对性让学生查阅、应用和实践其他相关学科的内容，进而发展学生的应用实践能力。

新加坡也存在一些融合性较强的STEM项目，这些项目旨在借助创新思维工具和应用化实践过程，打破学科间的知识壁垒，培育学生的综合性和创造性知识应用能力。例如，克勤小学（Concord Primary School）在其设置的跨学科专题作业（interdisciplinary project work）中就将创新思维工具、信息技术运用到课程学习中，以帮助学生选择主题、进行头脑风暴法并试着创意表达；而新加坡成康中学的STEM ALP项目则是借助设计思维框架，融合多种STEM学科知识来帮助学生认识、设计和解决现实生活问题，其课程主要是从移情理解、问题界定、方案构思、原型制作和测试迭代等来进行设计。

总体而言，新加坡的STEM课程，主要是通过项目（或主题）的形式来进行整合和发展，关注的多是现实生活中的真实性、情境性和开放性问题，借助设计思维框架、创新思维工具等多种认知手段来帮助学生创造、设计和完善解决方案，发展学生的应用实践、合作交流、论证探究的能力和创新思维，提升学生的21世纪核心素养。

## （二）新加坡的STEM课程开发框架：关注设计思维流程

任何课程的开发均需要依托一定的课程开发框架，如泰勒的"目标模式"框架、斯腾豪斯的"过程模式"框架和施瓦布的"实践模式"框架。课程开发框架往往彰显了开发者的课程理念、价值取向和目标诉求。当前，在新加坡政府、学校和STEM行业的联合推动下，新加坡的STEM课程开发呈现出设计化、创意化和实践化的工程设计倾向，即新加坡的STEM课程开发遵循设计思维的一般流程。

有关设计思维流程，当前应用最为广泛的是斯坦福大学设计学院所提出的

EDIPT 模型，该模型主要包含共情需求（empathize）、定义问题（define）、方案构思（ideate）、原型制作（prototype）、测试迭代（test）五个阶段，各阶段具体见第四章。

基于上述认知，研究审视、辨析并确证出新加坡 STEM 课程的开发框架的内涵及其特点，解析出其所彰显出的创意化发展特征，解析框架见表 6-5。

表 6-5　新加坡 STEM 课程的开发设计框架

| 阶段 | STEM 项目任务 | 学生实践 | 教师表现 | 创造性态度及能力发展 |
|---|---|---|---|---|
| 问题聚焦 | 专注现实生活中的问题或挑战 | 通过查找资料、观察、访谈、体验，借助小组讨论、头脑风暴、研讨会等，确定 STEM 学习目标和具体的 STEM 问题 | 引导学生聚焦现实问题，并对其疑问进行反馈 | 聚焦现实问题、拥抱好奇心、尊重多元观点，发展学生的洞察力、探索和反思能力 |
| 问题定义 | 能够给出所要解决问题的清晰定义 | | | |
| 方案构思 | 能够为问题提供多种可接受的创造性解决方案 | 小组成员通过头脑风暴、思维导图、清单列举等多种形式，创造性地设计和构思问题解决方案 | 教师引导、帮助和鼓励小组讨论，对小组方案进行评析 | 拥抱不确定、保持开放、尊重他人、看到联系，发展想象、行动和反思能力 |
| 问题解决 | 能够成功地解决问题或设计出原型和产品 | 小组成员积极地进行应用、探究和实践学习，通过动手、调查和实验等多种形式来解决问题或设计产品 | 教师采用探究式、实践式和设计式的教学方法，鼓励引导学生进行小组合作与讨论 | 发展学生的合作交流、动手、实践、应用和探究能力 |
| 反馈迭代 | 基于反馈，修正、开发和拓展新的解决方案或项目 | 基于反馈状况，小组成员通过讨论提出新的解决方案或聚焦新的项目 | 教师反馈、评析并引导学生修正和开发新的项目 | 使学生具有韧性、坚持性、反思和行动的能力 |
| 课程评价：主要从多样性想法、创意性构思和问题解决能力三个方面进行评测，关注学生创新思维的生产过程（如生成多样化的想法、生成创造性的想法以及评估和改进想法等） | | | | |

首先，从 STEM 课程的开发程序来看，新加坡的 STEM 课程多是借助设计过程来开发的，即通过问题聚焦、问题定义、方案构思、问题解决和反馈迭代等步骤来帮助学生认识并解决现实生活问题。具体来说，新加坡 STEM 课程主要围绕着真实性、跨学科性和可迁移性的问题来进行设计，借助头脑风暴法、思维导图和六顶思考帽等多种创新思维工具来定义模糊问题，并通过问题定义、方案构思、问题解决与反馈迭代等活动来最大限度地拓展学生的思维空间，培养学生的创新思维态度及能力。因此，从这个角度来说，新加坡 STEM 课程旨在发展学生的创新思维和设计能力，培养学生聚焦现实问题、拥抱好奇心、尊重多元观点、看到事物联系以及应用多学科知识的能力。

其次，从 STEM 课程的学习过程来看，新加坡的 STEM 课程特别关注学生的自主设计、探究、合作和创新实践的过程，也就是说在问题解决方案的构思、设计和实施过程中均鼓励学生（或小组）运用多种创新思维和批判性思维工具来进行循环式的探究、论证和实践，以期达到最优的解决效果，而教师在授课过程中则更多表现为鼓励者、引导者和反馈者的角色。因此，从这个角度来说，新加坡的 STEM 课程注重为学生提供多种练习、实践和表现的机会，强调方案设计的开放性和多样性，旨在建构鼓励科学探究、自主实践和开放创新的学习氛围，进而不断提升学生的创新思维。

最后，从 STEM 课程的评价反馈来看，新加坡的 STEM 课程关注问题的解决、测试和迭代的循环过程，主要是从多样性想法、创意性构思和问题解决能力三个方面进行评测，教师评测重点将放在增进学生创新思维和解决现实问题方面，故而在传统纸笔测验之外，结合更多非传统方式来进行评测，以期通过多元化的教学与测验形式，来发展学生的创意设计、方案构思和解决问题的能力。可以说，新加坡的 STEM 课程十分重视通过评测、迭代来发展学生的创意设计思维。

## （三）新加坡 STEM 课程中的创新思维：基于创造力 4P 模型的考察

基于新加坡 STEM 课程的开发框架，结合系列 STEM 课程案例来辨析新加坡 STEM 课程所彰显的创新思维表现，以期为我国中小学教师在 STEM 课程活动中开展创新思维教学带来一些启示。下面，我们将从创造力 4P 模型框架，即创意个人、创意历程、创意产品和创意环境四个维度来剖析。

### 1. 课程目标：培养具有创新思维的人

新加坡的 STEM 课程目标彰显出显著的学习者中心特征，主要是让学生通过设计实践过程来自主探究和解决现实生活中的真实性和跨学科问题，以增强其知识应用、创新思维和合作交流能力。一方面，课程目标关注 21 世纪核心素养和技能发展要求，目标的设置多依据核心素养、课纲要求和课程理念，这就使得新加坡的 STEM 课程表现出显著的素养发展导向，特别是课程突出了学生创新思维的培养；另一方面，新加坡的 STEM 课程目标还表现出情境化、连续化和阶段化特征，课程任务多是围绕现实问题来设计，表 6-6 就展示了部分 STEM 项目案例的教学目标与素养发展要求。

表 6-6　新加坡 STEM 项目案例教学目标与素养发展要求

| STEM 项目案例 | 教学目标 |
|---|---|
| 南桥中学的 STEM ALP 项目 | 项目旨在将科学知识、工程技能与现实生活联系起来，促进学生在真实环境中灵活应用知识，以培养学生的科学思维并发展其 21 世纪核心素养（创新思维、批判性思维、沟通和协作能力） |
| 克勤小学跨学科专题作业项目：思维厨师计划 | 项目主要通过认识食物、分析食物成分和制作食物等过程来丰富学生的学习体验，帮助学生综合性学习各个领域的知识，并将其批判性和创造性地应用于现实生活中。项目教学目标具体为：1. 运用并发展创新思维和批判性思维能力；2. 提高沟通技巧（口头和书面）；3. 培养协作学习技能；4. 发展自我指导、独立学习及终身学习技能；5. 在烹饪或烘烤方面获得体验和创新的经验教训 |

| STEM 项目案例 | 教学目标 |
|---|---|
| 女皇镇中学跨学科（地理与科学）学习计划 | 项目旨在：1. 通过 QUEST 方法（探究思维）培养学生的查询技能；2. 联结不同学科间的知识和技能，以形塑学生的创新思维；3. 学生能够通过应用知识和技能，来解释或解决现实生活中的问题，培育其尊重等道德精神，使其成为合格公民 |

由表 6-6 可见，新加坡 STEM 项目案例均将培养具有创新思维的人作为其重要的课程指标，通过"发现问题—提出问题—分析问题—解决问题—发现新问题"的思路设计循环过程，为学生提供进行头脑风暴、思维训练和创意构思的锻炼机会，进而帮助学生聚焦现实问题、拥抱好奇心、尊重多元观点，不断激发其创造潜能并最终培养学生的创新思维态度和能力。可以说，新加坡 STEM 课程目标以素养化的形式明确了学生创新思维的培养要求及特点。

### 2. 课程内容：关注创意历程的生成效应

新加坡的 STEM 课程内容表现出显著的跨学科性，课程通常会将两个或两个以上学科的知识结合在一起，关注不同学科知识间的融合、关联、应用和实践。一般而言，新加坡的 STEM 课程活动既表现为常规的实验探究、小组辩论和操作体验，也表现为社会调研、工程制作和研究设计。尽管这些课程活动在情境设计、时间安排和呈现形式上各有差异，但大都围绕问题界定、方案构思和实践探究来开展，特别是关注课程活动的创造性问题解决过程，也就是通过头脑风暴、思维导图和探究论证等形式来拓展、修正、循环和迭代活动内容，以期通过多样化的实践活动来达到最优学习效果。由此可见，新加坡的 STEM 课程特别注重创新性问题解决和过程生成效应，旨在通过多种学习实践过程（如规划、处理、展示、反思和评估等）来有效提升学生的探究、协作和沟通技能，培养学生的批判性思维和创新思维，并增强其自我管理、调节、反思和元认知能力。

当前，新加坡的 STEM 课程活动并没有固定的模式或程序，课程活动往往是根据课程知识和学生发展需求来设置的，并且活动的选择也很大程度上受到课程资源的影响。例如，有些学校的 STEM 企业资源较为丰富，能够安排校外研学、项目合作和实践体验等，而资源较为欠缺的学校则可能更多关注课堂上的小组论辩、实验探究和研究设计等。

### 3. 过程评价：关注创意产品的循环迭代

正如前文新加坡 STEM 课程开发设计框架所述，新加坡的 STEM 课程开发关注产品的测试与迭代，这就使得新加坡的 STEM 课程特别重视评价的形成性和总结性作用。首先，新加坡 STEM 课程注重学生的创造性问题解决和知识应用能力，其课程关注学生个人和团体在方案构思、设计和制作等系列活动中的表现，多是通过口头、书面评价形式来确证学生在问题解决方案设计、知识应用和沟通协作方面的水平；其次，新加坡的 STEM 课程还注重通过修正、拓展来开发新的项目活动（测试与迭代过程），进一步增加学生知识应用、创新实践的机会，从而使得新加坡学生在技能素养发展方面能够获得持续性的进阶与发展，而这也凸显了新加坡课程关注创意产品的循环迭代过程。

### 4. 课程资源：建构开放性的创意学习环境

课程资源维度指的是学校所拥有的和能够拓展的 STEM 课程资源，主要包括学校自身的科学实验室、STEM 学习空间和 STEM 企业资源。当前，尽管新加坡学校存在差异化的 STEM 课程资源，但不同层次的学校均能够获得较为丰富的 STEM 资源，这为新加坡创新学习环境的建构奠定了重要的校外合作基础。一方面，新加坡行政部门建构出多种类型的企业合作计划（如 STEM Inc 的 IPP 项目、教育部的 COMPACT 开拓者等）；另一方面，新加坡学校自身也设立多种"家—校—社"合作机构（如家校合作小组、校友会机构和大学合作联盟等）。这些类型多样的合作平台，使得新加坡 STEM 合作机制呈现多样化、便宜性和灵活性的特征，丰富了 STEM 课程资源，拓展了学生的物理学习空间，旨在建构出一种开放性的创意环境，表 6-7 是相关学校的等级、STEM 课程资源及其合作路径介绍。另外，新加坡也注重建构开放性的人文环境，特别是在课程内容及其活动安排上给予了学生较大的自主性，这极大地拓展了学生学习 STEM 的兴趣，有助于构建和谐、开放、充满鼓励和良性反馈的学习环境，促进提升学生的创新思维。

表6-7　新加坡 STEM 课程资源及其合作机制介绍

| 学校 | 学校等级 | STEM 课程资源 | STEM 合作路径 |
|------|---------|--------------|--------------|
| 德明政府中学 | 优等学校 | 开设有科学指导计划、创新计划、数学研究计划、青年国防科学家计划、工程学创新挑战、黑客马拉松活动、Google Code-In 或 Splash Awards 等以及高中（大专）的南洋研究计划和科学研究计划等；为感兴趣的学生提供 STEM 研讨会、信息通信俱乐部、机器人俱乐部、科学和数学学会等 | 与众多国内外高校建立联系：主要有新加坡科技与设计大学的研究指导项目、新加坡科技研究局材料研究所、新加坡科技研究局纳米生物实验室、新加坡国立大学物理纳米材料研究实验室等；家长支持小组、德明中学校友会等 |
| 南侨中学 | 优等学校 | STEM ALP 项目 | 家长支持小组、南侨校友会 |
| 女皇镇中学 | 中等学校 | STEM ALP 项目、信息技术俱乐部、环境科学俱乐部、科学人才小组、数学人才计划等 | 家长支持小组、女皇镇校友会、STEM Inc 的 IPP 项目 |

## 本章小结

　　本章系统回顾了新加坡 STEM 教育的发展动因、课程体系建构和创新思维表现，有助于教师从宏观角度认识新加坡 STEM 课程的内涵及其特点。STEM 项目主题多聚焦于现实性、开放性和情境性问题，借助头脑风暴法、思维导图和方案迭代等多种创新思维工具来发展学生的创新思维、工程化实践和问题解决能力。本章基于创造力 4P 模型进一步辨析了新加坡 STEM 课程案例中的特点，发现其在课程目标、课程内容、课程评价和课程资源等方面呈现出创新思维培养取向：目标上培养具有创新思维的人、内容上关注创意历程的生成效应、评价上关注创意产品（或问题方案）的循环迭代、资源上建构开放性的创意学习环境。这些特征有助于大家认识、理解和设计系列 STEM 项目，并透过这些 STEM 项目来显性化培养学生的创新思维能力。下一章，我们将从更微观的层面来详细刻画、分析和揭示新加坡小学阶段 STEM 课程案例中的创新思维表现。

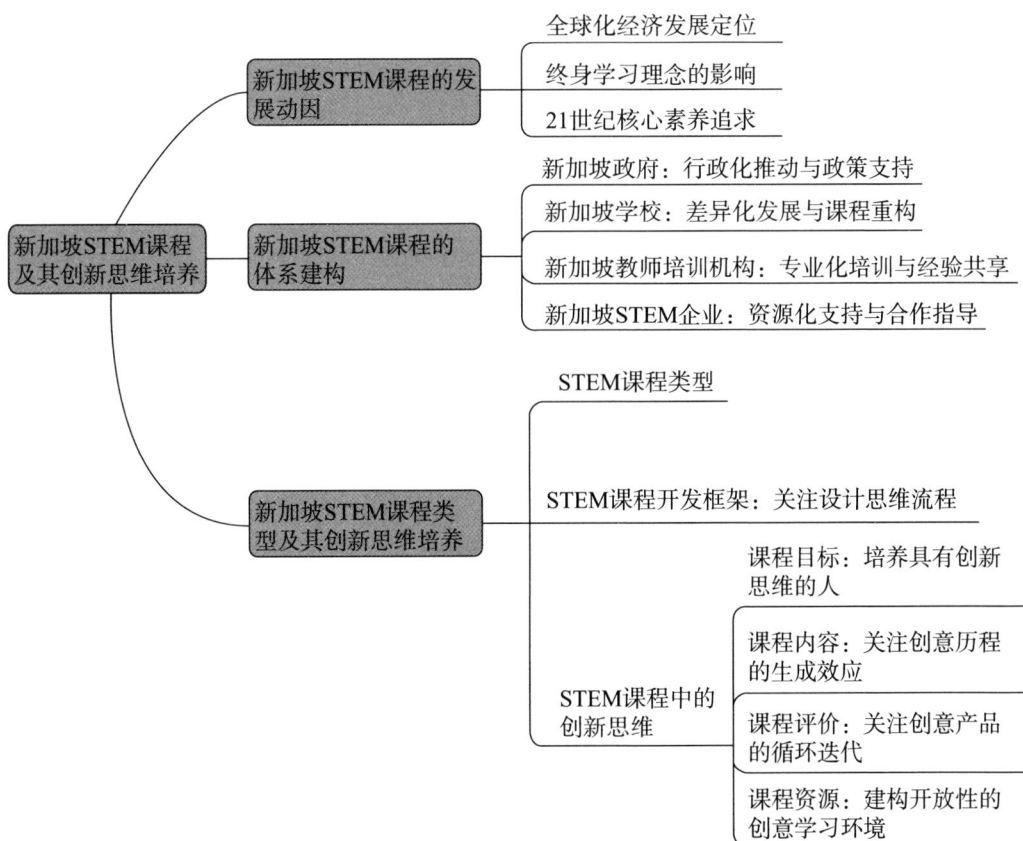

新加坡STEM课程及其创新思维培养

- 新加坡STEM课程的发展动因
  - 全球化经济发展定位
  - 终身学习理念的影响
  - 21世纪核心素养追求
- 新加坡STEM课程的体系建构
  - 新加坡政府：行政化推动与政策支持
  - 新加坡学校：差异化发展与课程重构
  - 新加坡教师培训机构：专业化培训与经验共享
  - 新加坡STEM企业：资源化支持与合作指导
- 新加坡STEM课程类型及其创新思维培养
  - STEM课程类型
  - STEM课程开发框架：关注设计思维流程
  - STEM课程中的创新思维
    - 课程目标：培养具有创新思维的人
    - 课程内容：关注创意历程的生成效应
    - 课程评价：关注创意产品的循环迭代
    - 课程资源：建构开放性的创意学习环境

## 本章回顾与反思

1. 你认为新加坡 STEM 课程发展可能受到哪些因素的影响？

2. 你怎样看待新加坡 STEM 课程开发框架？对你自己开发 STEM 课程有何启示？

3. 通过回顾新加坡 STEM 课程中的创新思维表现，你能否设计出创新思维导向的 STEM 课程？请给出具体的设计流程。

# 第七章 新加坡小学阶段STEM创新思维教育与案例

新加坡小学阶段非常重视创新思维教育，本章将通过解读新加坡小学教学大纲中的创新思维要素，评析三个新加坡小学阶段STEM课程案例，帮助读者从微观层面理解新加坡STEM教育中以学生为中心的教育理念、重视教师的TPACK素养、统一且多样化的课程设置等特色，为中国的STEM教育、创新思维教育领域同仁提供借鉴。

本章学习目标：
- 深入理解新加坡小学阶段教学大纲中的创新思维要素。
- 读懂三个新加坡小学阶段STEM创新思维教育案例。
- 了解新加坡小学阶段STEM课程案例特色及对中国的启示。

# 一、新加坡小学阶段 STEM 教学大纲中的创新思维

STEM 教育是包括科学、技术、工程和数学在内的跨学科综合教育，目的是培养能够迎接未来挑战的高素质公民。新加坡教育部没有颁布小学阶段 STEM 教育整体的课程标准或教学大纲，但是在各个学科的教学大纲中均体现出 STEM 的特点。新加坡小学阶段各个学科教学大纲均着力于培养学生的创新思维。下面以新加坡小学阶段的科学、数学学科教学大纲为例，对新加坡小学阶段 STEM 教学大纲中的创新思维要素进行阐释。

新加坡小学科学教学大纲明确提出，课程设计旨在使学生将对科学的追求视为有意义的和有用的，教师应该基于与科学在日常生活、社会和环境中所扮演的角色有关的知识和问题引导学生开展探究。在科学课堂中，老师需要创造一个开放的学习环境，引导并鼓励学生发展探究意识，进而培养学生作为探究者的能力。小学科学教学大纲中的这一目标很好地体现了创造力 4P 模型中"创意环境"的设置。

新加坡小学数学教学大纲中指出，对于数学课程而言，重要的是要提供差异化的途径和选择以支持每个学习者，从而最大程度地发挥他们的潜力。创造力 4P 模型将"创意历程"视为运用心智模式解决问题的过程，将心智运动历程中的扩散思维流畅性、变通性和独创性作为创造性思考的表现特质。新加坡小学数学课程通过引导学生使用不同的方法解决实际问题达到学习目标，培养学生的发散性思维以及创造力，同时解决真实案例获得的成功体验能够帮助学生树立自信，从而培养学生对数学学习的积极态度。

从教学大纲可以明确看出，新加坡小学阶段不同学科的教学大纲都体现出对于学生创新思维的培养，构建开放包容的创意环境，多维度的知识让学生体验创意历程，设计出一个有实际功能的创意产品，激发学生的创新思维，培养出创意个人。

# 二、新加坡小学阶段 STEM 创新思维教育案例

## （一）案例一：十进制货币加法

### 1. 案例介绍

表 7-1　"十进制货币加法"案例详情

| 科目<br>主题 | 数学<br>货币 | 水平：<br>小学三年级 |
| --- | --- | --- |
| 概述 | 学生几乎每天都与金钱接触。在日常购物时，尤其是学生自己单独进行账目结算时，必须具有进行货币计算的基本能力。由于小数的概念只会在小学四年级时讲授，所以本案例中货币的小数点以点分隔美元和美分的形式出现 | |
| 先验知识 | ①"$"代表美元，而"¢"代表美分，"点"将美分与美元分开<br>② 100¢＝ $1<br>③如何运用思维策略对美元和美分进行重组求和 | |

| 科目 | 数学 | 水平： |
|---|---|---|
| 主题 | 货币 | 小学三年级 |

| 学习目标 | ①以十进制形式进行货币加法运算<br>②使用 Makecode 和 Micro:bit 编写简单的程序<br>③构建简单的原型以实现目标 | | |
|---|---|---|---|
| 环节及时间 | 教学内容 | 教学目标 | 所需资源 |
| | 活动前 | | |
| 课堂热身<br>（10分钟） | 讨论 $1000 的价值（例如，可以用 $1000 的钞票购买的东西有哪些）以及货币间的兑换<br> | 回顾先验知识 | 白板 |
| | 主要活动 | | |
| 主要活动<br>（45分钟） | 使用 Micro:bit 编码、设计硬币计数器，并构建一个简单的数字硬币银行<br><br>按钮 A— 加 10¢<br>按钮 B— 加 20¢<br>按钮 A+B— 加 50¢<br>shake— 加 100¢（$1）<br>使用吸管、连接器和可回收材料建造数字硬币银行 | 应用美元和美分的加法知识 | Micro:bit，笔记本电脑，可回收材料 |

| 科目 | 数学 | 水平: |
|------|------|------|
| 主题 | 货币 | 小学三年级 |
| 主要活动<br>（45分钟） | 通过限制数字硬币银行的形状和大小来明确度量；例如限制长×宽×高最多为 10cm×10cm×10cm<br>全班讨论和测试所有组合，如仅使用按钮实现总额 $1 的货币加法 | |
| 活动后 | | |
| 总结<br>（5分钟） | 讨论实际情况中（如购物和预算）美元和硬币的使用情况<br>练习1：要求学生分别在重组和不重组的情况下进行货币加法运算 | 教材 |

## 2. 案例评析

案例评析部分以新加坡小学数学学科的教学大纲和创造力 4P 模型为依据，从课程目标、课程知识、课程活动以及课程评价四个维度进行评析，见表 7-2。

表 7-2　"十进制货币加法"案例评析

| 评析维度 | 案例分析 | 教学大纲分析 | 创造力 4P 模型分析 |
|----------|----------|--------------|-------------------|
| 课程目标 | 该课程共设置了三个学习目标，分别是"以十进制形式进行货币加法运算""使用 Make-code 和 Micro:bit 编写简单的程序""构建简单的原型以实现目标"，均是从现实问题出发，通过中介物（货币），让学生使用软件编写简单的程序以及构建简单的原型，习得加法运算的能力，帮助学生建构知识系统，从而运用到生活中，解决日常生活中的真实问题，比如购物过程中付钱、找零等 | 符合新加坡小学数学教学大纲中提出的：数学教育的广泛目标是使学生能够获得并应用数学概念和技能、通过数学方法解决问题，发展思考、推理、沟通、应用和元认知技能以及培养对数学的积极态度 | 创造力 4P 模型中对"创意历程"的培养是通过引导学生使用不同的方法解决实际问题达到学习目标，培养学生的发散性思维以及创造力，同时通过解决真实问题获得的成功体验树立其自信心，从而培养学生对数学学习的积极态度 |

| 评析维度 | 案例分析 | 教学大纲分析 | 创造力 4P 模型分析 |
|---|---|---|---|
| 课程知识 | 该课程中学生需要使用 Micro:bit 编程软件进行硬币计数器的编码，同时使用吸管、连接器和可回收材料构建一个简单的数字硬币银行。这不仅涉及数学学科知识的教授，还包括使用电子表格和其他软件进行数学学习的能力，将数学、计算机编程以及动手能力进行融合，进行跨学科知识的讲授 | 符合新加坡小学数学教学大纲中提到的"数学框架"概念，即使用数学来解决问题 | 创造力 4P 模型中对"创意环境"的塑造，通过跨学科知识的融合，为学生提供丰富的学习机会和探索空间，以激发学生的创造性构想与联想，让学生从多个角度理解货币加法这一数学知识 |
| 课程活动 | 该课程设计了多次学生讨论，注重对知识的理解而不是对事实的回忆或过程的再现，体现出以学生为中心的教学过程，强调学生学习的积极性和主动性。在活动过程中，教师通过让学生使用吸管、连接器和可回收材料构建一个简单的数字硬币银行，让学生动手操作日常生活中随处可见的材料，从而培养学生的动手、实践、设计和协作能力 | 符合新加坡小学数学教学大纲中提出的：为了支持协作能力和沟通能力的发展，必须给学生机会，共同解决问题，并使用适当的数学语言和方法表达自己的想法 | 创造力 4P 模型中对"创意个人"的培养要求学生能够开拓思维、吸收他人的想法，进而丰富自己的想法，通过对全班同学的思路进行整合，了解扩散性资讯和观点 |
| 课程评价 | 该课程中教师通过及时反馈学生的学习成果，鼓励学生表达和解释想法来发展学生的推理能力，启发多种问题解决方式。教师通过设置动手实操、课堂讨论以及真实情境下的问题解决等过程，让学生结合他人的智慧反思自己的行为，从而形成自我学习、发现与解决问题的策略和意识 | 符合新加坡小学数学教学大纲中提出的：课堂上的评价应该侧重于帮助学生提高他们的学习，因此在课堂中教师应该以形成性评价和诊断性评价为主对学生进行评价 | 该课程评价明确了创造力 4P 模型中的"创意产品"，并非编程软件本身，而在于编程过程中学生思考、解决问题意识和方式以及运用数学的自信心。学生本身也是教师进行创意教学的产品 |

## （二）案例二"我有多活跃"

扫描二维码 7-1，阅读案例二"我有多活跃"

## （三）案例三"回收塑料瓶"

扫描二维码 7-2，阅读案例三"回收塑料瓶"

# 三、新加坡小学阶段 STEM 课程的特色及对中国的启示

## （一）以学生为中心的教育理念

新加坡小学阶段 STEM 课程明确了学生是教学活动的主体，一切的教育教学活动要以学生的需要为主这一要点。在教学材料的选择上发展了合适的教具、多媒体教材或自制的、贴近学生生活经验的材料，以增加学习趣味、促进学生理解。比如在课程案例"十进制货币加法"中，教师利用 Micro:bit 编程

软件进行硬币计数器的编码并使用吸管、连接器和可回收材料构建一个简单的数字硬币银行来帮助学生掌握十进制的货币加法运算，为学生提供了良好的"创意环境"，这样的环境允许学生实践创造，学生将在这样的创造性环境中自主学习，充分交流彼此的想法，有助于激发学生的创造动机，培养学生创造性的人格特质。新加坡小学阶段 STEM 教育将学生放在主体地位，充分发挥学生学习的自主性，有利于培养面向 21 世纪的有创新能力的高质量人才。

## （二）重视教师的 TPACK 素养

新加坡小学阶段各个学科的教师开展 STEM 课程时，都表现出很好的 TPACK 素养（见图 7-1），即整合技术的学科教学法知识（Technological Pedagogical Content Knowledge），以学科内容知识、教学法知识和技术为基础，以它们之间的相互作用为纽带，设计教学方案，提高教学质量。新加坡小学阶段 STEM 课程中对 Micro:bit 软件使用非常多，注重信息化教学，有助于培养学生的信息化素养。在教学过程中，教师遵循由简渐繁的原则将抽象的概念转化成具体的表征并运用科学的问题加以引导，帮助学生及时对知识进行归纳、总结，让学生体验"创意历程"。在评价时，教师运用多元化的方式对学生进行反馈，综合学业成绩、实践表现、合作能力等方面为学生制定多元化的评量标准，通过"创意产品"帮助学生明白自身的优势和不足，实现自我价值。

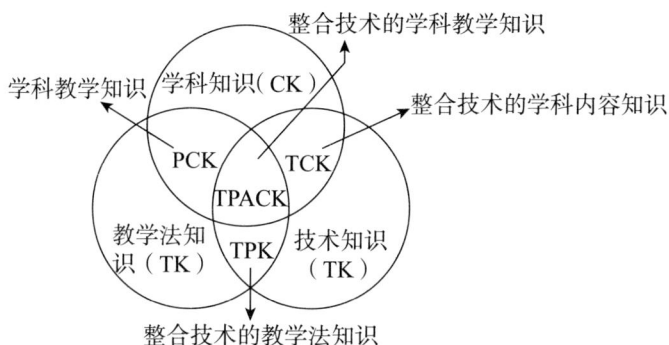

图 7-1 TPACK 模型结构框架

### （三）统一且多样化的课程设置

新加坡小学阶段的课程丰富多样，体现出灵活、融通的特点，满足了学生多样的学习需求，使学生得以全方位成长。新加坡非常注重生活技能学习，其课程体系中将生活技能放在课程核心位置，旨在培养拥有正确的价值观、良好的公民品格、基本的沟通交流技巧、团队合作能力以及领导力的具有创造性的人。例如，"回收塑料瓶"这个课程以技能和价值观培养成果为导向，在传授专业知识内容和探究方法的同时培养学生良好的社会情感技能，以实现学生对自我的认识以及对他人的感受、经历、需求和兴趣的充分理解，并在与他人的关系中表现出同理心，初步达到做一个为社会和世界负责的公民的培养目标。这样统一且多样化的课程，为新加坡不同层次、不同需求的学生提供了高质量的教育。新加坡各学校以教育部主导的课程体系为依托，从学校、学生等方面出发，自主创新，设计出适合本校的多样化课程，满足学生成长需要，体现出学校的教育特色和个性。

## 本章小结

本章从新加坡小学教学大纲中的创新思维出发，结合具体的课程案例进行阐释，得出对于我国小学开展创新思维教育的启示。事实上，创新思维的培养只能从实践中来，并没有一个速成的宝典。无论是对于教师还是学生，培养创造力都是一个艰难的过程，需要走出舒适区，突破自我，创造自我。诺贝尔文学家得主、摇滚诗人迪伦曾经说过这样一句话："生活不是为了寻找你自己，而是为了创造你自己。"创造应该成为我们每一个人的生活方式，创造精彩的人生，创造更好的世界。下一章我们将进入新加坡初中阶段 STEM 创新思维教育。

## 本章回顾与反思

1. 读完本章后，你对 STEM 创新思维教育有哪些新的理解？

2. 回顾一下自己的求学经历，有没有哪位老师在培养创新思维方面让你印象深刻？他们是如何教的？

3. 你在日常教学工作中，有没有哪节课或哪个设计体现了创新性？请尝试在自己的教学中设计一个创新思维教育案例。

# 第八章

## 新加坡初中阶段STEM创新思维教育与案例

新加坡初中阶段 STEM 教学大纲中的创新思维

新加坡初中阶段 STEM 创新思维教育案例

新加坡初中阶段 STEM 课程的特色及对中国的启示

在上一章，我们了解了新加坡小学阶段是如何开展STEM创新思维教育的。进入初中以后，新加坡的STEM创新思维教育是如何延续的呢？和小学相比有哪些异同？对中国的STEM创新思维教育又有哪些启示呢？对此，本章从分析应用学习项目和设计与科技这两门课程入手，详细分析了两个新加坡初中STEM课程案例，帮助读者理解新加坡初中阶段STEM教育中教学设计的自主定制化、注重思维方式的培养、高等院校及社会的参与等特色，获得对中国开展创新思维教育的启示。

本章学习目标：
● 详解新加坡初中阶段STEM课程设置及大纲。
● 读懂两个新加坡初中阶段STEM创新思维教育案例。
● 了解新加坡初中阶段STEM课程案例特色及对中国的启示。

# 一、新加坡初中阶段 STEM 教学大纲中的创新思维

在新加坡公立教育体系下，经过六年的小学教育之后，学生通过小学离校考试（Primary School Leaving Examination， PSLE），也称小六会考之后，通过分数评估分配到合适的中学进行初中教育，学生将经历人生中的第一次大规模分流。根据每年 11—12 月份颁布的 PSLE 成绩，学生将会被分流进入三个不同等级的初中课程，即快捷（包括六年制的直通车课程和四年制的 O-Level 课程两种），普通（学术）和普通（技术）。

2014 年，新加坡教育部提出"每所学校都是好学校（Every School is a Good School）"计划，要求新加坡每所初中都要推行应用学习项目（ALP）和生活技能项目（LLP）两个具有校本特色的课程项目。其中，应用学习项目课程旨在基于所学的科学、技术、工程和数学知识，创造性地将其应用在解决实际问题的具体项目中，是一门典型的 STEM 课程。

设计与科技是一门独具特色的学习课程，在英国实行多年。1990 年，新加坡开始在初中阶段设立设计与科技课程，起初只为学习能力较低或是有技术倾向的学生设立，而目前已成为绝大多数新加坡初中生的必修课（丘志明 等，2006）。设计与科技课程通过设计和制作手工产品对学生创造性设计思维和解决实际问题的能力进行训练，它不只是一门简单的技术培训课程，而是一门通过综合运用 STEM 知识来创造性地解决实际问题的创新思维课程。本章将从应用学习项目和设计与科技这两门课程的分析入手，结合具体的案例，分析

新加坡初中阶段 STEM 教育中的创新思维教育。

## （一）应用学习项目

2013 年，新加坡教育部首次提出 ALP 的倡议；2017 年，所有的初中都开展 ALP 项目；在 2023 年左右新加坡所有的小学也都将开展 ALP 项目。目前，ALP 课程已成为新加坡进行 STEM 创新思维教育的重要形式。

为了更好地配合 ALP 的实施，2014 年新加坡科学馆成立了 STEM 公司（STEM Inc），并在新加坡教育部的大力支持下，为新加坡的初中提供 STEM ALP 课程。该课程主要面向初中一年级和初中二年级的学生，即 13 至 15 岁的初中生。STEM ALP 课程为学生提供更多应用 STEM 知识的实践学习机会，将 STEM 科目中学到的知识创造性地应用去解决实际问题，从而产生社会效益。STEM ALP 创新思维课程期望学生有着多方面的学习成果（见图 8-1）。

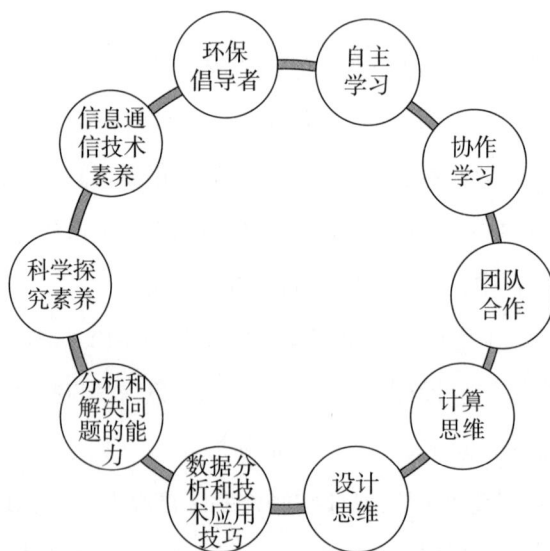

图 8-1　STEM ALP 创新思维课程期望的学习成果

除了设置 STEM ALP 课程，STEM 公司还设置了"工业伙伴项目"

（Industrial Partnership Programme， IPP），以建立中学与工业界的合作与联系。参与该项目的企业既包括谷歌、英特尔等世界知名企业，也有一些体现新加坡本土特色的企业，同时还包括一些高等院校，如南洋理工大学机械与航空航天工程学院、新加坡体育学院等。该项目的具体措施包括：

①给初中的教学项目提供建议；

②给学生、家长和教师提供参观学习相关企业的机会；

③给学生提供与工程师或者科学家进行"影子实习"（学习者跟着被学习者贴身学习的一种人才训练模式）的机会；

④举办研讨会，让教师和学生一起解决一个工业难题；

⑤帮助实习生实现他们的职业理想；

⑥为体现社会责任感，为工业界的合作伙伴策划活动；

⑦组织 STEM 交流会，即与三位 STEM 专家进行 30 分钟的线上交流（Science Center Singapore，2021）。

通过该项目，初中生可以接触到当前的 STEM 相关的职业，了解工业发展及面临的挑战，同时消除对工业界的错误理解并提升自己对 STEM 职业的正确认识。

ALP 课程旨在通过在真实环境中运用跨学科知识及相关技能解决实际问题，帮助学生建立创新实践的价值感、意义感以及学习兴趣。因此，ALP 课程具有跨学科性、综合性和实践性的特点，这与 STEM 教育的本质不谋而合。通过 ALP 课程进行 STEM 教育，使得抽象的 STEM 教育培养理念得以具体化、细节化。

## （二）设计与科技课程

在新加坡的初中阶段教育中，除了六年制的直通车项目，均设置了设计与科技（Design & Technology， D&T）课程作为必修课程。设计与科技课程依据课程大纲分为设计和技术两个过程。在设计过程中,学生将通过学习研究、分析、产生想法、丰富想法、评估、设计交流方面的技能,加深自己在产品意识、产品功能、美学设计、社会思考以及文化和科技对设计的影响等方面的理解。

设计与科技课程中的设计过程大致分为五个部分:需求分析、想法具象化、丰富发展、手工制作以及支撑这四者进行的研究过程。在设计过程中,设计者与对象(用户、产品功能和使用环境)持续进行对话。设计过程模型见图8-2。在这个过程中,首先通过需求分析建立创意环境,在这个创意环境中,通过研究不断进行创新思维的训练,并最终实现创意产品。学生通过产品的手工制作和反思解决了实际问题并试图回馈社会,完成了创意个人的训练过程。

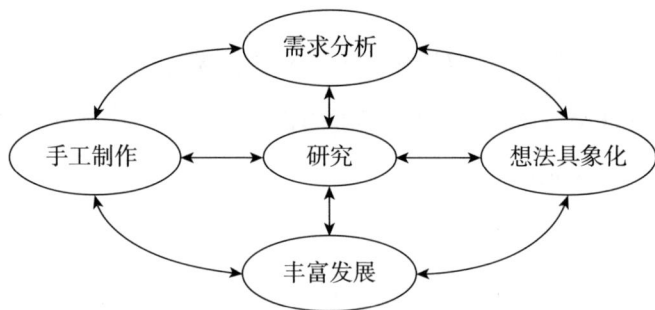

图 8-2 设计过程模型

新加坡教育部为初中一年级、初中二年级(低年级)和初中三年级、初中四年级(高年级)分别制定了 D&T 课程的低年级和高年级教学大纲。大纲的具体内容可以通过扫描二维码 8-1 获得。其中低年级大纲注重通过想法的产生和发展来锻炼学生的徒手素描能力,同时通过手工制作为学生提供触觉式学习的经历。而高年级的课程则更具深度和视野:学生通过研究理解和定义用户需求,形成并丰富设计方案,最后利用基本的工具、设备和机器将想法制作成型。

扫描二维码 8-1,获得低年级及高年级设计与科技教学大纲原文

目前的最新大纲强调以下方面:

• 通过素描思考并产生设计方案;

• 通过制作实物模型产生并验证想法，让学生学会如何制定一个合适且实用的设计方案；

• 以模型制作为手段进行实践尝试和认识更新（Ministry of Education Singapore，2016）。

我们节选了部分高年级大纲的具体内容，见表 8-1。

表 8-1　高年级设计与科技课程教学大纲节选（Ministry of Education Singapore，2016）

| 第一部分　设计 | | |
|---|---|---|
| | 学生应该学会 | 内容 |
| 1 | 基于所需资源设计项目计划 | 甘特图、流程图 |
| 2 | 对计划进行审视、调整，以保证能在给定时间范围内完成 | |
| 3 | 为每阶段的工作制定子项目 | |
| 4 | 通过不同来源收集数据 | 来源包括互联网、访谈、调查问卷、观察等 |
| 5 | 使用不同手段进行分析,如成品、图像等 | PIES 分析法、产品分析、用户分析、PMI 思维策略、SWOT 分析 |
| 6 | 为下一步研究和探索提出指导性问题 | 六何法（5W1H 分析法） |
| 7 | 展示调查研究得到的数据 | 表、流程图、统计图、测试结果 |
| 8 | 基于数据进行决策 | |
| 9 | 基于人类的需求进行决策 | 社会、文化、经济和可持续性 |
| 10 | 基于设计机会形成设计简介 | 设计简介 |
| 11 | 基于设计简介的要求和限制制定设计规格 | 设计规格 |
| 12 | 通过构思技巧产生想法 | 头脑风暴法、奔驰法（SCAMPER）、形状借用、属性列举法 |
| 13 | 兼顾人体工程学原理和人体测量数据 | 人体工学、人体测量数据 |
| 14 | 通过合适的手段进一步设计和发展想法 | 2D 和 3D 徒手素描、样品、原型 |
| 15 | 通过测试和评估修正想法 | |
| 16 | 测试和评估想法的可行性 | |

| 第一部分　设计 | |
|---|---|
| 17 | 运用基本绘图技术来沟通原型设计以及所提出方案的细节 | 等轴测图、透视图、正投影图、分解图和剖面图、外观图、工作图、材料清单 |
| 18 | 兼顾设计元素和设计原则 | 线条、形状、形式、颜色、纹理、平衡、比例、对比度和重点 |
| 19 | 阐述设计与科技之间的关系 | 手机、个人电脑、照明 |
| 20 | 阐述设计者在社会与环境方面所承担的责任 | 社会化设计、可持续性设计 |

通过上表，我们可以发现高年级设计与科技课程大纲具有以下四个方面的特点：

一是交叉学科特征。课程大纲的学科覆盖面极广，包括数学、物理学（机械工程、电子工程）、材料学、美学（素描、渲染）、人体工程学等。

二是多重感知学习。有别于听老师讲解或者观看演示的传统课堂，D&T课程希望学生通过更多的感知手段进行学习，包括触觉、味觉和嗅觉等。

三是注重思维方式的训练。课程包含一系列思维工具，如六何法（5W1H分析法）、奔驰法、PIES分析法、PMI思维策略。

四是兼顾社会责任。高年级大纲要求学生在进行设计与制作的同时具备社会责任感，并阐述其在社会与环境等方面应承担的责任。

那么设计与科技课程大纲的这些特点又是如何助力创新思维的培养呢？首先，学科交叉与创新思维有着天然的、不可分割的联系。通过学科交叉可以逐步建立新的知识体系，并基于这个新的知识体系的内在逻辑发展出新的学科（见图8-3）。因此可以说，学科交叉是获得原创性、创意性研究成果的重要手段。其次，在英国开放大学发布的2020年《创新教学报告》中，多重感知学习成为10种创意教学法之一。通过调动、整合多个感官信息，可以有效提高学生的学习参与程度，为学生创造一个良好的创意学习环境，并最终达到强化学习体验、激发创意思考的目的。设计与科技课程大纲中提到了一系列思维方式的训练，通过思维工具训练创新思维，在第四章我们已做具体阐述，在这里就不赘述了。

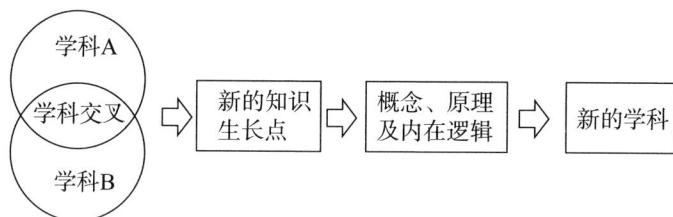

图 8-3　学科交叉产生新的学科

# 二、新加坡初中阶段 STEM 创新思维教育案例

## （一）案例一：虚拟猫

### 1. 案例介绍

表 8-2　"虚拟猫"案例详情

| 科目 | 设计与科技 | 水平：初中二年级学生 |
|---|---|---|
| 主题 | 虚拟猫 | |
| 概述 | 面向初中二年级学生开设的"虚拟猫"课程，课程总时长为 90 分钟，在第 4 学期第 7 周进行 | |

| 科目 | 设计与科技 | 水平：初中二年级学生 |
|------|-----------|---------------------|
| 主题 | 虚拟猫 | |

| 先验知识 | 对 Micro：bit 的基本了解 |
|---------|------------------------|

| 学习目标 | ①在 Micro：bit 中编程实现一个虚拟猫<br>②通过制作产品学会创意思考，并锻炼项目管理能力 |
|---------|------------------------------------------------|

| 时长 | 教学内容 | 教学目标 | 所需资源 |
|------|---------|---------|---------|
| | 引入 | | |
| 20 分钟 | 引入：<br>a. 简单回忆学生所参加的 Micro：bit 研讨会，介绍学生需要完成的 Micro：bit 调查问卷<br>b. 揭示调查问卷的结果，结果显示虚拟宠物获得了最高的票数<br>c. 给学生介绍本课程的课程目标<br>d. 每位学生领取一个 Micro：bit | 学生能够回忆起在 Micro：bit 研讨会中所学的内容 | Powerpoint，Micro：bit |
| | 发展 | | |
| 5 分钟 | 基础知识：<br>a. 指导学生在浏览器中打开一个 Micro：bit<br>b. 要求学生在开始编程前创建一个新的项目 | 学生能够自主打开一个 Micro：bit 并创建一个新项目 | Powerpoint，Micro：bit |
| 5 分钟 | 虚拟猫的功能：<br>a. 向学生介绍虚拟猫的各项功能<br>b. 向学生展示一个成品 | 学生对虚拟猫如何工作有更深入理解，明白本课预期结果 | Powerpoint |
| 40 分钟 | 虚拟猫编程：<br>a. 学生将在 Micro：bit 中完成编程<br>b. 学生在编程过程中获得阶段性指导<br>c. 学生将通过 Spectrum（一种视听设备）观看课件 | 学生理解所使用的代码以及他们如何在最终的产品中互相连接 | Powerpoint，Micro：bit，Spectrum |

続表

| 科目 | 设计与科技 | 水平：初中二年级学生 | |
|---|---|---|---|
| 主题 | 虚拟猫 | | |
| 10分钟 | 发布及故障排除：<br>a.在完成编程之后，学生对代码进行检查并将程序导入Micro：bit<br>b.教师进行巡视以排除故障和答疑 | 学生能够保存自己创建的项目并导入Micro：bit | Powerpoint，Micro：bit，Spectrum，Micro：bit |
| 收尾 | | | |
| 10分钟 | 归还Micro：bit，学生归还在课程开始时拿到的Micro：bit及其他附件 | | |

### 2.案例评析

案例评析部分以新加坡初中设计与科技教学大纲和设计思维流程为依据，从课程目标、课程知识、课程活动以及课程评价四个维度进行评析（见表8-3）。

表8-3 "虚拟猫"案例评析

| 评析维度 | 案例分析 | 教学大纲分析 | 设计思维流程分析 |
|---|---|---|---|
| 课程目标 | 该课程是一门设计与科技课程，设置的学习目标包括"在Micro：bit中编程实现一个虚拟猫""通过制作产品学会创意思考，并锻炼项目管理能力"。以具体的成果设立目标，激发学生对Micro：bit的学习动机，在制作虚拟猫的过程中让学生掌握Micro：bit编程这一重要技能，并且培养创新思维和项目管理能力 | 符合新加坡中学设计与科技课程低年级教学大纲提出的要求，大纲强调多感观学习，"多感官学习有别于听老师讲解或者观看演示的传统课堂，学生通过实践进行学习（learning by doing）" | 课程目标能够体现设计思维流程中的"定义问题"。在课程目标中即明确了"是什么（What）"这一焦点问题，即"让学生使用Micro：bit开发一种虚拟猫"，通过真正解决实际生活中人们对于虚拟宠物的社会需求，让学生对情绪富有洞察力，培养创造性思维的态度 |

| 评析维度 | 案例分析 | 教学大纲分析 | 设计思维流程分析 |
|---|---|---|---|
| 课程知识 | 该课程以虚拟猫为主题，知识内容主要为Micro:bit的基本编程，包括对代码的理解、如何利用代码实现虚拟猫中的互相连接、如何保存创建项目等。同时，以新加坡21世纪核心素养为依托，注重培养学生利用技术和其他资源支持学习活动，在课程过程中培养学生可以熟练沟通、合作，利用通信技术进行学习，对真实的世界问题进行解决与创新，形成知识架构、全球意识，并进行自我调节 | 符合新加坡初中设计与科技教学大纲的要求，大纲注重与小学课程的学习进阶，该课程在主题和知识维度上与小学社会学习课程有一定的延续和进阶 | 课程知识能够体现设计思维流程中的"原型制作"。教师通过让学生观看课件、向学生展示一个成品等方式，分别对基础知识、虚拟猫功能、虚拟猫编程进行介绍和引导，帮助学生构建"快速原型"，让学生理解如何做，并开始动手做，在行动—反思的过程中进行创造性学习 |
| 课程活动 | 该课程采用探究式学习，活动前教师带领学生回忆Micro:bit的先验知识，向学生发放关于Micro:bit调查问卷，确定虚拟猫的研究对象，做到将编程知识运用到解决实际生活的问题中。活动中，每位学生都有一个Micro:bit，要求使用Micro:bit编程设计并建造一个虚拟猫。教师配合学生的认知程度，分别对基础知识、虚拟猫功能、虚拟猫编程进行介绍和引导。在完成编程后，学生对代码进行测试，教师巡视并帮助学生排除故障和答疑，最终呈现一个虚拟猫的活动成果 | 符合新加坡中学设计与科技教学大纲的要求，大纲强调对学生思维方式的训练，如大纲提出的PIES分析法也在本案例中有所体现。在活动前，教师引导学生将编程知识运用到解决实际生活的问题中，按照情感和社会需要设定研究目标。活动中，教师根据学生在知识上的需要，配合学生的认知程度，引导学生开展实践活动。完成编程后，学生对代码进行测试，教师巡视并帮助学生排除故障和答疑，满足学生在活动中面对困难可以得到适切帮助的情绪需求 | 课程活动能够体现设计思维流程中的"共情需求"和"方案构思"。本课程案例中，首先通过调查问卷的方式对社会需求进行分析，解决实际问题并试图回馈社会，建立了焦点问题"为谁？为什么？"。在这个焦点问题下，通过有效的创新思维技巧和工具，如PIES分析法，引导学生看到编程代码与虚拟猫之间的联系，培养创新思维的态度。同时，在反复实践和测试当中进行故障排除，不断进行想象—行动—反思这一过程，培养学生的创新思维 |

| 评析维度 | 案例分析 | 教学大纲分析 | 设计思维流程分析 |
|---|---|---|---|
| 课程评价 | 该课程的评价主要以形成性评价为主，集中在前期导入和中期编程阶段。前期导入阶段，在引入、介绍基础知识和虚拟猫的功能等环节，教师以促进学生思考和讨论、激发学生学习兴趣为主进行评价和反馈。在中期编程阶段，教师在激发学生学习兴趣、促进思考和讨论的同时，促进学生学习示范，对学生进行支持并提供反馈。到后期编程检验测试阶段，主要以终结性评价为主 | 符合新加坡初中设计科技教学大纲的要求，大纲强调在技能培养目标和教师评价中重视学生思维和沟通能力，该课程案例将促进学生思考和讨论贯穿每一个教学环节，在技能培养目标和教师评价中十分重视学生思维和沟通能力。同时能够呼应并延伸新加坡小学社会学习教学大纲中"让学生对新加坡社会的价值观有更深理解，培养学生的性格，激励他们关心自己所生活的社会和世界，并在与他人的关系中表现出同理心"的内容，在初中阶段的课程不仅让学生提升编程能力，而且培养他们的社会能力 | 课程评价能够体现设计思维流程中的"测试迭代"。首先，教师在每一个环节都对学生进行创造性表达的引导，将评价重点放在学生对于虚拟猫多样化和创造性的想法上，并适时提供帮助。同时，虚拟猫作为每位学生独立完成的活动成果，让学生在完成学习目标时，了解自己的优势和不足，为学生提供自我评价和反思的机会，达成从失败中学习、富有韧性的创新思维心态的培养目标 |

## （二）案例二"音调和响度"

扫描二维码 8-2，阅读案例二"音调和响度"

# 三、新加坡初中阶段 STEM 课程的特色及对中国的启示

## （一）教学设计的自主定制化

新加坡教育部赋予各所初中执行 ALP 的充分自主权，因此初中可以根据学校的师资、文化氛围以及生源特点，开发独具特色的 ALP 课程。因此，ALP 的具体实施具有浓郁的校本特色。以新加坡群立中学（Greenridge Secondary School）为例，该校参照布鲁姆教育目标分类理论中对人的认知划分的 6 个层次，即知道、理解、应用、分析、评价和创造，制订了学校的 ALP 教学框架和教学目标（李阳 等，2020b）。学校教师基于校本特色的 ALP 教学框架，对 ALP 课程进行自主定制化。这种教学设计的自主定制化，有助于 STEM 任课教师基于学校资源和学生特点，循序渐进地推进创新思维培养。

## （二）注重思维方式的培养

研究表明，有关社会性问题的解决、项目式创意任务的计划和执行训练，对创新思维的训练往往非常有效（李尚之 等，2017）。许多创新思维的训练方法已经得到开发和广泛应用，比如六何法、奔驰法等。这些方法各有特点、

各有侧重，有的方法注重激发灵感，如头脑风暴法；有的方法注重逻辑推敲、捋清思路以形成解决方案，如思维导图法；有的方法则注重利弊分析以对现有方案进行改进，如奔驰法。在前文对新加坡初中阶段 STEM 教育的分析中，尤其是应用学习项目和设计与科技课程的分析中，可见到对这些思维工具的训练和使用，而不仅仅局限于知识的学习和掌握。

## （三）高等院校及社会的参与

学校的 STEM 课程可以增强学生对于科技的好奇心、提高学生对科技的兴趣，有利于促进学生创新思维的全面发展。但是初中阶段学校能够提供的资源和平台比较有限，教师对于科研的理解往往也比较有限。新加坡的 STEM 教育在教育部的统筹管理下，为高等院校和企业参与初中阶段 STEM 课程提供了很多机会。新加坡的 STEM 创新思维教育大力推动在校生积极了解社会需求，同时鼓励社会资源进入学校指导学生成长，积极推动本土化企业和高校与初中的交流、互动与合作。在此过程中，通过"家长支援小组""家长教师协会"等家校合作组织推动学校课程在家庭中的有效实施。这种家庭、学校、企业、机构与相关专业人士的共同指导与合作的方式，在新加坡已经非常成熟，也是世界各国教育改革、创新的努力方向。学习不只是在课堂内封闭式的学习和考试，而更应该是思考如何将知识整合创新并回馈社会。从教育评价的角度来讲，应该邀请各领域专家学者及时介入，为初中阶段教育提供更加多维度和专业性的评价。

## 本章小结

新加坡初中阶段的课程侧重于多学科的知识融合，学科覆盖面极为广泛。

设计与科技课程作为新加坡 STEM 教育初中阶段的代表性课程，其教学大纲体现出明显的交叉学科特征。此外，初中阶段的课程主要是通过小组合作的方式来开展教学活动的。在设计与科技课程的各个教学案例中，课堂中都设置了小组合作、成果展示或同伴评价等交流环节。

在初中阶段的课程中，教师的责任是在教学中为学生提供各种基本的创新思维工具和方法，引导学生掌握创新思维的技巧。例如，在"虚拟猫"的案例中，学生可以利用 PIES 分析法，分别从生理上、智力上、情绪上、社会上四个方面进行需求分析。在教师的帮助和引导下，学生不仅能够熟练掌握专业的学科知识，而且能够具备在不同情境下有效利用思考策略的能力，为学生在高中阶段使用创新思维工具奠定坚实的基础。新加坡高中阶段的 STEM 创新思维教育案例将同样精彩。

## 本章回顾与反思

1. 设计与科技课程大纲中用到了哪些创新思维工具和方法？它们可以运用在你的日常教学中的哪些环节呢？

2. 试通过 PMI 思维策略分析法，分析改用太阳能作为主要能源的可行性。

| 问题：许多大城市发电资源以煤和核能为主，使用再生能源的比率非常低。我们应该改用太阳能作为主要能源吗？ | | |
|---|---|---|
| P（正向的） | M（负向的） | I（有趣的） |
| | | |

3. 你的学校有类似 Micro:bit 的创新思维工具吗？你是如何利用和推广的？

# 第九章 新加坡高中阶段STEM创新思维教育与案例

新加坡高中阶段 STEM 课程纲要

新加坡高中阶段 STEM 创新思维教育案例

新加坡高中阶段 STEM 课程的特色及对中国的启示

与小学和初中阶段相比，新加坡的高中阶段STEM创新思维教育体现了更加鲜明的项目化学习特色以及更深的知识维度。本章我们从分析新加坡高中专题作业和科学研究项目两门课程入手，深度剖析一个新加坡高中阶段STEM课程案例，帮助读者理解新加坡高中阶段STEM创新思维教育中成熟的项目化学习体系、分割任务群实施创新教学、世界一流的合作体系和展示平台等特色，为中国高中开展创新思维教育提供借鉴。

本章学习目标：
- 了解新加坡高中阶段STEM教育的组织形式。
- 读懂新加坡高中阶段STEM中专题作业的典型案例。
- 了解新加坡高中阶段STEM教育的特色及对中国的启示。

# 一、新加坡高中阶段 STEM 课程纲要

新加坡高中阶段教育也称大学预备教育（Pre-University Education）。经历了初中阶段教育之后，大部分的学生将进入高等教育中心，即理工学院和工艺教育学院学习。而其余的初中毕业生进入大学预备教育，其中大部分学生最后将进入大学学习。提供大学预备教育的大学预备课程教育中心（Pre-University Center）分为两种：初级学院（Junior College）和高级中学（Centralised Institute）。目前新加坡共有 16 所初级学院、1 所高级中学和多所初中提供大学预备教育课程。经过两年或者三年的高中阶段教育后，学生将参加剑桥高级文凭考试（GCE A-Level）并以剑桥高级文凭进入大学。

初级学院和高级中学的学生可以在理科和文科两种类型的课程中做出选择，除了文科和理科外，励仁高级中学是唯一提供商科课程的大学预备课程教育中心。学生均要求修读 3 门剑桥高级文凭高级副修科目（H1）和 3~4 门剑桥高级文凭高级主修科目（H2）。此外，对于学有余力的学生，可在大学预备课程教育中心的推荐下选修高级深化科目（H3），高级深化科目的难度较高，部分内容是大学的知识，且往往在其他课程的时间之外进行。高级副修科目（H1）包括以下课程：

- 英文理解与写作（general paper）。
- 专题作业（project work）。
- 母语（初中高级母语成绩优异者可以不修）。
- 一门跨课程科目（理科学生必须修读一门文科科目，文科学生必须修读

一门理科科目）。

而高级主修科目（H2）则根据理科和文科的不同，包含以下课程：

● 理科：数学、物理、化学、生物、计算机。

● 文科：知识探索、英文、英国文学、历史、地理、经济、戏剧研究、美术与设计、音乐、华文语文与文学、马来语文与文学和泰米尔语文与文学、中国通识（英）、中国通识（华）、印度通识、外语。（Ministry of Education Singapore，2023）

## （一）专题作业

专题作业在 1999 年被引入新加坡的学校教育体系，最初目的是让学生为知识型经济带来的挑战做好准备。经过 20 多年的发展，最新课程大纲指出，课程目标旨在为学生提供从不同领域的学习过程中提炼、合成知识，并将其创造性地应用在实际生活中的机会和经历。课程主要培养四个方面的能力：

● 知识运用（knowledge application）。

● 交流沟通（communication）。

● 合作互助（collaboration）。

● 独立学习（independent learning）。（Ministry of Education Singapore，2022）

学生将以小组的形式完成专题作业，每个小组有 4~5 名成员。各小组将被要求在 28 周内（总计时长为 60~75 小时，即每周 2.5 小时左右）完成确定项目重点、分析并评估收集的信息材料、准备一个口头展示、撰写报告以及撰写剖析反思等内容。最终基于撰写的报告、剖析反思和口头展示，从知识运用和交流沟通两个方面对学生进行评估。具体的要求如下：

### 1. 书面部分

报告：每个小组要求提交一份书面报告，以阐述该小组所完成的任务。该部分将对整个小组的知识运用和所记录的交流沟通进行评估，最后给该小组一个整体的分数。

剖析反思：与报告不同，每个学生都要求提交一份剖析反思。基于这份剖析反思，教师将对学生在参与专题作业过程中分析和评估想法的能力进行评定，并给每一位学生一个单独的分数。

### 2. 口头部分

每位参与专题作业的学生都将得到一次面向观众口头阐述自己承担的工作并回答相关问题的机会。该部分将从团队和个人两个维度对学生进行评价：根据团队在口头部分中表现出来的组织能力和连贯性，团队将得到一个团队分数；而基于展示过程中学生是否能清晰地呈现自己的想法以及能否吸引和调动观众，每位学生将得到一个个人的分数，每个部分的分数有不同的权重（见表9-1）。

表9-1 专题作业评分权重

| | | 团队分 | 个人分 | 总计 |
|---|---|---|---|---|
| 书面部分 | 报告 | 40% | — | 40% |
| | 剖析反思 | — | 10% | 10% |
| 口头部分 | | 11% | 39% | 50% |
| 总计 | | 51% | 49% | 100% |

## （二）科学研究项目

科学研究项目（Science Research Programme）是新加坡国立大学理学院与新加坡教育部的一项合作计划，旨在为表现出科研兴趣和能力的学生提供参与科研项目的机会。该项目面向初级学院一年级、高中二年级以及直通车五年级的理科学生。参与者将在新加坡国立大学及其他研究院所的科学家和工程师的指导下参与生命医药科学、化学物理科学以及工程学等不同方向的科研项目。科学研究项目的目的在于：

- 鼓励学生进入科技界从事科研项目；
- 通过对科研探索的沉浸式体验，达到对研究内容、方法、文化以及精神的初步体验；
- 使学生能够独立、负责任地投入到研究工作中。

科学研究项目的时间线见表9-2。对科学研究项目感兴趣的初级学院一年级、高中二年级以及直通车五年级学生应该先注册一个能力测试并申请参加在4月份举行的研究方法学习。在最后的评价阶段，参与者将在来年2、3月通过答辩展示各自的研究成果，并在4、5月的科学研究会议中进行海报展示。学界的专家将组成评委会对答辩和海报展示进行评估，成功完成研究课题的参与者将获颁证书。

表9-2　科学研究项目时间线

| | 初级学院一年级 | | | | | 初级学院二年级 | | |
|---|---|---|---|---|---|---|---|---|
| | 4月 | 5月 | 6月 | 7—10月 | 11—12月 | 1—2月 | 3月 | 4—5月 |
| 研究方法模块 | | | | | | | | |
| 学习研究方法模块 | ■ | | | | | | | |
| 提交研究计划表格和合同承诺书 | | ■ | | | | | | |

| | 初级学院一年级 | | | | | 初级学院二年级 | | |
|---|---|---|---|---|---|---|---|---|
| | 4月 | 5月 | 6月 | 7—10月 | 11—12月 | 1—2月 | 3月 | 4—5月 |
| 指导学习 | | | | | | | | |
| 项目具体化、状态确认及注册 | | | 项目具体化 | | 状态确认及注册 | | | |
| 实验、数据收集、分析及总结 | | | | | | | | |
| 提交进度报告以及科学论文 | | | | 进度报告 | | 科学论文 | | |
| 科学研究会议 | | | | | | | | |
| 准备答辩和海报展示 | | | | | | | | |
| 答辩和海报展示 | | | | | | 答辩 | | 海报展示 |

# 二、新加坡高中阶段 STEM 创新思维教育案例

我们以专题作业——"新加坡青少年网络游戏探究"为例，分析新加坡高中阶段 STEM 中的创新思维教育。该专题作业的基本事件线见表 9-3。

表 9-3　专题作业"新加坡青少年网络游戏探究"案例详情

| 时间 | 环节主题 | 目标及内容 |
|---|---|---|
| 第 1 学期第 4 周 | 初步研究 | • 加深对研究的理解<br>• 理解研究在专题作业中的重要性<br>• 了解各种信息资源（书籍、报纸、杂志和互联网等）的使用及注意事项<br>• 了解谷歌搜索的基本用法和高级用法 |
| 第 1 学期第 8 周 | 提出初步想法 | • 了解如何提出有见地的想法<br>• 熟悉奔驰法及如何利用奔驰法提出创造性想法 |
| 第 1 学期第 10 周 | 初步任务分析 | • 分析某行为对经济策略、城市规划、科技发展或者家社关系造成的影响<br>• 分析行为管控对个人、家庭、社会、政府、科技、旅游迁徙以及信息交流等方面的作用 |
| | 想法检查清单 | • 对所选题目及其合理性进行分析<br>• 对项目的目标结果进行分析<br>• 对想法的提出过程、计划书和展示进行分析和评估 |

| 时间 | 环节主题 | 目标及内容 |
|---|---|---|
| 第 2 学期第 5 周 | 制作团队计划书 | ●理解团队项目计划书的目的和重要性<br>●了解如何完成团队项目计划书 |
| | 提出最终想法 | ●确定想法及项目题目并提交 |
| | 团队计划书检查清单 | ●对团队计划书的合理性、执行细节以及预期目标进行评估和分析 |
| 第 2 学期第 6—7 周 | 实施研究 | ●如何进行起步和进一步系统的研究<br>●介绍研究过程中可能用到的资源 |
| | 提交书面报告 | ●提交两份纸质版和两份电子版报告 |
| | 口头展示和剖析反思 | ●准备口头展示并最终得到评估<br>●提交剖析反思 |

在德明政府中学提交的这份最终书面报告中，该团队对新加坡青少年参与网络游戏的现状进行了全面且深刻的剖析。首先，团队对青少年参与网络游戏这一行为的正面意义和负面意义进行了分析（见表9-4）。

表9-4　青少年参与网络游戏的意义

| | 直接意义 | 间接意义 |
|---|---|---|
| 正面 | ●提升青少年解决问题的能力<br>●释放压力 | ●提升劳动生产力<br>●降低犯罪率 |
| 负面 | ●社会参与感的降低<br>●损害身体健康 | ●沟通能力降低<br>●保健费用增加 |

报告同时对现存的解决策略的不足以及青少年的特点进行了分析，并基于这些分析提出了自己的计划书：一个活动和两个产品。计划书部分内容细节见表9-5。

表 9-5　计划书部分内容细节

| 名称 | 性质 | 短期 / 长期 | 目的 | 内容 / 特点 |
|---|---|---|---|---|
| Animado Crusade | 活动 | 短期 | 在避免降低社会参与感和损害健康的同时，提升解决问题的能力 | • 对 DigiMat™ 和 Sports for Scrubs 进行公开推广<br>• 在 5 天的活动期内，游戏参与者必须完成一系列任务以获取稀缺的游戏道具 |
| DigiMat™ | 产品 | 长期 | 在尽可能释放压力的同时，又能够最小化对身体健康的伤害 | • 一款紧凑的游戏地板垫，降低了空间需求，同时可以横跨多个游戏平台使用<br>• 通过 DigiMat™ 上的缓冲键对游戏人物进行控制，起到了锻炼身体的作用 |
| Sports for Scrubs | 产品 | 长期 | 最小化社会参与感的缺失和对身体健康的伤害 | • 一款以精通新潮科技的青少年为目标客户的应用<br>• 为用户推荐可能感兴趣的运动，为附近的体育设施提供指引，同时让用户可以找到拥有相似爱好的同伴 |

　　报告对产品的各项规格参数有着详细的描述，以 DigiMat™ 为例，该产品的俯视图及组成结构见图 9-1。泡沫层提供了减震功能，缓解了长时间站立过程中的压力。顶层的防水设计可以保护内部结构，同时内置冷却胶可以给用户提供清爽的脚感。该产品设置了 5 个缓冲键，可对应不同的功能并实现对游戏角色的控制。同时该产品可针对不同的游戏进行定制化设计，使该产品覆盖不同的游戏平台。在该产品的传感器层中可以内置计步器，记录用户每天在游戏过程中的运动量，并以此来计算每天消耗的卡路里，提醒用户关注健康问题。

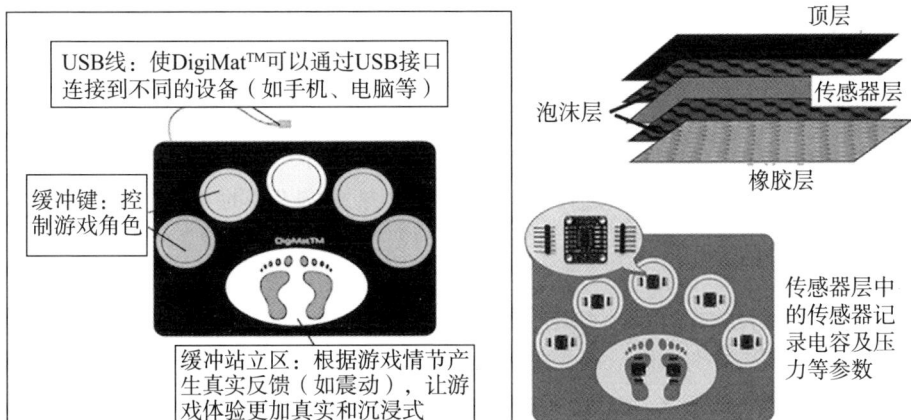

图 9-1 DigiMat™ 俯视图（左）；

结构组成图（右上）；传感器层俯视图（右下）

　　那么，如何推广这些产品呢？报告设计了 Animado Crusade 这一 5 天的活动来推广所涉及的产品和应用。报告就如何将游戏用户吸引到 Animado Crusade 主活动中进行了详细的描述，包括在各大游戏中内嵌推广游戏吸引游戏玩家，在推广游戏中提供游戏奖励（而最关键的奖励将会在 Animado Crusade 主活动中获取），设计有趣的游戏情节吸引游戏玩家参与等等。

　　在 Animado Crusade 主活动中，游戏用户将通过体验 DigiMat™ 和 Sports for Scrubs 这两款产品获得各种奖励和反馈，以此达到推广产品的目的。报告的最后对该计划的评价标准、局限性、可能产生的负面效果和解决办法进行了论述，并附上了详细的参考书目和资料。

　　报告全长 61 页，内容逻辑清晰且十分翔实。本书以新加坡高中专题作业的教学大纲、创造力 4P 模型和设计思维流程为依据，从课程目标、课程知识、课程活动以及课程评价四个维度进行评析，以表格形式呈现如表 9-6 所示。

表 9-6　专题作业"新加坡青少年网络游戏探究"评析

| 评析维度 | 案例分析 | 教学大纲分析 | 创造力 4P 模型分析 | 设计思维流程分析 |
|---|---|---|---|---|
| 课程目标 | 该案例基于对新加坡青少年参与网络游戏现状的初步分析，综合已有知识，提出了自己的构思和解决方案。同时，项目以 4 人小组的形式进行，在项目进行过程中，小组成员需要沟通交流产生想法，并共同撰写计划书和报告 | 符合新加坡高中阶段专题作业大纲的要求，大纲指出"为学生提供综合利用多种知识，创造性地运用在实际生活中的机会"的课程目标。同时团队模式也符合大纲对"使学生获得合作、交流、独立思考"的目标要求 | 创造力 4P 模型中对"创意个人"的培养要求课程过程中学生能够经历一系列过程，通过让学生接受挑战、交流合作等一系列过程，达到开拓思维、吸收他人的想法，增强创新能力，丰富自己的想法的目的 | 课程目标能够体现设计思维流程中的"定义问题"。该课程案例持续 2 个学期，虽然时间跨度较长但阶段性目标明确，不论是前期了解、中期分析还是后期项目评估和撰写策划书阶段都聚焦"青少年网络游戏探究"这一焦点问题，让学生有明确的目标并循序渐进对项目进行探索和反思，有助于培养学生的创新思维 |
| 课程知识 | 该案例中，团队运用了多学科知识：对新加坡青少年参与网络游戏的现状分析运用了社会学的知识，对产品的详细设计综合运用了材料学、人体工程学、计算机和电子学的知识，最后对于产品的推广运用了市场营销学的相关知识 | 符合新加坡高中阶段专题作业大纲的要求，大纲强调"为学生提供综合利用多种知识，创造性地运用在实际生活中" | 创造力 4P 模型中对"创意环境"的塑造是通过项目化学习，为学生创造跨学科知识融合的平台，从而激发学生的创造性构想与联想，并最终付诸创意性产品的设计和推广 | 课程知识能够体现设计思维流程中的"共情需求"。项目首先明确以青少年为研究主体，确定"为谁"这一焦点问题。然后在第一学期第 10 周初步任务分析主题中完成行为对经济策略、城市规划、科技发展或者家社关系造成的影响等，明确"为什么"这一焦点问题。从最终提交的书面报告中可以看出，团队学生对青少年参与网络游戏这一行为的正面意义和负面意义、现存的解决策略的不足、青少年的特点等都进行了剖析，学生能够掌握并运用"以人为本"的创新思维的态度 |

| 评析维度 | 案例分析 | 教学大纲分析 | 创造力 4P 模型分析 | 设计思维流程分析 |
|---|---|---|---|---|
| 课程活动 | 整个项目在专题作业科目主任的指导下进行，科目主任不直接参与项目的具体设计和实施，体现了以学生为中心的教学过程，也为学生提供了足够的自主学习空间。同时，项目以团队的形式进行，学生在推进项目的过程中相互交流、合作。此外，学生还需要动手设计产品，也培养了学生动手设计和实践的能力 | 符合新加坡高中阶段专题作业大纲的要求，大纲强调"交流""合作""独立思考"，并能够达到预期结果 | 创造力 4P 模型中"创意历程"的实践始于对问题的察觉及界定，继而通过心智活动，提出解决方案，最后经过验证、评鉴获得解决问题的方法。该案例中，学生通过对新加坡青少年参与网络游戏的现状进行分析，明确存在的问题，通过逻辑分析，提出了解决方案，并最终对解决方案的评估进行了详细的论述 | 课程活动能够体现设计思维流程中的"方案构思"。专题作业以 4 人的团队合作模式展开，培养以开放性的态度展开讨论、尊重他人和包容不同观点的创造性思维心态。在第 1 学期第 8 周，引导学生看到青少年网络游戏的问题并提出有见地的想法。第一学期第 10 周到第 2 学期第 5 周，分别对社会行为、行为管控、所选题目及其合理性、项目的目标结果、团队计划书的合理性、执行细节以及预期目标等内容进行反复分析和评估，打磨想法的提出过程、计划书和展示，培养了想象—行动—反思的创造性思维的能力 |
| 课程评价 | 课程的最终评价从个人、团队、书面和口头四个维度进行，在继续锻炼团队协作交 | 符合新加坡高中阶段专题作业大纲的要求，大纲的评价目标要求 | 创造力 4P 模型中对"创意产品"的要求，将新奇和有用作为创意成果的必要条件， | 课程评价能够体现设计思维流程中的"测试迭代"。第 1 学期第 10 周到第 2 学期第 5 周，学生对项目合理性、目标结果、想法的提出过程、计划书和展示 |

| 评析维度 | 案例分析 | 教学大纲分析 | 创造力 4P 模型分析 | 设计思维流程分析 |
|---|---|---|---|---|
| 课程评价 | 流的同时，也强调了个人的独立思考和表达空间。同时，书面和口头两个维度的考核，兼顾学生在报告撰写、观点表达两方面技能的训练 | "学生从个人和团队两方面展示自己将所学知识运用在项目中的能力" | 案例中设计的活动与产品不仅创造性地解决了现有产品的缺陷，同时对于解决现实生活中新加坡青少年过度参与网络游戏带来的弊病有一定的积极意义，符合"新奇的、有影响力、有价值或对社会有用"的标准 | 等内容进行分析和评估，不断改进想法后提出最终想法，为学生提供自我评价和反思的机会，达到从失败中学习、富有韧力的创造性思维的心态的培养目标，同时也提供了教师评估学生创造性思维的过程性依据。第 2 学期 6~7 周，设置有以口头展示和剖析反思为主题的展示环节，鼓励学生进行表达，同时对学生进行评价 |

# 三、新加坡高中阶段 STEM 课程的特色及对中国的启示

## （一）成熟的项目化学习体系

项目化学习，也称专题学习，即让学生基于某一项目，综合各类学科知识，

在合作或者独立的学习环境下，设计并实施一系列探究实践活动，并最终将探究实践成果进行表达、展示和交流的学习模式。新加坡高中阶段（大学预备教育）STEM课程，无论是专题作业，还是科学研究项目，都呈现出成熟的项目化学习体系的特征。学生自主选定研究课题，在合作交流的学习环境下，不断丰富课题内容，并最终将课程成果撰写成文进行展示。科学研究项目已经建立了成熟的高中——研究院所合作体系，参与合作的研究院所包括新加坡国立大学、南洋理工大学等世界一流高等院校以及新加坡科技研究局等研究机构。同时，新加坡也建立了成熟的评价体系，如在专题作业中，已经设置了各部分（包括书面部分、口头部分、团队部分、个人部分四个维度）的清晰权重。科学研究项目则设置了世界一流的展示平台（如新加坡科技工程大奖赛），学生将在这些重要的平台上直接收到来自学术界学者的反馈。

## （二）分割任务群实施创新教学

新加坡高中阶段专题作业中将项目分割为任务群的要求，对于中国义务教育语文课程标准实施中"学习任务群"的设计、实施及评价具有一定的启示。基于学习任务群的教学可以培养创新思维为目标进行专题内容设计，以锻炼学生创新实践能力为中心展开教学过程，利用在真实生活情境中的问题引导学生进行深度学习。以"新加坡青少年网络游戏探究"这一专题作业为例，在6周的教学过程中，教师每周会布置一个"任务群"（其中包括3~5项学习任务）。这些"任务群"并不是知识点、能力点的线性排列，而是以循序渐进的方式引导学生确定项目重点，分析、评估收集的信息材料，准备口头展示，撰写小组报告以及撰写个人剖析反思等学习内容。在评价方式上，"任务群"的教学方式将评价内容分为书面和口头两部分，其中书面部分包括团队计划书和个人剖析反思两个部分，口头部分从团队和个人两个维度对学生进行评价。这种以任务为导向，以学习项目为载体，整合学习情境、学习内容、学习方法和学习资源，引导学生在运用知识的过程中提升创新思维的基于学习任务群的教学，既体现出新加坡 STEM 教育的特点和传统，也顺应了国际教育发展的潮流。

## （三）世界一流的合作体系和展示平台

新加坡在仅仅 700 多平方千米的土地上拥有 6 所大学，其中，新加坡国立大学和南洋理工大学在 2023QS 世界大学排名中分别位列第 11 名和第 19 名，是当之无愧的世界一流综合性大学。美国、加拿大和欧洲的一些世界一流大学在新加坡设有卫星校园或者与新加坡的地方大学结成了紧密的合作伙伴关系。这些大学拥有世界一流的专家学者、实验平台和科研资源。它们通过与高中建立合作关系或者开设科学研究项目，为新加坡高中阶段的 STEM 创新思维教育构建了世界一流的合作体系。此外，由新加坡教育部牵头，各大高等院校和研究院所参与，组建了新加坡科技与工程博览会等世界一流的 STEM 创新思维展示平台。

## 本章小结

新加坡高中阶段课程侧重于知识应用。专题作业是新加坡 STEM 教育高中阶段的代表性课程，作为高考科目之一，该课程旨在为学生提供从不同领域的学习过程中提炼、合成知识，并将其创新性地应用在实际生活中的机会和经历。高中学生已经能够熟练使用创新工具和方法，教师只需要以"任务群"的方法布置任务，并提醒学生使用创新思维的方法和工具，锻炼学生的项目管理和独立学习的能力。

总而言之，新加坡通过小学、初中、高中阶段的课程设置，从兴趣培养、知识融合到知识应用，循序渐进地培养学生的创新思维能力，让学生形成全面的知识体系，养成良好的合作意识和沟通能力，拥有社会责任感，最终成为一名符合 21 世纪核心素养培养目标的现代公民。

## 本章回顾与反思

1. 你的学校有类似于新加坡高中阶段专题作业的课程吗？与专题作业有哪些异同点？

2. 专题作业"新加坡青少年网络游戏探究"是如何体现创新思维的教育成果的？

3. 读完本章内容，尝试以"任务群"的方法完成一份单元教学设计，看看学生的表现如何。

# 第十章 中国小学阶段 STEM 创新教育案例

创新思维推动学校管理创新——以石家庄瀚林学校为例

创意环境下科创教育的突破创新——以深圳市福田区新沙小学为例

创新校园文化下的创新思维教育——以深圳市福田区荔园小学为例

通过前面对新加坡STEM创新思维教育的学习，我们不仅从宏观层面了解了STEM教育体系及创新思维教育的顶层设计，还从微观层面理解了STEM教育中以学生为中心的教育理念以及教师的TRACK素养、课程设置等特色，对教学案例从教学大纲分析、设计思维流程等方面进行了评析。

　　在本章，我们将结合相应的理论知识，对中国案例进行学习和分析，通过3所有代表性的小学案例，介绍学校管理、4P教育理论的实践应用以及教学方式的变革等，了解创新思维的教授与应用，为学校管理者、一线教师提供可操作、可借鉴的工作方法。

---

本章学习目标：
- 认识创新思维如何帮助教师进行日常教学设计；有意识地挖掘和开发适合本校学生进行创新创造的机会。
- 了解深圳市福田区新沙小学STEM教育的规划；通过创造力4P模型分析该学校的STEM教育案例。
- 基于创造力4P模型分析深圳市福田区荔园小学的STEM教育案例。

# 一、创新思维推动学校管理创新
## ——以石家庄瀚林学校为例

具有创新思维的教师可以结合教学内容灵活转变课堂教学方式，提升学生的积极性；具有创新思维的领导者可以改进学校管理，推动学校的创新教育。阿马比尔（Amabile，1996）确定了激发创造力的工作环境的特征：自主自由的氛围、富有挑战性的工作、适当的资源、支持性的主管、多元沟通的同事、充满认可与合作感且支持创造力的组织。从中可以看出，学校管理的支持对于教师的创造力激发起着十分关键的作用。本章将从基于创新思维的学校管理创新入手，来阐述创新教育在石家庄瀚林学校（以下简称"瀚林学校"）管理中的应用，以及这种管理体制对于学生发展的促进作用，扫描二维码10-1和10-2，了解瀚林学校的简介及管理制度细则。

扫描二维码 10-1，
观看瀚林学校简介视频

扫描二维码 10-2，
了解瀚林学校管理
制度细则

## （一）创新思维在教学中的具体应用

林崇德（2010）先生认为，在创造性的教育中"人人都有创造性，创造教育要面向全体学生"。本节收录了瀚林学校三个跨学科创新教学的案例，对课堂每个环节都提供了详细而具体的教学设计，让教师拿来即用。这三个教学设计让学生参与课堂、动手去玩，旨在激发学生的好奇心，鼓励学生用学到的知识去解决问题，养成主动调查的好习惯。在教学中，课堂情境化、思维可视化、知识多样化是创新课堂最显著的特点。

### 1. 让课堂情境化

对于低年级学生来说，创新思维的培养至关重要，可以给学生创设一个情境，让学生亲身参与其中。在"丛林探险"案例中，教师创设了去丛林中探险的情境，学生选择角色进行扮演，在活动过程中培养学生梳理问题、解决问题的能力。此外，在教学过程中，不断给学生提供开放式选择（例如，获取宝藏的途径，是应该团结合作，还是付出代价得到宝物？），表演情境中的每一次的选择，都是一场思维的冒险，培养了学生从不同角度看问题的思维意识。

**教学案例一**[①]

课程名称：丛林探险——戏剧体验课程

学生群体：一年级学生

设计流程：

（1）设置挑战目标

　　和学生一起去"丛林探险"，寻找宝藏。

（2）头脑风暴——出发前需要准备什么

　　学生以合作小组的形式迅速讨论，讨论结束后派代表阐述。

（3）行为判断——你需要把你想到的东西放到背包里

　　背包容量有限，需要学生依据准备物品的优先级进行讨论，然后做出取舍。

（4）寻找帮手——确定扮演的角色

　　你觉得和你同行的伙伴都会有谁？你要扮演谁？（学生以思维导图形式来梳理思路）

（5）走进森林——开始探险

　　每遇到一个情境，学生需要做出相应的反应，并且在情境中做出合理

---

① 教学案例一作者：焦石，工作单位：石家庄瀚林学校。

的选择。

```
                    ┌──────────────┐
                    │   走进丛林    │
                    └──────────────┘
                           │
              ┌────────────────────────┐
              │  想象丛林的气候和温度   │
              └────────────────────────┘
                           │
        ┌──────────────────────────────────┐
        │  走过小溪，科学家捕捉昆虫做标本   │
        └──────────────────────────────────┘
                           │
           ┌─────────────────────────────┐
           │   马蜂飞来，只能逃跑……      │
           └─────────────────────────────┘
                           │
          ┌──────────────────────────┐
          │  遇到挡路的岩石，怎么办？  │
          └──────────────────────────┘
                           │
      ┌──────────────────────────────────────┐
      │  大力士移开岩石，但是一个人的力量不够  │
      └──────────────────────────────────────┘
                 │                    │
     ┌────────────────────┐    ┌──────────────┐
     │   大家合力克服困难   │    │   放弃返回    │
     └────────────────────┘    └──────────────┘
                 │
     ┌────────────────────────────────┐
     │  继续前进，遇到在打瞌睡的老虎    │
     └────────────────────────────────┘
                 │
        ┌──────────────────────┐
        │  轻手轻脚地绕过去……    │
        └──────────────────────┘
            │              │
  ┌──────────────────┐  ┌──────────────────┐
  │  有队员被树枝划   │  │  大力士太累了，    │
  │  伤了，需要救治   │  │  瘫倒在树荫下      │
  └──────────────────┘  └──────────────────┘
            │
  ┌────────────────────────────────────────┐
  │  深入丛林内部，看到了洞穴，离宝藏越来越近！ │
  └────────────────────────────────────────┘
            │
  ┌──────────────────────────────────────┐
  │  遇到了两个守护财宝的女巫，你们会怎样选择？ │
  └──────────────────────────────────────┘
         │                        │
  ┌──────────────┐          ┌──────────────┐
  │ 只要勇敢，坚  │          │ 留下一个人，  │
  │ 持就会看到希  │          │ 我就带其他人  │
  │ 望，找到宝藏  │          │ 去找宝藏      │
  └──────────────┘          └──────────────┘
```

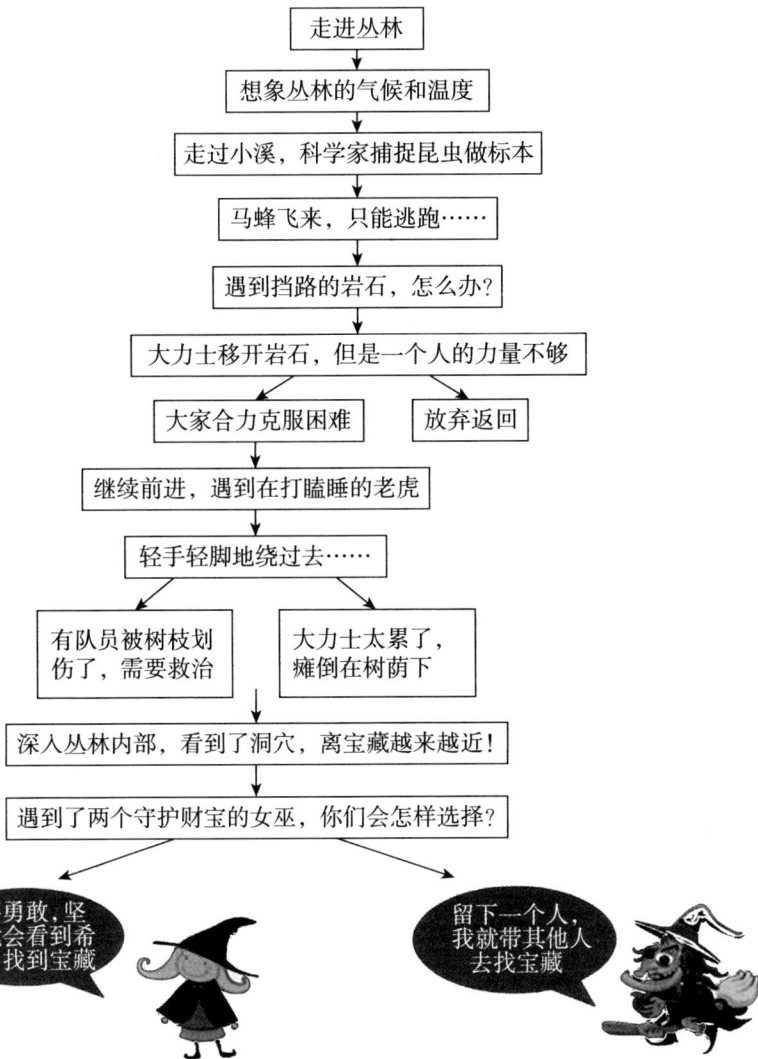

## 2. 让学科知识交融

STEM教育作为一种新的教育理念和模式，要求在中小学（甚至是幼儿园）从教的教师必须转变自己的教育理念，突破传统的过于强调以学科知识教学为核心的教育模式，更加注重教会学生运用多学科知识、以创新思维解决现实问题的能力，进而逐渐带动我国基础教育更加适应未来科技发展的需要（826 全美，2018）。为了让学生有一双善于发现的眼睛，培养学生成为既有创造思维，又能够解决实际问题的人，教师将教学与故事有机融合，把科学、技术、工程、数学有机结合，打通不同学科之间的内在联系，进行了跨学科教学的探索与尝试。

**教学案例二** [①]

课程名称：属于我的动物园！

学生群体：六年级学生

设计流程：

（1）动物园整体规划

现在，你们要以小组为单位，建设一所动物园啦！你们有部分启动资金，可以用它购买土地、建筑材料（3D打印材料及设备）和商品/服务（可购买其他小组的各类成品方案）等。请你们细心筹划，合理分工，做好有关动物园的一些工作。你一定准备好迎接挑战了！

①在哪里建动物园呢

以头脑风暴的形式写出建设你的动物园需要的条件，列出尽可能多的因素，你可以标记出你认为最重要的几项，以此为参照，为动物园选址。

讨论过后，由各小组代表阐述其所关注的选址要素，并简述原因。随后，教师为学生展示出我市城市地图（见图10-1），在地图中有5处或以上备选地块。各个地块的条件要素指数各有不同，如A地块交通条件80、生态指数50；B地块交通条件60、生态指数70……以此类推。另有大学城、产业园、住宅区、商业区、文娱区等干扰因素分布于图上，要求学生综合考虑各地做出选择。

---

① 教学案例二作者：王孟钰、刘佳茗，工作单位：石家庄瀚林学校。

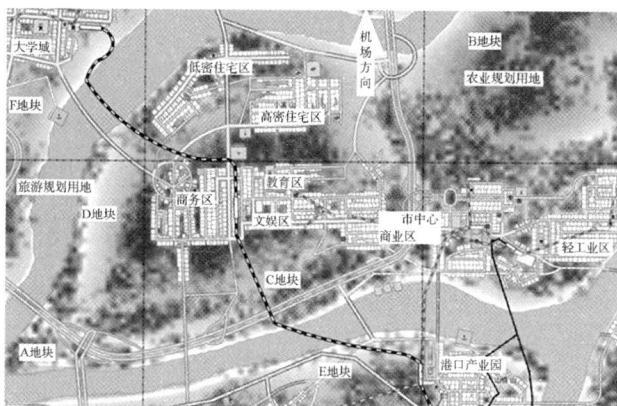

图10-1 石家庄市部分城市地图

（考察查阅地图的能力，了解道路情况及公共交通设施。学习物流供应、人力资源、水电能源供给等相关知识。）

②你的动物园会有哪些动物

在这里，你可以根据选址来选择适宜当地环境的动物，也可以选择更多的动物，在后期为动物搭建适合它们的场馆哦！请利用网络、图书馆等资源搜集资料，了解该动物的类别、习性、栖息地等知识，为每种动物制作名片！名片请用坚固的硬纸来制作，后期会在沙盘上进行展示。

③请规划你的园区

根据所选地块的情况、动物种类及物种分区，划分出动物园主要区域的分布情况（除去禽类区、爬行馆、水族馆、狮虎山等动物场馆，别忘了还有必要的服务区哦！你也可以设计孩子们最喜欢的游乐区，这样就更吸引人啦！）。你需要细致地规划出入口及园区道路等，并规划好各个区域的占地面积及道路排布，这里你要用数学中的几何面积知识认真计算哦！

④给你的动物园设计独特的视觉标志

你的动物园由你做主！你可以查阅建筑书籍，选择你喜欢的建筑风格，中式亭台楼阁或者西式宫殿建筑皆可！甚至你可以有更大胆的创意，设计你自己心目中的建筑。你也可以让某种特定的东西成为你的独家标志！如园区统一的色调，对了，别忘了设计一个园区吉祥物！让可爱的卡通形象为你招揽更多的游客！

⑤让你的设计真实呈现吧

请你完成园区的沙盘制作，你可以利用3D打印完成园区模型，也可以利用纸板、木片、牙签等制作建筑。希望你的沙盘尽可能地呈现你设计的建筑样式，且与规划的园区分布及比例情况保持一致。

（2）动物园运营筹备

①制定票价

了解我市的平均工资情况，市民月生活开支及可支配收入情况。可以由教师介绍一些民生相关的基本经济学概念如恩格尔系数、基尼系数等。作为扩展内容可引导学生进行动物园的成本回收情况推演，例如，在给出前期成本、运营维护成本、客流、收入、分红、纳税等情况之后，要求学生计算出园区开办后各年的成本回收预估值。

②设计你的动物园活动日历

为了给动物园吸引更多的游客，你要尽可能多地设计时令活动，比如针对小朋友们的六一儿童节亲子周、宣传动物保护的珍稀野生动物展、十一黄金周期间的马戏节、元宵节的灯光秀等。请你们开动脑筋，尽可能多地提出方案，最终根据操作难易度与活动趣味性，确立不少于12个特色活动，并制作活动日历。

③制作动物园宣传方案

请根据你设计的动物园的特色，撰写广告宣传文案，要写得吸引人哦！根据你的目标群体，最终确定投放方案。再根据其所选方案和教师给出的回报系数计算出广告宣传的投入产出比，使用函数（见图10-2）寻找最合适的宣传方案和资金投入量。

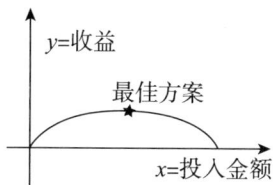

图 10-2 投入金额与收益函数图

④动物园募股大会

在此环节，你要将上述的各类方案整合，提炼出亮点部分，制作成课件对家长和教师汇报。在汇报中，你要以演讲、展示数据及展示沙盘模型的方式，阐述自己的设计思路及理念，吸引家长及教师手中的"投资"。

（3）行动起来，保护"刀锋鳍士"

教师"创新地教"，是为了让学生"创新地学"。教师如何把创新教育应用于多学科实践，开展创造性课堂；如何调动学生的积极性，培养学生的创新思维：这是教师们需要不断探索解决的问题。此案例详见二维码 10-3。

扫描二维码 10-3，了解保护"刀锋鳍士"案例

## （二）创新思维在学生创新实践中的应用

学生创造思维的形成离不开学校自上而下的管理，离不开生机盎然创意无限的课堂。在学校领导创新型管理模式的影响下，学校从物理空间环境到人文氛围都从使用者角度出发，为师生打造良好的创意环境，在多种有利于教师专业发展的政策制度下自然形成了一支富有创造力的教师队伍，在每一堂课中学生都能进行创新思维学习和训练，好奇心驱使下的"小点子"在教师引导下即可变成解决实际问题的"金点子"。

在瀚林学校，教师尊重每位学生的"突发奇想"，耐心地听他们讲述自己的发现，讲解他们的"草图"，在交流过程中学生的思路越发清晰，方向更加明确。课堂、教室、走廊、操场、餐桌旁随时随处都有师生交流、生生交流的场景，每个"主角"的眼睛里都闪烁着兴奋的光，他们越聊越兴奋，越交流越自信。下面我们将通过了解学生在发明"ihandle 开关窗神器"的实践过程来看看创新思维是如何帮助学生解决实际问题的。案例详见二维码 10-4。

扫描二维码 10-4，了解"ihandle 开关窗神器"案例

本节以具体的案例介绍了石家庄瀚林学校开展 STEM 教育的过程中应用创新思维开发出适合本校的方法和措施。比如，在教学管理中如何创造性地分配"权责利"，提升职能部门工作效率？在教师培养方面如何开发适合学校教师的培训课程体系？教师如何创新地进行备课和教学？学生在学校如何学会创造性地解决实际问题？这些就是创新教育工作的日常，是否对你的教育教学工作有所启发？让我们一起思考，一起进步！

# 二、创意环境下科创教育的突破创新
## ——以深圳市福田区新沙小学为例

深圳市福田区新沙小学（以下简称"新沙小学"）是一所创办于清末民初的百年老校。新沙小学的独特校园文化植根于创新教育，紧跟前沿科技项目，继承并不断完善学校的科创教育传统，不断实现新发展，迈上新台阶。学校以人工智能（AI）和创新思维培养为创新突破口，用 AI 赋能教育，培养学生的创新思维，引进相关人才从事专职科学教学工作，成立创新教师团队，并给予大力的支持和鼓励。学校的有关支持政策潜移默化地化为学校中层的支持行动，教师在进行创新教育的教学时得到的不仅有政策支持，更有资源支持。

## （一）学校管理与规划

学校创意环境是培养创意学生的土壤，肥沃滋润的土壤是产生创意学生的前提。在第二章的论述中，我们已经清晰地知道创意环境不仅包括物理环境，也包括学校管理者和教师为学生创建的人文学习环境。首先我们先扫描二维码 10-5 从学校管理角度来了解新沙小学的相关历史和政策。

扫描二维码 10-5，
了解新沙小学的
历史与政策

## （二）创意学生培养过程

扫描二维码 10-6，了解从课程体系建构、"四点半"活动、创客活动开展和创意产品专利授权四个方面阐述创意学生的培养过程。

扫描二维码 10-6，
了解创意学生培养过程

## （三）基于创造力 4P 模型的案例分析

接下来，我们将针对具体案例进行分析说明。第一个案例是新沙小学信息技术老师闫李洁带领三至五年级 580 名学生所做的项目化学习研究。

### 1. 疫情背景下，编程与多学科完美融合的实践思考

课程名称——编程猫 ①

突如其来的新冠肺炎疫情席卷全球，为了响应国家"停课不停学"的号召，全学校组织线上教学，师生"隔空相见"。对于信息技术学科来说，这种教学

---

① 该案例由深圳市福田区新沙小学闫李洁、王亚琼提供。

形式更能发挥其学科的特点和优势，在选择课程方面，我们积极地进行探索，认为编程教育的游戏化、可视化以及像搭积木一样的界面更能吸引小学生，这也符合方案构思中的视觉思维工具，并能在过程中培养孩子的逻辑思维和创新思维。如何做到编程与多学科的完美融合，接下来将从课程设想、课程开发、课程实施、课程评价、课程反思五个方面进行阐述。

（1）课程设想，激发探索

经过对学情的分析得知，新沙小学学生对编程猫是零基础，只有少部分学生学过 EV3 编程。小学生好奇心强，再加上特殊时期居家学习，有家长的支持和辅助，因此我们面向三至五年级学生组织报名，共有 580 名学生参加编程学习。我们把这些学生分为六个班，建立了两个微信群进行线上答疑，希望通过学习，让学生对编程产生兴趣，培养学生的计算思维和创新实践能力。

（2）课程开发，激发兴趣

编程猫课程共分为 10 节，课程的开发本着"以人为本"的理念，与国家课程标准相结合，从项目化学习入手，将信息技术与数学、音乐、科学、美术、体育等学科相结合，激发学生的好奇心，培养学生全面发展的综合能力，激发学生对编程的兴趣，培养应用知识的能力。课程详见二维码 10-7。

扫描二维码 10-7，阅读编程猫项目课程

（3）课程实施，激发实践

线上教学过程中存在以下几个问题：一是老师和学生隔着屏幕，不能像常规课一样当面看得清楚，实时反馈不够；二是网络会带来不确定因素，有时候网络很卡，导致教学效果差；三是师生互动有局限，没有常规课堂效果好。但线上教学也有其优势，比如能培养学生的自觉和自律习惯；有家长充分的参与和支持。

基于以上分析，确定了如下教学流程（见图 10-3）。教师在前期准备过程筛选网络微课、之后自己录制微课发送给学生，学生在自主学习阶段可以反复观看微课，记录有疑惑的地方，学生自主提出问题；在学生学习过程中教师多与学生互动，多提问，让学生通过问卷星反馈课堂效果；教师在微信群里进行答疑；教师在年级和班级群中评选和展示优秀作业。

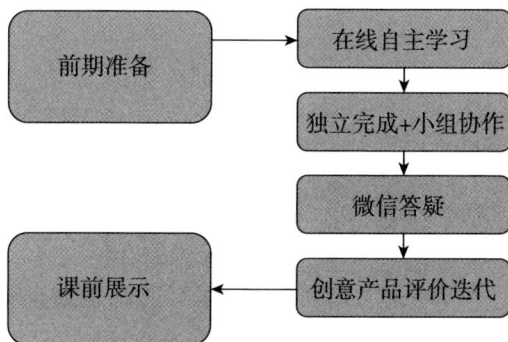

图 10-3 线上教学流程

（4）课程评价，激发信心

学生在学习过程中对编程越来越感兴趣，也有越来越多的孩子加入编程学习，并经常在微信群分享自己的作品。有家长反馈，孩子学编程越来越有劲，在老师的鼓励下信心大增，学生在看到自己制作的作品时，成就感大大提高，并愿意将作品分享给更多的人来欣赏。扫描二维码 10-8 查看学生的精彩作品。

扫描二维码 10-8，
查看部分学生作品

（5）课程反思，迭代提升

在编程猫学习平台，老师可以在后台看到并评价学生作业，学生之间也可以互相评价。评价方面能够做到及时反馈，做到教师评价和学生评价互相结合。

线上教学中，让学生自己观看视频，不仅能够提高他们的自学能力和自律性；同时也能够激发灵感。家长的支持配合也为学生创新制作作品提供支持。

学生对编程学习非常感兴趣，在学习过程中，学生们收获了成就感和快乐，同时奠定了编程学习的基础。在接下来的课程中学生还将继续在编程中探索学习，并最终创造出一个属于他们的世界。

（6）本案例的亮点

在数字化时代完成疫情背景下的线上线下结合教学。结合线上教育实现编程与多学科的融合，综合国家基础课程，开展一系列有助于培养学生计算思维和创新实践能力的课程。

充分发挥信息技术教师在 STEM 课程教学中的作用。整个课程教学都基于线上教学平台，信息技术老师整合多学科设计课程，以学生为中心，安排各小组合作创新，自主发现问题、解决问题。教师通过问卷星等线上调研工具，了解学生对课程的掌握程度，并评选和展示优秀作业，最终完成任务评价。

创意产品的创新呈现形式。学生最终的成果以二维码形式呈现，可分享至更多群体，接收更多意见和建议，以进一步迭代完善作品。

## 2. 科学课堂创新思维教学案例

学校的物理环境是提升孩子创新思维培养的第一步。新沙小学新校于 2021 年 2 月正式入驻，其开放的建筑设计如"打开的盒子"（见图 10-4），提供给孩子乐园般的环境，让孩子寓乐于学。

图 10-4　新沙小学创新环境展示

新沙小学的科学课堂创新思维培养思路指导着新沙小学的 STEM 创新思维教育。

课程名称：我们来做热气球

环节名称：让我们为哆啦 A 梦做一个热气球

将创新思维工具渗透于科学课堂的"项目化学习"教学中，以三年级案例"我们来做热气球"中，"让我们为哆啦 A 梦做一个热气球"为例开启访谈模式，访谈学生关于"空气到底发生了什么变化？""我们需要如何操作才可以让我们的玩偶哆啦 A 梦坐上热气球飞起来？"等问题的想法，访谈过程注意提问、倾听、响应学生的探讨。

（1）了解背景：KWH 表

使用 KWH 表以了解学生的背景知识，激发学生的兴趣和进行知识整理。（Ogle，1986）其全称为 Know-What-How，K：关于这个课题已知的内容；W：关于这个课题相应指导的内容；H：关于这个课题打算如何解决。教师通过一系列的驱动性问题，开展课堂教学。

（2）共情需求：访谈

教师寻访学生使用访谈法进行交谈，搜集质性研究的有用数据。所谓质性研究，其最基本的研究问题是：到底发生了什么以及如何发生的（事情的经过）？访谈的步骤详见第四章图 4-4。

（3）定义问题：五问法

在将 5 个为什么应用于根本原因分析之前，我们首先将班级分组。然后，我们分配一个协调人来管理团队成员之间的讨论。推动者角色确保流程从一个步骤移动到另一个步骤，并对每个阶段的结果进行深入分析。此外，教师需要确保讨论是有针对性的，讨论是在计划的时间框架内进行的。应用五问工具可以遵循以下步骤：

①定义问题

推动者定义并记录需要调查的问题，并准确地描述它，以确保所有团队成员都清楚地理解它。例如，哆啦 A 梦飞起来了。

②问"为什么"问题（见图 10-5）

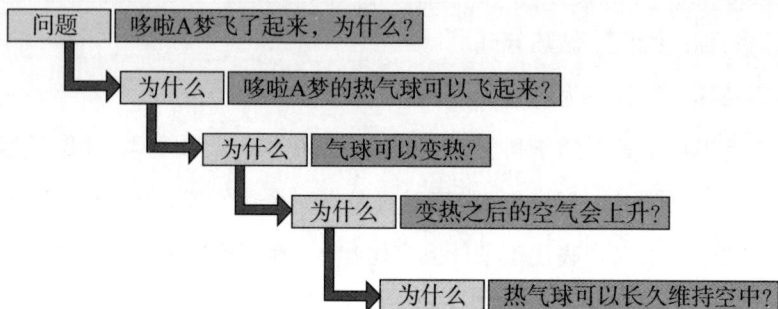

图 10-5　关于哆拉 A 梦如何持续飞起来的五问

③谈论结果——让学生经历低结构的讨论和探索

5 个"为什么"可以是上面例子中所示的一条路线，也可以是有多个原因的多个方向的路线。在上面的案例中，研究小组仅在四个"为什么"问题之后就得出了根本原因。结果是需要在系统中添加一个持续维持热源的装置。

（4）方案构思：头脑风暴法、六何法、奔驰法、六顶思考帽和 PMI 思维策略（具体过程可结合第四章内容分析）

头脑风暴：让学生围绕目标"在系统中添加一个持续维持热源的装置"畅所欲言地提出各种想法，彼此激励，相互启发引起联想，以便产生众多的"点子"，达到集思广益的效果。

运用头脑风暴法能激发学生思维的开放性，让学生敢于异想天开。参与头脑风暴将有利于学生养成延迟评价的习惯，使其包容他人的不同观点。对小组内而言，平等地畅所欲言、充分发表观点，也能营造创造性问题解决的氛围。

（5）原型制作：物理原型

将物理原型的制作作为创新作业布置下去，学生结合美术（绘画原型图纸）、数学（计算原型各部分比例）、语文（热气球上表达自己的思想）等，实现学科之间相互融合的跨学科项目化学习，此项目可以适当借助外部资源共同完成。

（6）测试迭代：原型评估（采用创造力 4P 模型）

测试迭代使用初步得出的产品原型或模拟环境来严格测试，判断问题是否得到解决，评估需求是否得到满足。在此过程中，常常发现一些想法需要修正或被重新定义，甚至发现新的问题。测试遭遇失败是很常见的，通过测试迭代环节培养学生正确认识失败、乐于拥抱失败的心态，激励学生不断从失败中分析改进，找到成功的正确路径。用户测试卡和原型评估是测试常用的方法。

以上是使用创新思维工具的课堂的 STEM 项目实施方案，更低年级的学生是否也可以使用创新思维工具进行创造力的培养呢？答案是肯定的，接下来，请扫描二维码 10-9 了解二年级科学"磁极间的相互作用"单元的课堂视频展示，与大家一起探讨如何结合国家科学教学大纲，同时利用创新思维工具对学生创造力进行培养。

扫描二维码 10-9，观看"磁极间的相互作用"单元课堂视频

通过上述课堂实践，我们可以看到创意教学法的使用是为了激发学生的兴趣。采用沉浸式教学，角色扮演科学小雷锋，设计一系列的问题，包括是什么、为什么（采用五问法创新思维工具）等，都在一步一步引发学生思考的兴趣。

新沙小学作为百年老校，有着自己的科创经验和基础，在教育大变革的时代，又进一步推陈出新，实现课堂教学的创新革命，相信新沙小学也会在未来的教育路上开疆扩土。

本节以具体的案例介绍了新沙小学开展 STEM 教育过程中应用线上和线下教授融合的方式，以引导学生思考为主，针对学生基础参差不齐的情况，教师作为项目工程师因材施教；同时结合国家课程标准进行课堂改革，以项目化学习为载体，利用创新思维工具，循序渐进地培养学生创新地利用课堂知识、创造性地解决实际问题；同时采用信息技术助力创意教师对创意历程、创意产品学习的评价，以及多方寻求创新意见，进而进行创意产品的迭代优化。这些就是创新教育工作的日常，是否对你的教育教学工作有所启发？让我们一起思考，一起进步！

# 三、创新校园文化下的创新思维教育
## ——以深圳市福田区荔园小学为例

若学校校园文化深耕创新教育，学校的有关支持政策将潜移默化成为学校中层的支持行动，那么，老师在进行创新教育教学时得到的不仅仅是资源，更有政策支持，如协调不同部门时会有助力，领衔创新教育试验项目的教师也会得到鼓励和肯定。

深圳市福田区荔园小学（以下简称"荔园小学"）STEM 教育的特点是横向覆盖广，表现为除了理科教师外，语文老师也设计和实施了 STEM 创新课程，这一点证明了 STEM 的师资多样来源的可能性和可行性，很有借鉴和参考意义；另一特点是纵深有拓展，将学生创新项目商业化，创新项目专利和商业应用是 STEM 创新教育中所讲的真实的项目、真实的应用。

## （一）学校 STEM 教育体系介绍

近年来，荔园小学在实践中探索。本部分将从宏观政策规划、教师团队建设、创意环境建设和教学资源、课程体系建构等方面进行阐述，详见二维码 10-10。

扫描二维码 10-10，
了解荔园小学 STEM
教育体系详情

## （二）案例分析

本节将主要围绕"吸雾器的设计与制作""智能小风扇"两个案例进行介绍和分析。

### 1."吸雾器的设计与制作"项目化学习活动案例 [①]

课程名称：吸雾器的设计与制作

**［引言］**

教育工作者要有长远的目光，为未来世界培养具有审辨思维、创造力、沟通和合作能力的优质人才做好准备,而项目化学习恰好搭建了这样的一个桥梁。下面，结合第四章内容，对案例"吸雾器的设计与制作"的设计思维中涉及的创新思维工具进行深度剖析。

**［项目实施过程］**

（1）以教材为支持，大纲为依托

在设计前，我们会从教学大纲中找到该年级的培养目标，再从教材中找到各学科中可以进行结合的点。每次选题过程都会很有意思，当你以为各学科的内容彼此关联不大时，却总能找到彼此之间相互关联的学习内容。以大纲为依托，确定教学目标，使教学有据可依，不仅有利于我们通过作品的完成来检验学生的学习情况，还可通过一般检测了解学生的能力是否达标。

（2）共情需求

在项目化学习的过程中，学生的想象丰富，思维发散能力强，但同时所确定的解决问题的思路可能会过大或过泛，所需要运用到的技术与现实技术有一定的差距。作为教师我们要发挥学生的主观能动性，尊重学生的想法，又要以成人的角度发现问题。于是我们确定了让学生来出题，老师对题目进行评估以

① 本案例由深圳市福田区荔园小学通新岭校区黄佳、深圳市福田区新沙小学王亚琼两位教师提供。

帮助学生完成选题这一模式。

我们将科学和语文课程接下来要学习的内容告知学生。学生确定了"磁悬浮列车""吸雾器""自动浇花器"等研究方向。学生提出项目研究方向后，全班一起投票，接下来团队老师对项目进行评估，从成品实现的可能性、成品所需成本以及关键技术性问题对这个年龄段的孩子有没有可能实现，同时在这些研究思路中，哪个更适合学生进行探究学习等角度入手，最终确定了"吸雾器"作为学习项目。

（3）职业自定位，团队共协作

在项目化学习活动中，我们希望学生对自己有职业领域上的定位，对自己从事的职业有初步的设想，因此先让学生做职业选择。接下来选择担任组长的同学从各职务中选择所需要人员进行组队。由于已经确定好了自己的职业，学生组队时就避免了为和朋友在一起而组队，更多的是为完成作品而进行组队，保证每个团队成员的特长能为自己的团队服务。为促进学生更好地坚持做好自己分内的事情，并能跟小组同学进行有准备的沟通，小组要签订小组公约，互相约束。

（4）项目设计思维过程

①定义问题

本项目的驱动性问题我们交给学生来设计。学生确定要制作吸雾器之后就开始思考我们需要完成什么样的学习任务，采用根源分析与因果图的工具，填写自己的问题记录单，形成一系列的"为什么"提问，最终形成问题。在记录单必须标注出自己的问题与哪个学科相关，以便于在课堂上完成相关的学习任务，而这些驱动性问题可以根据实际操作的情况进行删减。

个人问题提出之后，小组内要进行交流讨论。如果组内同学提出的问题是可以马上解决的，那组内同学可以互助解决。讨论的内容还包括问题的有效性，如果问题是无效的，要进行删减。

②方案构思

接下来，学生将带着问题回到课堂上来，完成课堂上的学习任务，并根据老师的要求完成课堂实验和作业记录单。实验内容由科学老师进行指导，学生独立完成。

学生主要完成与吸雾器设计原理相关的两个实验："水结成冰啦！""水珠从哪里来"。学生□□□□□□的水分冷凝，这两个实验对学生来说非常重要。通过实验初步预□□□□吸雾器所需要的实验零件，并进行小组讨论交流。不仅如此，结合语文学科的学习，学生还要完成实验记录单和实验报告。

接下来，由美术老师带着大家一起在课堂上完成产品设计。产品设计是个难点，因为在以往的一至三年级的美术课堂上，这种产品设计类的课程是没有的，大部分是绘画设计和手工类的课程，为此我们编写了对应的美术教材。老师从产品的外观到内部设计都进行了教学内容的编排，以帮助学生更好地完成设计工作。所有学生均要在课堂上完成自己的设计设想。最终小组讨论交流，集思广益，应用头脑风暴法，共同完成最终的作品设计。

③原型制作

学生根据设计草图开始准备各类零件，学生在课堂上用学习平板在淘宝上进行挑选，并做预算工作。预算是我们做项目化学习过程中特别强调的，我们希望孩子们能真实地了解一个产品从设计到产出的完整过程。接下来由小组内的会计人员负责采购，费用由小组成员共同承担。因为将空气中的水汽凝结是关键，所以组内同学先完成最核心的冷凝实验。在一个密封箱中运用自己的冷凝工具，对空气中的水分进行冷凝提取。老师只起到辅助指导的作用，在学生出现问题时或需要时给予意见。

④测试迭代

在产品完成之后，进行原型评估。首先老师提供加湿器，先测试能否将空气吸入吸雾器中，再测试吸入后的空气是否会凝结成水（见图10-6）。

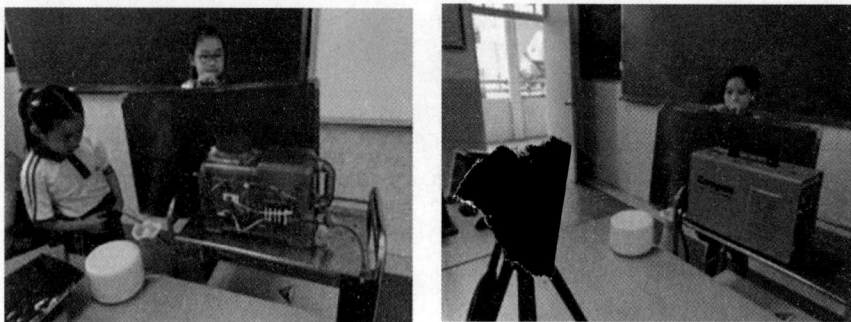

图 10-6　创意产品的测试和优化

如果产品出现问题，将在该阶段进行调整和修改。产品完成后，学生开始为产品发布会做准备。撰写宣传词，制作产品宣传海报。产品发布会我们邀请了学科老师和家长共同参与，并进行现场投票。

**［项目成效及反思］**

该项目与本学期学科知识相匹配，做了充分且有效的设计，打破了学科的壁垒，实现了学科间的联结互动。该项目在"福田区项目化学习活动展示"中获特等奖。

（5）项目亮点

①项目亮点一：以学生为主体

本次项目化学习活动充分调动了学生的积极性，学生参与度高，同时我们力求做到学生的事情学生做，做到以学生为主，从选题到职业选择，再到活动制作，除个别实验时间过长需要在家完成之外，其他所有的活动均在校内完成，家长只负责协助购买等相关事宜，不参与学生的设计与制作过程，整个过程反映了学生真实的思考与创作。虽然产品可能略显粗糙，但产品的重复性比较高，体现了学生的创新思维。在活动过程中，学生之间因意见不合或制作意向不明确等也出现了组内的矛盾，但由于有小组公约，所以大部分矛盾在老师的协调下都得以解决，小组合作的能力也越来越强。

②项目亮点二：重过程性评价

本次活动评价有教师评价、生生互评等多种评价方式，部分内容以评价量表的方式呈现。还有一部分内容，教师会给出评语，帮助学生了解实验过程中的相关问题或作品改进思路。

教师会提供评价量表让学生对工作中的问题进行评价、反思和自我调整，（见表10-1、表10-2）最后进行汇报。汇报时会请相关专家或学校老师在产品推广会上打分、点评。

表10-1　评价量表1：对设计图纸的终结性评价

| 评价项 | 1分未合格 | 2分达标 | 3分优秀 |
|---|---|---|---|
| 评价量表描述：从结构绘制、色彩搭配等方面评价 | | | |
| 内部零部件的绘制 | 未能看出基本零件 | 能看出基本零件 | 零件绘制准确合理 |
| 内部结构绘制 | 绘制过于简单 | 能合理摆放各零件的位置 | 摆放有条理、结构流畅、简洁大方 |
| 备注零件名称 | 无备注 | 有一部分进行备注 | 有介绍所有零件的名称 |
| 颜色丰富度 | 无上色 | 上色较为单一 | 颜色丰富 |

表10-2　评价量表2：对制作习作的终结性评价

| 评价项 | 1分未合格 | 2分达标 | 3分优秀 |
|---|---|---|---|
| 评价量表描述：从整体展示、语言表达、逻辑思维、设计思维等方面评价 | | | |
| 上传习作数量 | 仅上传一篇 | 上传两篇，但内容过于简单，习作字数未达标 | 上传两篇，习作字数达标，内容丰富 |
| 制作过程 | 制作过程不完整 | 制作过程完整，但过于简单 | 制作过程完整，能用表示顺序的词语 |
| 语言表达 | 用词简单，句子不通顺 | 用词单一，语句通顺 | 运用词语丰富准确，语句通顺 |
| 文章结构 | 文章结构不完整 | 文章结构完整，有头有尾 | 文章结构完整，有头有尾，分段落描述 |

特别是习作环节，科学老师给予了很大的支持。以往作为语文老师在写作的过程中，更多是对写作能力和细节上的一种指导，但是有了科学老师给予的意见，会使孩子们在写作时有更专业的态度。学生在以后的写作上也会有相应

的考量。

③项目亮点三：语文老师跨学科从事 STEM 项目

班主任语文老师致力于持续的理论学习，为自身充电，积极参加各类 STEM 相关培训，掌握了创新思维培养的工具，从知识、能力、技能、态度上，具备了培养创意学生的条件。尤其是作为班主任，黄老师对学生定位明确，与家长沟通密切，和其他科任老师更好协调，更有利于一步步培养学生的创新思维。黄老师从一年级开始就有意识地培训全班学生的创新思维。

④项目亮点四：创新使用创新思维工具

整个项目中学生学会一系列创新思维工具，包括直接研究方法、根源分析法、头脑风暴法、视觉思维、物理原型制作及原型评估等。

共情需求阶段，以民主票选的形式开展；定义问题阶段，采用根源分析法提问"为什么"设计思考，发现问题；方案构思阶段，签订小组公约，对学生进行有效的管理。整个项目涉及多个学科。在荔园小学领导的支持下，黄老师带领年轻教师团队（包括科学、美术、数学），利用头脑风暴法、视觉思维工具等，分别解决了工程技术能否实现等问题；原型制作和测试迭代阶段，解决了创意产品最终物化、成本核算等问题；测试迭代阶段，利用外部资源，在评价环节采纳有相关经验的家长的意见，得到深度有效的反馈。

⑤项目亮点五：多方合力协作

在三年级有效开展这样的项目化学习活动，并非一蹴而就，需要在一二年级就进行充分的准备。和学生做项目一样，老师也不可能独立一个人完成整个项目化学习活动，在这个过程中，学校对项目化学习的关注，对参与项目老师的工作支持也起到关键性的作用，包括给予老师们共同合作的空间，请有经验的老师进行相应的指导，为最终作品展示提供场地空间，邀请专家评审，组织老师参加相应的比赛活动，都对项目化学习的推进起到极为重要的作用。

因此，可以看出这个案例是一个完整的 STEM 项目教育实施的案例，可以从创意个人、创意历程、创意产品、创意环境四个方面来分析。创意个人是自上而下的，包括校长、部门领导的支持，黄老师自身对 STEM 项目的充电学习，以及各科任老师的积极配合；创意历程涉及设计思维工具的使用；创意产品不仅包括真实的创新成品，也包括学生本身；创意环境离不开校内外人文环境的支持。

2. "智能小风扇"课程项目化学习活动案例 [①]

课程名称：智能小风扇

"智能小风扇"是学校 STEM 校本课程"儿童智造"中的一课，目的是启发学生的创新思维，倡导学生主动参与、乐于探索、勤于动手，提高学生的动脑和动手能力，培养学生的科学素养和创新精神，主要以趣味性、个性化、科学性、创造性等为原则，以项目化学习为模式，以常见的电子传感器为核心部件，以生活中常见材料作为外观支撑进行实践制作，完成一些能解决生活中存在的问题的智能作品。本节课的主要内容是制作一个便于外出携带的智能小风扇，从而解决夏天天气炎热，外出及时降温消暑的问题。具体过程、总结和亮点详见二维码 10-11。

扫描二维码 10-11，了解智能小风扇案例

通过本节对荔园小学 STEM 教育的案例分析，我们可以发现，创意教师是可以培养的，创意教师培养创意学生；创意学生需要一步步循序渐进地培养产生；创意历程以学生为中心，教师在 STEM 教学中起到项目管理者的作用；不同学科的教师都有可能成为 STEM 教师。

## 本章回顾与反思

1. 通过阅读本章，你对学校管理创新有哪些新的思考？你认为推动学校课堂创新的关键点在哪里？

2. 在创意教学过程中你会采用什么方法进行创意产品评价？

3. 在创意教学过程中，教师如何做一个项目管理者？

---

① 本案例由深圳市福田区荔园小学周伟明、深圳市福田区新沙小学王亚琼两位教师提供。

# 第十一章

# 中国中学阶段STEM创新教育案例

STEM 教育的本土化理解和创新思维教育——以南京师范大学附属中学树人学校为例

创建专职 STEM 科技创新中心部门——以深圳市福田区科技中学为例

在新建立学校开展 STEM 创新教育——以深圳市盐田区云海学校为例

通过上一章对中国小学创新思维教育案例的学习和分析，相信读者对STEM创新思维教育中的创意教学过程以及创意产品的评价有了一定的认识。相比小学阶段，中国中学阶段STEM创新思维教育体现了更加鲜明的项目化学习特点。本章我们将结合在中学阶段将STEM教育本土化、开设专职STEM科技创新中心部门的两个案例入手，介绍中国中学STEM创新教育中的特色做法，为进一步开展创新思维教育提供借鉴。

本章学习目标：

- 理解南京师范大学附属中学树人学校STREAM课程中学生创新思维培养的要点。
- 通过学生的创意作品来了解深圳市福田区科技中学STEM创新教育的实施成果并获得启发。
- 通过学习云海学校STEM创新教育案例，获得对新建校领导和教师的启示。

# 一、STEM 教育的本土化理解和创新思维教育——以南京师范大学附属中学树人学校为例

南京师范大学附属中学树人学校（以下简称"树人学校"）秉承百年附中的文化血脉和精神底蕴，以"嚼得菜根，做得大事"为校训，坚持"健康生长"的教育理念。学校以课改促进内涵发展，形成了以科技类、人文类和体育类为主体的三角型课程架构，该体系以"深化 STEM 教育理念、探索学校课程重组、平衡科技和人文素养、关注艺术与前沿 AI"为主要目标。基于此，树人学校在 STREAM 前瞻性教改项目中进行了探索和尝试，STREAM 气象校本课程的开发及实施是其中的重要项目之一。该课程基于真实问题情境，通过跨学科融合学习，引导学生定义问题、分析问题、提出假设、加以验证，寻求解决问题的方法和路径，培养学生的创新思维和综合分析问题的能力，促进学生科技与人文素养双翼齐飞。

课程的开发与实施借鉴了国外经验，同时注重结合中国传统文化与地方特色，探索 STREAM 课程的本土化和校本化，课程内容是基于二十四节气的科学原理和传统文化的主题研究。

## （一）主题研究：节气——气象万千的节律

### 1. 案例背景和活动开展

春夏秋冬，二十四节气，七十二候，周而复始，是大自然最美丽的韵律，

也是我们祖先生活、生产的节奏，被称为"时间里的中国智慧"。2016年11月，二十四节气正式列入联合国教科文组织人类非物质文化遗产名录，被国际气象界誉为"中国的第五大发明"。即使在科技如此发达的现在，二十四节气仍然发挥着重要作用，指导着我们的生活生产。但是对于很多人而言，尤其对于城市中的学生而言，二十四节气仅仅是符号，他们对其缺少认知和感情。为了更好地引导他们走进自然，观察物候，理解二十四节气，传承、保护传统文化，增强文化自信，我们带领学生开展此项主题研究活动。具体活动开展详见二维码11-1。

扫描二维码 11-1，阅读"气象万千的节律"活动开展过程

### 2. 典型课例

课例名称：二十四节气

授课教师：地理、物理、语文老师

【视频导入】

播放"二十四节气"歌，"春雨惊春清谷天，夏满芒夏暑相连。秋处露秋寒霜降，冬雪雪冬小大寒。"今天这节课我们就一起来探究二十四节气背后的科学原理，体会传统文化的魅力。

【讲授新课】

（1）分享与交流

这一个月来，同学们走进大自然，细致观察物候变化，感知节气更替，并以观察日记的形式记录，下面请大家介绍自己的观察日记。

教师点评和引导：各位同学都非常细致地观察桃花的生长。还有一位同学感受到了生命是不断交替的，生命有一个生长过程。植物有它本身的生活习性，同时气温、降水等要素也有其规律。自然界花草树木对温度感知最为敏锐，"草木管时令"，其生长动态也与节气息息相关。入春以来，各种花朵次第开放，气温升高，降水增多，这是什么原因导致的呢？

学生提出各种可能因素。

教师总结：万物生长靠太阳。二十四节气正是因为"中国人通过观察太阳周年运动而形成的时间知识体系及其实践"才被列入非物质文化遗产。实际不是太阳围绕地球运动，而是地球围绕太阳公转。二十四节气代表着地球在公转轨道不同的位置，每十五天一个节气，每个节气又分为三候。仔细研究节气的名称，你可以从中找出什么规律？

学生发言。

教师总结：二十四节气的名称中有很多反映季节、气温、降水、物候的词。其中有八个节气与季节有关，立春、立夏、立秋、立冬为传统四季的划分方法，春分、夏至、秋分、冬至为欧美四季的划分方法，本身也反映气温的变化，同时小暑、大暑、处暑、小寒、大寒等五个节气也反映气温的变化，用来表示一年中不同时期冷热程度；雨水、谷雨、小雪、大雪四个节气反映了降水现象，表明降雨、降雪的时间和强度；白露、寒露、霜降三个节气表面上反映的是水汽凝结、凝华现象，但实质上反映出了气温逐渐下降的过程和程度：气温下降到一定程度，水汽出现凝露现象；气温继续下降，不仅凝露增多，而且越来越凉；当气温降至零摄氏度以下，水汽凝华为霜。小满、芒种则反映有关作物的成熟和收成情况；惊蛰、清明反映的是自然物候现象，尤其是惊蛰，它用天上初雷和地下蛰虫的复苏，来预示春天的回归。这些都源于它们位于地球公转轨道的不同位置。那么在公转轨道不同的位置，热量为什么会发生变化呢？

（2）观察与思考

教师引导学生边观察边思考以下问题：

一天当中，早晨、中午、晚上我们感觉什么时候最热？太阳什么时候最高？二者有什么关系？

一年当中，哪个季节我们感觉正午太阳升得高一些？哪个季节我们感觉正午太阳升得比较低？日影有什么变化？（古人认识二十四节气从立竿见影开始。）

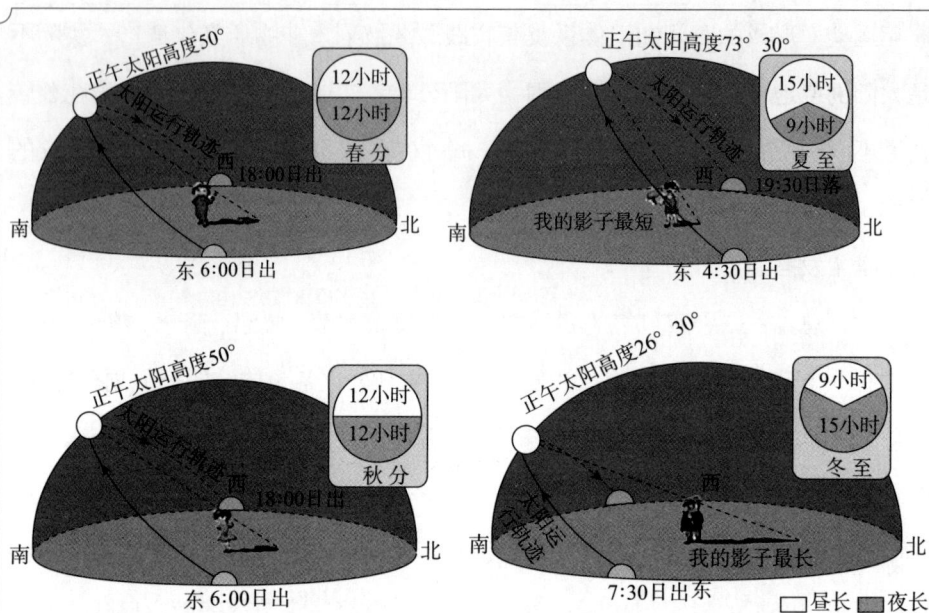

图 11-1　北纬 40° 地区二分二至日正午太阳高度和昼夜长短的变化

一年当中，我们感觉哪个季节白昼时间长？哪个季节白昼时间短？

（3）实验与记录（绘制）

①物理模拟实验：探究不同太阳高度、不同日照时间与温度的关系。

一年中正午太阳高度角、昼夜长短为什么会发生变化？这与地球公转有关。扫描二维码 11-2 了解物理模拟实验步骤。

扫描二维码 11-2，
了解物理模拟
实验步骤

②演示三球仪。

演示中，你看到了几个天体？他们是如何运动的？地球自转（一天），月球围绕地球运动（一个月），地球围绕太阳运动（一年）。你还看到了什么？（太阳直射点的运动）太阳直射点为什么南北移动？（地球斜着身子围绕太阳公转）

③模拟地球公转，绘制公转示意图。

模拟地球公转：按照时间顺序演示地球公转，用激光笔模拟太阳直射，观察二分二至点太阳直射点位置，并用记号笔描出所在纬线；注意保持地轴空间指向不变，始终指向北极星。

绘制公转示意图。

（4）完成表格（以北半球为例）

表 11-1　模拟实验记录表

| 时间 | 节气 | 太阳直射点位置 | 黄河流域某地正午太阳高度角 | 北半球昼夜长短情况 |
|---|---|---|---|---|
| 3 月 21 日前后 | | | | |
| 6 月 22 日前后 | | | | |
| 9 月 23 日前后 | | | | |
| 12 月 22 日前后 | | | | |

（5）假设

若地球直着身子围绕太阳公转会怎么样？或者倾斜角度发生变化，又会怎么样？（逆向思维）

（6）绘制思维导图

记录你刚才的实验与绘制的心得，反映二十四节气的形成与地球公转的关系。

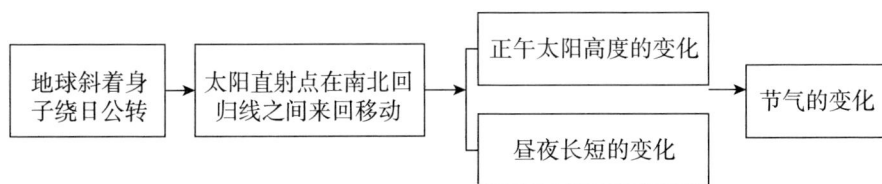

图 11-2　二十四节气的形成与地球公转的关系

（7）追问与探索

提问：二十四节气形成于黄河流域，对其他地区适不适用呢？

学生回答。

教师总结：中国幅员辽阔，各地气候差异大。有些地区不适用二十四节气，有些地区可以进行一些本地化的智慧调整。二十四节气就像一个时间坐标，不同地区的人们会结合本地的天气气候特征，在坐标里找到适合本地的农事节点，以便指导当地农事甚至生产生活。如小麦种植，北京—白露早、寒露迟，秋分种麦正当时；江苏—寒露蚕豆霜降麦；浙江—立冬种麦正当时。正是不同地区结合本地天气气候本地化智慧应用，二十四节气才展示出不同魅力，更具活力和生命力。

世界上各地的气候更是复杂多样，二十四节气对大部分地区也不适用。但是二十四节气反映的思维方式，值得世界各国人民学习和借鉴。

（8）人文二十四节气

二十四节气是中国古人根据自己的生活发现的时间规律，中国古人对此有很多诗意的表达。请同学分享和交流古代诗词中的二十四节气。

（9）收获与心得

通过本节课的学习，你有什么收获和心得？

## （二）案例分析

### 1. 课内探究和课外实践相结合，促进学生创新思维发展

本案例围绕二十四节气的科学原理、历史文化开展研究，课程实施不局限于单纯的课堂教学，而是把知识融入实践和课外生活中，将课内课外、线上线下相结合，如学生将课外植物观察日记上传、教师及时线上点评。课程以社团综合活动课的形式开展，通过教师指导和学生体验、实践、交流、研讨来开展教与学活动。比如学生课后开展的植物观察日记和科学观测日记（记录每一候的天气状况、每一节气的日影等），学生重回古人观察记录的场景，体验二十四节气的科学原理；在课内，通过小组模拟实验，学生分析不同太阳高度角与温度的关系；模拟演示地球公转过程中太阳直射点的变化，分析二分二至日正午太阳高度角与昼夜长短变化。学生亲自动手动脑，在实践中

进一步探究二十四节气的科学原理。本案例的特点如下。

一是高度重视学生的好奇心和观察能力的培养，激发学生的求知欲。

二是通过层层深入的问题链启发学生思考，注意逆向思维的培养，通过绘制思维导图让思维可视化。

三是使用基于探究的教学方法引导学生成为探究者，以开放的心态，深入质疑，挑战现状，让学生有机会进行批判性思考。

四是引导学生相互协作，使其学会从彼此的角度思考问题，促进思想交流，并激发好奇心。鼓励学生产生多样化和有创新性的想法。

学生感言：每当我走到一些植物面前，我不再忽略它，而是会蹲下观察并且做记录。通过二十四节气的主题研究，我发生了很大的变化：我开始关心周围事物背后的自然道理，并且有了所谓格物致知的精神。比如我的植物观察日记，我选择这个植物不是随便选择的，首先处于这么一个季节，并不是所有植物都会在短时间内有大变化，这种植物随着时间推移变化巨大，观察效果显著，使我的植物观察日记更直观，有了参考性。其次，我会事先了解这种植物的一些资料，如分类、花期等诸多必要因素。最后，进行长期坚持不懈的观察，认真做记录、统计。我获得的并不只是植物观察日记本身，还有探索科学原理的方法，也就是所谓"格物"的方法，其详细内容可参考丁肇中先生的《应有格物致知精神》。

——朱怀偲

### 2. 跨学科融合，打破学科壁垒，为培养创新人才奠定基础

STEM 课程不仅是跨学科知识的教学，还是整体论视角下的"课程再造"，更是一种全新的教育理念和思考方式。本节课不仅是三门不同学科老师在形式上"你方唱罢我登场"的共同执教，也不仅仅是不同学科的简单叠加和再现，而是一种多学科的融合，是不同学科知识、能力及思维方法的重构与创建。具体而言，学生围绕主题研究时从多学科的视角切入，对问题展开全面分析，利于将所学知识融会贯通并灵活运用，促进学生思维的迭代升级，为培养创新人

才奠定基础。

各科老师各有侧重地引导学生，打破各学科壁垒，起到 1+1+1>3 的效果。在跨学科学习中，学生们理解节气变化规律，领会人与自然关系，欣赏万千气象的韵律，自然而然理解节气背后的科学原理和历史文化。

### 3. 任务驱动教学做合一，促进学生自主创新

STEM 教育注重学生学习与实际生活之间的联系，开展基于真实问题情境的探索式学习，非常契合陶行知先生"教学做合一"的教学理念。课程以真实问题为任务驱动，以项目或主题为抓手，学生在完成任务的过程中学习、建构知识，培养能力，真正改变了传统的教与学方式。教师从讲授、灌输转变为组织、引导；从讲解转变为与学生交流、讨论和共同学习；少讲多做，做中学，学中做，充分放手给学生实验、实践、表达。学生也在项目（或主题）学习中逐步改变过去习惯于等着老师的指令或要求来学习的被动状态，学会主动学习、主动探究、积极思考，动手动口动脑想办法解决问题。

教师要努力激发学生的学习主动性，绝不包办代替，鼓励学生不怕犯错，在错误中不断反思、调整。引导、等待学生自己发现错误、纠正错误或者主动向老师求助。学生在错误中学习，才能获得真正的成长和进步。


## （三）本节总结

STEM 教育是舶来品，要在中国落地生根就必须对其进行本土化理解，改变 STEM 教育一味强调科技、过多依赖机器人和 3D 打印等硬件条件的误区。针对中国国情和当下教育现状，要学习和借鉴 STEM 教育最核心的内容，如改变学生的学习方式，开展项目化学习，培养学生运用各学科知识灵活解决实际问题的能力等等。可以尝试与中国传统文化相融合，引导学生还原古人研究的场景，理解他们在没有现代科学技术的条件下表现出的创新思维和

智慧；也可以结合学校和地域特色，引导学生围绕真问题，实行真验证，在真实探究过程中，逐步培养学生的创新思维能力。

# 二、创建专职 STEM 科技创新中心部门
## ——以深圳市福田区科技中学为例

在之前的章节中，我们已经看到 STEM 创新教育在一些学校中应用的案例。在这些案例中，学校基本都是鼓励数学、物理等学科的老师来担任 STEM 创新教育的兼职教师，而在本章中，我们会遇见采用专职 STEM 科创教师的学校，让我们一起来看看吧！

自 2001 年起，深圳市福田区科技中学（以下简称"科技中学"）一直在开展以创新思维开发为先导、激发创意并上升为创造的创新教育。科技中学现有多名科技创新专职教师，开设了多门科技创新类校本课程，并配置了 1200 余平方米的学习场所。科技中学以 STEM 创新教育为特色教学模式，课堂中采用项目化学习的教学方法，联系生活实际，以问题为驱动，启发学生发现问题；以人工智能为手段，赋能学生研究问题、解决问题；以评价为指引，引导学生不断进步。

## （一）学校规划 STEM 创新教育

从宏观政策规划、成立科技创新中心部门和搭建创意环境三个方面了解科技中学的创新理念，扫描二维码 11-3 了解详情。

扫描二维码 11-3，了解科技中学的创新理念

## （二）STEM 创新课程体系建构

科技中学的 STEM 创新教育课程全面贯彻创造力 4P 模型：创意个人、创意历程、创意产品和创意环境的四个方面。接下来将从创新课程体系、创新课程内容、创新课程体系评价等方面详细阐述，请扫码 11-4 观看。

扫描二维码 11-4，了解科技中学 STEM 教育课程体系

## （三）案例分析

经过"学会创新"必修课程、科技创新选修课与训练课的学习，一批具有较强创新能力的学生脱颖而出。以"自航垃圾清理机器人"项目为例进行具体分析。

### 1. 问题来源与背景

社区和公园的草坪中，大家经常可以看到废纸巾、包装袋、空易拉罐等垃圾。清洁工人每天在烈日下戴着口罩清扫非常辛苦，而且不同材质、体积的垃圾掉落在草坪中难以被发现和清理。传统的清洁车，工作人员需要持 B 类驾照上岗，而且通常一台车需要 2 ~ 3 人两班倒地工作，再加上车体维护，每辆车每年大概需要 20 多万元的运营成本。面对大家对生活环境的清洁度要求越来越高，劳动力却越来越贵的现状，设计出一个全自动防疫专用垃圾清理机器人将提升城市防疫水平和环保工作效率。本项目意在设计出可在复杂路面上实现自动巡航、垃圾清理及初步分类的新型清洁机械，旨在提高城市清洁工作效率、降低人力成本。

## 2. 创意历程

（1）准备阶段

首先，调研环卫工作现状，了解城市清洁工作对于新型清扫机械的需求：自动化、智能化、经济化，从而完成设计课题的选定；其次，小组讨论确定设计目标和基本思路；最后，与指导教师讨论，确定该项目为：设计一款可在复杂路面进行自动巡航、垃圾收集及分类处理的机器人。该项目根据五个创新点，最终实现三个功能，扫描二维码 11-5 了解创新点及功能细节。

（2）设计阶段

根据机器人的三个主要功能，小组首先讨论形成设计草图（见图 11-3）。然后，组长进行任务分工，主要分为硬件设计与软件设计两个部分。

扫描二维码 11-5，了解机器人的创新点及功能

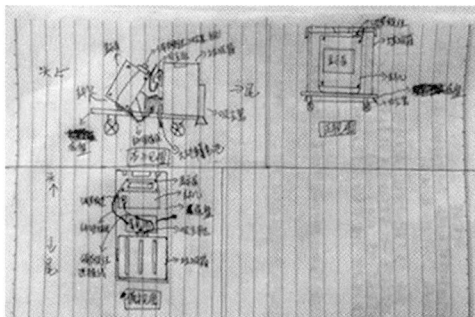

图 11-3　设计草图

硬件设计：硬件设计包括机器人外观框架的设计与制作，各种硬件部件（摄像头、显示屏、电池等）的布局与型号选择以及硬件材料的购买等。

软件设计：软件设计包含机器人各种软件功能设计的编写，比如自动避障功能的实现、自动循迹的实现以及机器人行走功能的实现等。

最后，小组根据任务的分工在教师的指导下形成一个详细的任务计划表。组员严格根据项目计划完成任务，在任务完成过程中可根据实际情况对任务计划进行及时调整。

（3）制作阶段

在制作过程中，学生由于知识有限，其实会面临许多问题，比如车体硬件材料的选择、代码的编程、主板的选择。这就需要学生借助各种途径来收集材料、调研数据，以及向有经验的教师请教。经过信息汇总、对比，学生自主学习、测试等一系列的工作后才能完成项目的一个功能。

（4）测试总结阶段

在项目功能全部实现之后，开始进入项目测试阶段。将项目作品在平地、沙地以及草坪进行实际测试。根据实际的测试结果对项目进行调试、优化。具体情况扫描二维码 11-6 阅读。

扫描二维码 11-6，了解机器人的调试过程

（5）成果总结阶段

该学生的发明在实际应用中，真正实现了自巡航清理垃圾和垃圾分类，既美化环境又节省了人力。在未来的改进方面，学生设想可以通过深入研究图像识别技术，改进机械臂结构，提高收集大体积垃圾能力，并进一步完善垃圾分类系统，通过深度学习方法实现垃圾精细化分类。

## 3. 案例总体分析

在本案例中，学生全程自主发现问题、提出问题、解决问题，在出现问题时去分析解决问题。学生作为"创意个人"，具备自由自主的学习精神，在好奇、想象、探究的驱动下，从生活实际中发现问题，在专职科创教师和父母的协助下，利用学校提供的"创意环境"，在"创意历程"中完成了实用性"创意作品"。

具体来看，首先，学生运用"学会创新"课程学习到发现好问题的方法，联系生活实际去发现问题，在创意卡和工程笔记中构思自己的创新设计方案，来解决实际问题。其次，从方案的准备、设计、制作到调试阶段，学生自主调研数据、收集资料、小组讨论来分析解决问题，其创新素养、团队协作能力都得到锻炼。在遇到知识的局限时，学生也能从专职科创教师、学校和父母中得到及时的帮助。最后，在"创意历程"中，在初代产品被提出各方面的问题时，学生能自主提出更新方案、调试验证自己的方案，并从失败中吸取教训，变得更有韧性。在整个过程中，教师只是承担引导者的角色。

## （四）本节总结

科技中学将STEM教育作为学校的办学特色和教学模式，课堂中采用项目化学习的教学方法，以问题为驱动，启发学生发现问题；以人工智能为手段，赋能学生研究问题、解决问题；以评价为指引，引导学生进步。科技中学的目标是力争在三年内建设成为STEM教育特色学校，五年内建设成为区域内具有一定影响力的STEM教育品牌学校。总体来看，科技中学的STEM创新教育有着一套自上而下的顶层架构设计。

一是成立由专职科创教师组成的独立的科技创新中心部门，为学生搭建宽大而优良的"创意环境"提供丰富的资源。

二是为学生专门设计一套科学的创新教育课程培养计划。在课程体系设计上，科技中学重视学生"创意个人"的培养。让"创意个人"——学生充分发挥自己的想象力，在生活中主动去发现问题，在"创意历程"——创新课程学习与实践中把知识问题化，再把问题课题化。在"创意环境"中，学生在自己的课题研究中，设计并制作"创意产品"，一步步地探究知识形成的过程，在合作学习、探究学习和自主学习中解决问题。

三是建立了一套完善的创新教育课程体系的多元评价。在现有初中学生综合素质评价的基础上，注重过程性评价，加入科学基础素养、学习发展能力、科技创新素质、动手动脑能力评价要素二级指标评价维度。

四是在整个"创意历程"中，教师只是起到引导的作用，让"创意个人"——学生能自主完成问题的发现、方案的设计与纠错、实物的制作、作品的调试、方案的更新与再验证等全过程。

# 三、在新建立学校开展 STEM 创新教育
## ——以深圳市盐田区云海学校为例

　　深圳市盐田区云海学校（以下简称"云海学校"）创建于 2017 年，是一所公办九年一贯制学校。云海学校以科技立校，开创了与华大基因合作办学的新渠道，聘请了华大基因副院长为云海学校科技副校长。建校以来，从顶层设计到师资队伍，从课程开发到空间再造，云海学校重视对学生创新思维的培养，以"学会做人、学会做事、学会学习、学会生活、学会创新"为育人目标。

　　云海学校的创意社团课程注重从生活出发，以团队合作的形式展开，重视对学生创意的挖掘，并且鼓励学生进行深入探索。具体来说就是引导学生，从观察、思考生活现象出发提出问题，再以头脑风暴的方式汇聚集体智慧，从而生成作品制作方案，在此基础上通过动手实践和反复测试，完成创意制作或发明，最后再进行发明分享交流会，总结经验，启迪未来。创意社团课程从提出问题、头脑风暴、作品制作、重复测试到作品分享环节，都旨在提升学生的思维水平，锻炼学生的动手能力和与人合作的能力。

## （一）在新学校中对 STEM 创新教育进行规划和建设

　　云海学校自开办以来，始终重视学生的全面发展。学校一直致力于学习方式变革的探究，重视 STEM 创新教育的开展，让学生在多感官体验中主动地

学习与建构，在深度思考和合作交流中不断发展高阶思维，提升创新能力和问题解决能力。扫描二维码 11-7 了解云海学校对 STEM 创新教育的规划与建设详情。

扫描二维码 11-7，了解云海学校对 STEM 创新教育的规划与建设

## （二）构建 STEM 创新课程体系

云海学校致力于通过课程设计为师生营造四类幸福生活：完整的生活、从容地生活、美好的生活和创新的生活，STEM 创新教育属于"创新的生活"课程体系。STEM 创新教育强调打破常规学科界限，在课程中玩"跨界"，让学生在"玩中学""造中学""思中学"，建立跨学科的创新思维和问题解决能力（见图 11-4）。

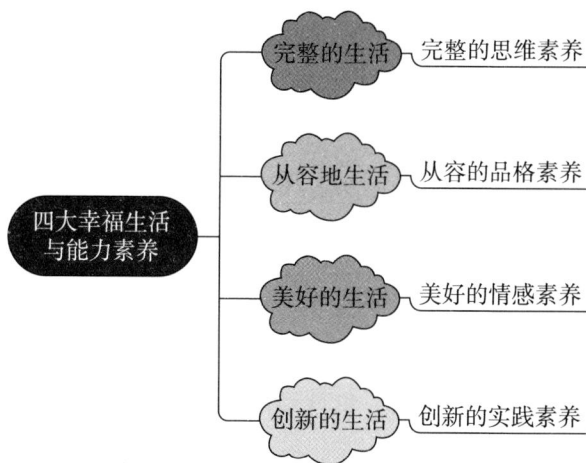

图 11-4　云海学校幸福课程体系四大生活及其对应素养

为了让 STEM 创新教育课程能够顺利地开发与落地，云海学校在初步实践后，开发了学校 STEM 创新教育综合体顶层设计（见图 11-5），来保障 STEM 课程的课时和教育场地，并对课程进行评价与反馈。具体来看，主要分为三部分内容：

一是云海学校 STEM 创新教育教师通过多渠道带领学生发现问题，通过融合基础课程、项目化课程、问题式课程进行校本课程的构建。

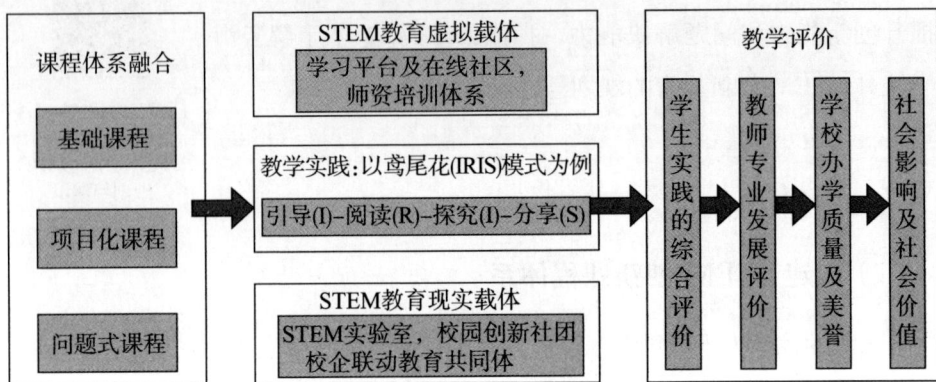

图11-5 云海学校 STEM 创新教育综合体顶层设计

二是云海学校为教师提供 STEM 创新教育的实施载体，主要体现为平台、模式、场地的支持。通过设置实验室、创客室、STEM 主题教育教室等场所并配备各种工具，来支持学生的探究活动。

三是云海学校从学生实践的综合评价和教师专业发展评价等多方面，来促进 STEM 教育向纵深发展，从而提升学校办学质量。

云海学校 STEM 课程的核心是通过创设真实的情境，让学生基于真实生活解决现实问题，从而锻炼学生的科学态度、合作精神、批判思考的能力和动手解决问题的能力。在具体课程实施上，云海学校采用了特色的"CBA+3SE"整体课程实施模式，来搭建校本课程实施框架，其中 CBA 课程模式请扫描二维码 11-8 阅读。根据学校的学科特色、师资力量，云海学校 STEM 科组教师开展校本课程的课程研发，与其他的学科进行整合，尝试主题式、渗透式的整合课程。

扫描二维码 11-8，了解 CBA 课程模式

在 STEM 创新教育课程中，云海学校安排两位以上的老师轮流值班教学。在老师的安排上，云海学校鼓励对 STEM 教育有比较大的兴趣的老师加入 STEM 教学科组来钻研 STEM 创新教育，而不是只由物理老师、科学老师来参与。云海学校 STEM 创新教育课程以学生为中心，按照"教师为辅助，学生为主体"的教育思想进行课堂设计，形成"自主探索—小组协

作—课题汇报—教师指导"的教学模式。

### 1. 课程内容

STEM 创新课程体系内容共设计 18 个主题（详情见二维码 11-9），每个主题主要由三部分组成：说明、学习及评价，内容涉及生命、地球、物理等多学科内容。学生通过研究背景材料、动手实验和制作、项目实施等过程将科学、技术、工程和数学四个学科的知识整合起来。

课程探究采用小组项目化学习的形式，整个课程体系包括 18 个主题，每个主题配有 1 本教师用书、1 本学生用书和 1 个工具包。其中 12 个主题为小学段使用，6 个主题为初中段使用。每个主题的时间为 14 ~ 16 课时（每个课时 40 分钟），每个主题持续约一个学期的时间。

扫描二维码 11-9，了解云海学校 STEM 课程体系主题

以针对小学四至六年级的"设计喂鸟器"课程为例，课程教学大纲和课时安排详见二维码 11-10。

在本课程的教学大纲和教学设计中，采用项目化学习的形式，STEM 教师充当引导者和管理者的角色，让学生真正成为课程的主角。在具体实施中，学生在教师提出的问题引导下，小组合作探究，从问题中去思考、总结学习的数学、生物、物理等多学科相关知识，并动手实践完成喂鸟器的设计。

扫描二维码 11-10，了解"设计喂鸟器"课程大纲和课时安排

### 2. 学生的创意作品

云海学校学生在学习 STEM 创新教育主题课程之后，在学校搭建的"创意环境"中，自主设计了一些"创意作品"，详见二维码 11-11。

扫描二维码 11-11，了解云海学校学生创意作品

### 3. 在 STEM 课程体系中进行评价

云海学校针对校本课程制定了评价标准，采用定性定量结合的方法，对课程体系的立意、计划、准备与投入实施、效果等方面做出价值判断，并根据评

价数据反馈的结果进行改进。更多关于如何进行创新教育的学习评价的内容，请参阅本书第五章。云海学校的课程计划和相应的评价措施按照"课程—实施—评价"的流程有序进行（见图11-6）。云海学校充分发挥课程评价在课程开发与实施环节中的重要作用，通过对评价指标进行定性及定量化，引导学生逐步提升能力，指导课程实施的进一步调整，促进课程结构的逐步完善。

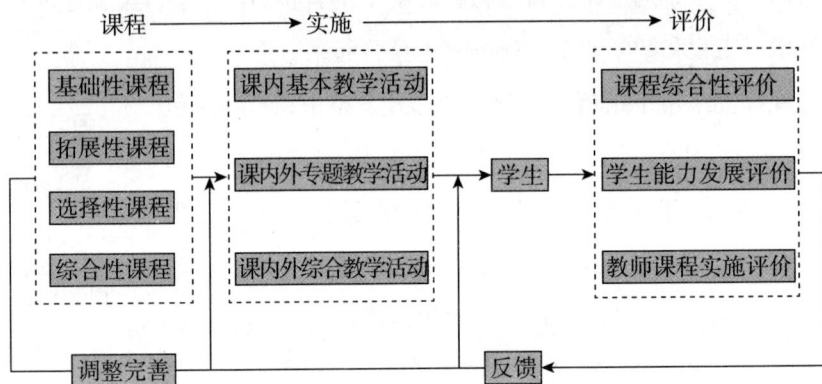

图 11-6　云海学校课程、实施、评价流程

　　在对于学生的评价中，学生的创新能力素养形成不是短期内能实现的，因此，需要教师长期的引导，学生在学习过程中日积月累。云海学校注重以多元、可持续的评价方式对学生进行评价，包括过程性评价、表现性评价、支持性评价。

　　云海学校研制了学生《幸福能力素养发展手册》，对学生完整的思维素养、从容的品格素养、美好的情感素养以及创新的实践素养的发展程度制定详细的评价标准，通过实践，逐渐形成并完善学生幸福能力素养发展的评价标准与系列管理体系。

## （三）STEM 案例分析——"我们的自然博物馆"

　　在开设的 STEM 主题课程之外，云海学校积极探索 STEM 创新教育校本课程的开发，下面主要介绍云海学校的 STEM 教学案例——"我们的自然博物馆"。

### 1. 案例背景

云海学校所处的梧桐山地理位置独特，是国家级森林公园，自然资源十分丰富，动植物种类繁多，是珠江三角洲地区珍稀动植物的庇护地和资源库之一，素有"深圳绿肺"的美称。学校依山而建，校内与校外丰富的植物种类不仅绿化了学校环境，还为师生提供了很好的教学资源和学习资源，是人与自然和谐相处的范本。为了进一步加强这种"和谐"的天然联系，我们有必要去探讨梧桐山里自然博物馆的秘密。

### 2. 案例内容

本案例主要分为五大模块：情境导入与职业体验、科学探究、工程制作、成果展示、汇报反思（见表 11-2）。

表 11-2　"我们的自然博物馆"案例的教学内容与教学目标

| 模块 | 教学内容 | 教学目标 |
|---|---|---|
| 情境导入与职业体验 | 学生在老师的带领下去实地了解梧桐山的植物，并根据自己所认识、了解和掌握的相关信息展开研讨，随即制作个人电子校园植物卡和提出校园植物的改善方案 | 1. 通过自主查找纸质书籍、浏览互联网，从而整合相关资料，培养学生自主学习的能力<br>2. 在实地考察学校植物分布和梧桐山植物生长的过程中，培养学生细致观察的学习态度<br>3. 让学生围绕梧桐山植物的主题展开讨论，提出问题，收集和整合相关信息，不断地深入和完善自己的相关认知，进一步学会用语言文字表达自己对梧桐山植物的想法<br>4. 通过独立制作电子校园植物卡，并在此基础上尝试创作相关校园植物的改善方案，让学生收获独立学习、自主思考带来的快乐，体验团队合作带来的魅力，不仅有利于学生培养团队精神、合作意识，还有利于学生建立养护学校植物的意识 |

| 模块 | 教学内容 | 教学目标 |
|------|----------|----------|
| 科学探究 | 学生在教师的指导下，对梧桐山植物生长情况进行观察，探究影响植物生长的因素，引导学生设计云海智能灌溉装置 | 1. 了解梧桐山植被分布及其原因，让学生体验生命的美好及培养学生的探究精神<br>2. 在探究植物生长的非生物因素以及植物需水规律的过程中，培养学生解决问题的能力<br>3. 在与探究小组一起攻坚克难的过程中，增强团队合作的意识 |
| 工程制作 | 本课程中学生了解了土壤湿度对于植物生长的重要性之后，利用所学的编程、科学及机械相关的知识，制作可以实时监测土壤湿度，并能根据湿度数据实现智能浇水功能的灌溉装置 | 1. 能够正确使用电子模块（主控模块、电机驱动模块、土壤湿度传感器、微型水泵等）和可视化编程平台，理解编程语言中程序设计的基本结构，掌握编程的方法和步骤，能够掌握土壤湿度传感器的使用方法，以及读取土壤湿度信息的方法，能够掌握微型水泵和电机驱动模块的使用方法，并能编写程序控制微型水泵<br>2. 学生能够积极发挥创意，完成智能灌溉装置的设计方案，并根据方案运用电子模块和结构材料动手制作出智能灌溉装置。在探究智能灌溉装置功能实现的过程中，能够体验工程设计与制作的思路和方法；结合小组合作的形式，培养学生发现问题、提出问题和解决问题的能力，培养学生科学探索能力、创新实践能力、综合知识的运用能力，并增强团队合作的意识<br>3. 在经历科学探究的过程中，进行有条理的思考，充分感受编程技术与生活的联系，充分调动学生科学探究、创新制作的热情和积极性，体验智能技术改善生活、服务生活的魅力 |
| 成果展示 | 通过对梧桐山植物生长情况的长期观察，利用观测数据、调查和实验探究让学生了解植物生长的最佳光照、湿度、温度等，进一步利用所学的编程、科学及机械相关的知 | 1. 能够运用实验数据对智能灌溉装置的设计依据进行说明<br>2. 以团队实验报告为依据，进行成果展示 |

| 模块 | 教学内容 | 教学目标 |
|------|----------|----------|
| 成果展示 | 识，制作可以实时监测土壤湿度，并能根据湿度数据实现智能浇水功能的灌溉装置。最终形成成果并通过宣传画、海报、主题演讲等形式进行展示 | |
| 汇报反思 | 经过前四课的学习，学生基于实地探索提出问题，并最终接受了任务：制作自动监测与灌溉植物的仪器，并且在设计和制作过程中对产品不断地进行优化和更新。这节课学生将自己做的灌溉装置带上舞台，对自己的学习过程和产品围绕评价量表进行汇报反思 | 1. 学生能够独立自主使用监测与灌溉装置<br>2. 学生能够在汇报过程中锻炼语言表达能力，增强团队合作的意识<br>3. 学生能够在整理资料时培养信息整合能力 |

在整个教学过程中，教师尊重"创意个人"——学生的主体性，以学生为中心，采用启发式教学，多用提问的方式引导学生去思考问题、分析问题、解决问题。同时教师鼓励学生在小组探究、合作讨论之后，针对发现的问题，利用所学的知识和学校提供的"创意环境"，在STEM科组教师的协助下，去自主设计自动监测与灌溉植物的实用仪器装置。

### 3. 课程反思

（1）利用校园周边资源开发项目

STEM课程开发的成功首先取决于选题，一个贴近学生生活与学习的内容能够激发学生的学习兴趣，引发学生进行深入思考与探究的热情。

（2）重视评价量表的作用

在小组探究学习中，由于组内分工的不同，难免有的学生承担的任务较重，有的学生承担的任务较轻，有时甚至出现组内1—2名学生积极参与活动，而其余学生在组内没有发挥相应作用的情况。为了防止这种情况，教师要在每个环节都设置相应的评价量表，激励并督促学生完成各自相应的任务。

（3）组建专业团队

学生在开展STEM学习时，要用到多学科的知识来解决实际问题，所以在组建团队时需要各个学科的老师都参与进来，才能对学生进行全方位的指导。本项目中有数学、科学、语文、信息科技等学科老师参与。

### （四）本节总结

作为一所新建立的学校，云海学校在STEM创新教育方面也给新建立学校起了很好的示范作用，有很多值得学习借鉴的地方：搭建创意环境——未来教室，打造精致的校园文化，营造适合学生创新创造的氛围；构建丰富的幸福课程体系，制定相关制度保障STEM创新教育课程，让学生在玩中学、学中乐，体验创新学习的幸福感；在STEM课程中，尊重创意个人的主体性，以学生为中心，教师更多采用启发的方式引导学生自主思考和合作探究；学生从当前生活实际问题出发，创造的创意作品注重实时性和实用性；STEM创新教育课程可以由各个学科的教师来教，包括数学、语文、信息科技、科学等学科。

## 本章回顾与反思

1. 在STEM课程的开发与实施中，如何有机融入多门学科并培养学生的创新思维？

2. 科技中学的STEM创新教育课程体系和创新课程评价体系对你所在学校的STEM创新教育课程是否有借鉴？如果要借鉴的话，如何落地实施？

3. 你的学校在最初实施STEM创新教育时，遇到了哪些困难，是如何克服的？

# 第十二章  结语

创造力可以教、可以学

中国与新加坡 STEM 教育体系的区别

基于创造力 4P 模型的中国与新加坡案例总结

什么是创造力？什么是创新思维？什么是教育创造力？人们的创新思维与创造力是否可以被教授和学习？学校如何为教师和学生构建创意环境？教师如何实施创意教学方法可使学生易学、愿学、易懂，同时学会创意方法，养成创新思维与习惯并且具备持续的创造力？本书以STEM教育为主要形式，以培养学生创新思维和创造力为核心，围绕创新思维教育的理论、工具、方法、实践和学习评价，通过中国、新加坡中小学在创新思维教育方面的案例解构、分析和研究，深度挖掘创新思维教育开展与实施的路径和方法，旨在培养学生的创新思维和创造力。本书为绝大多数中小学教师落实STEM创意教育提供一个可理解、可借鉴参照的教师参考用书。

---

本章学习目标：
- 体会创造力是可以被教授学习的。
- 了解中国与新加坡STEM教育体系的区别。
- 基于创造力4P模型的中国与新加坡案例总结与启示。

# 一、创造力可以教、可以学

创造力是创新的技能，是数字化时代的技能，也是人类和社会进步的关键，与其他方方面面的技能（学习创新技能、信息媒体技术、生活职业技术）息息相关。创造力在教育中至关重要，它具有普遍性、新颖性和有用性。

## （一）创意环境下的创意教学

创意学习环境从学生踏进校门的那一刻开始对学生产生潜移默化的影响。创意环境有助于教师创意教学和创造力教学的开展，以及学生的创新思维学习。

创意环境不仅包含物理空间环境，还包含创新的人文氛围。宽敞、绿色、安全的校园让学生感觉到轻松愉悦，教室、公共场地都是学生创意表现的场所，学习资源随手可拿、随时可用，时刻满足学生创新思维的需求；社区、社会场馆、家长资源也是助力学生创新学习的环境资源；轻松、自由、积极的课堂氛围帮助学生表达创意，也有助于教师通过"倾听—提问—给予反馈—设定目标—实现成长"的基本过程，实施创意教学。

对于创意教学而言，现代中小学教育的根本使命，是在符合儿童成长的生理特征和心理特征的前提下，把人类长期积累的知识系统有效且有序地传授给他们，并成为其知识结构的组成部分；人类所具有的独特的生存逻辑、规则意识、团队精神、团队创新能力和环境改变能力，都可以并且必须通过教育得以实现。

## （二）创新思维的培养

创意教学的过程旨在培养具有创造力的学生，而创新思维是创造的动力源泉，可以帮助学生适应迅速变化的世界，应对未来挑战。STEM 教育为培养创新思维提供了优良的场景，在充分调动全脑思维进行创造性与批判性思维训练的基础上，用新颖和有意义的方式解释经验、行动和事件，改进课堂教学，促进创新思维教育实践持续完善优化。在 STEM 项目实施环节中，教师要引导学生学习运用各具特色的思维工具和技术，掌握创新思维的方法，养成创意、创新、创造的心理状态及思维习惯。为了进一步引导创新，创新思维的学习评价起了牵引的作用。

## （三）创新思维的学习评价

我国 2022 年版课程标准强化了学业质量指导。各学科结合课程内容明确学业质量标准，引导和帮助教师把握教学深度、广度，为教学设计和教学评价提供依据。设置教学提示，增加教学和评价案例，强化"如何教"的具体指导，用多把尺子衡量学生，鼓励学生个性化发展。创造力培养并不存在唯一"正确的"评价体系，只有"合适的"评价体系。评价的目的是帮助学生更好地学，同时帮助教师更好地教。教育评价方式也应该及时调整，以适应学生的教学。STEM 教育框架下的创意教育实践中，创新思维的学习评价作为一种崭新的评价工具，是对传统能力和成就评价的补充，通常存在多方参与，而且评价的内容不仅限于成果，还包括反馈情况、目标设定、真实性、小组合作等。创新思维的学习评价是一个独立的新维度，与素质能力评价相关，不可以替代学科知识的评价，其有助于推动教育政策及教育教学的改进。

# 二、中国与新加坡 STEM 教育体系的区别

通过本书中对小学案例、初中阶段（包括中国三年制初中和九年一贯制初中以及新加坡四年制或五年制初中）案例、高中阶段（新加坡 K12 高中和大学预科）案例的分析，中国和新加坡的创新思维和创造力教育上都在持续探索、克服困难、不断进步中。关于中国和新加坡 STEM 教育体系中的突破性发展的区别的分析总结见表 12-1。

表 12-1　中国与新加坡 STEM 教育体系的特点分析

| 中国与新加坡 STEM 教育体系的区别 | | |
|---|---|---|
| | 中国 | 新加坡 |
| 小学 | 全班集体开设线上课程，从项目化学习入手，融合数学、科学、美术、音乐、体育等学科，培养学生全面发展的综合素质；采用二维码的形式展示学生的创造性作品，分享给更多群体，将创造性产品进行评价，迭代优化（新沙小学）<br><br>开设创客普及课；STEM 五大板块课程建设；STEM+ 课程融合人文精神、艺术素养和社会价值观，强调科学与人文精神和社会价值观的融合发展，构建多元课程体系（荔园小学） | 开设融合性 STEM 活动激发学生的兴趣，提升其思维能力，精选多样性、循环、系统、能量和相互作用五个一级跨学科概念，分别从低年级和高年级给出了若干个二级概念。如"编码娱乐"（code for fun）就是通过使用基于视觉的编程语言来对相关概念进行学习，并将其与微控制器相结合，为学生创造编码体验，旨在促进小学生接触编码，培养其计算思维；在课堂上教师应该以形成性评价和诊断性评价为主对学生进行评价 |

| 中国与新加坡 STEM 教育体系的区别 | |
| --- | --- |
| 中国 | 新加坡 |
| **初中**<br><br>采取从生活中"发现问题、研究问题、解决问题"的创新课程培养模式；创造产品的多维化评价方式；在项目功能全部实现后，进入项目测试阶段，完成产品的迭代和优化（科技中学）<br><br>课程实施不局限于单纯的课堂教学，而是把知识融入实践、课堂、课外生活中去，采用课外实践和课内探究相结合的方式促进学生创新思维发展；跨学科融合，促进学生科技素养与人文素养双翼齐飞（树人学校） | 除开设常规的科学、数学和技术工程课程外，还在课程外设置了大量必修的 STEM ALP 项目，课程具有独特的学校特色，体现了新加坡课程的多样性发展，旨在培养学生的创新思维、动手实践和问题解决能力；STEM 课程跨越了科学、数学、技术和工程范畴，将人文、社会与艺术关联，凸显了 STEAM 特点；STEM 课程聚焦现实性、情境性和开放性问题的解决，注重借助头脑风暴法、清单列举和方案迭代等多种思维创新工具来帮助学生定义问题、设计和实践解决方案；STEM 教育与众多国内外高校、行业专业人士和团体建立联系 |
| **初中<br>九年一<br>贯制／<br>K12**<br><br>STEM 课程按照"教师为辅助，学生为主体"的教育思想进行课堂设计，形成"自主探索—小组协作—课题汇报—教师指导"的教学模式；项目利用校园周边资源开发项目；重视评价量表的作用；注重教师培训（云海学校，九年一贯制）<br><br>学生参与课堂、动手去玩，旨在激发学生的好奇心；鼓励学生用学到的知识去解决问题，养成主动调查的好习惯；在教学中，课堂情景化、思维可视化、知识多样化是创新课堂最显著的特点（瀚林学校，K12） | STEM 课程的连续性和层级性，使其具有一定的深度和广度 |

| 中国与新加坡 STEM 教育体系的区别 | |
|---|---|
| 中国 | 新加坡 |
| 高中<br>3 年 /2<br>年预科<br>制 | STEM 课程呈现出较成熟的研究性、实践性和合作性特征；预科制学校学生将以小组的形式完成项目化学习和科学研究项目，为学生提供从不同领域的学习过程中提炼、整合知识，并将其创新地应用在实际生活中的机会，学生自主选定研究课题，在合作交流的学习环境下，不断丰富课题内容，并最终将课程成果撰写成文；评价阶段，参与者通过答辩展示各自的创新研究成果，并在科学研究会议中进行海报展示 |

总体上看，除了上述中国与新加坡 STEM 教育体系的区别外，中国和新加坡在 STEM 教育上均有突破性发展，各自结合国家和社会需求，汇聚了社会各界力量，不断探索 STEM 教育的实践路径，最终培养与国家需求相匹配的 STEM 人才。

# 三、基于创造力 4P 模型的中国与新加坡案例总结

无论是中国还是新加坡，对创新思维的培养都极度重视。通过一系列的国

内外 STEM 教学案例分析，本书期待读者认识和理解 STEM 教育可以帮助学生发展创新思维，并且通过设计以培养创新思维为取向的 STEM 课程，有助于教师创意地教，学生创意地学。通过创造力 4P 模型（创意个人、创意历程、创意产品、创意环境）分析中国和新加坡案例总结 STEM 课程特点如下：

STEM 课程目标是培养创意个人，教师需要运用适合的创意教学法和教学策略来实施教学，因此，对教师的培养就显得尤为重要。首先，应培养包括 STEM 课程教师在内的所有教学团队。教师需要学习创新思维过程、方法和工具，更要学习如何运用创新的方法设计创新的教学，让学生在学习的过程中有兴趣、有意愿通过自己的观察、思考和调研寻找问题，创新地解决问题，并在这个过程中逐步培养自己的创造力。学生创新思维的"发展路径"决定了教师培养的方向，如果创新的过程和体验都将赋能学生，那么创新思维培养的重点就可以放在创新方法和工具的教学上，教师要确定的是不同年级、不同知识积累和不同认知水平的学生在创新学习的深度和广度上的不同要求；同时教师需要深度理解创新的过程规律，以及过程中的方法和工具，并将自己对此的理解"交给"学生，让学生学习和理解这个过程，学会使用方法和工具，进而可以依靠自己去探究、去发现、去创新。教师也要学会管理学生创新学习的过程，即项目管理；要学会站在学生圈外，了解学生的困境并给学生方法性的建议，而不是陷入学生的问题中；更要学会的是在学生失败时鼓励学生坚韧面对，继续探究。

不论是通过"发现问题—提出问题—分析问题—解决问题—发现新问题"的设计循环过程，还是"发现问题—研究问题—解决问题"的创意课程培养模式，均需要提供给学生进行头脑风暴、思维训练等使用创新思维工具的机会，进而帮助学生在生活中聚焦现实问题、拥抱好奇心、尊重多元观点，不断激发其创造潜能并培养学生的创新思维和创造力。STEM 课程应重视学科应用，内容也表现出一定的跨学科性，关注的是不同学科知识间的融合、关联和应用。创意历程旨在通过开放性活动课程在实践中把知识问题化，再把问题课题化。

教师在整个过程中以学生为中心，激发并保持学生的兴趣，制定标准性的要求，做好项目过程管理，重点关注学生是否思考，如何思考，但内容上不参与过多。

STEM 课程开发关注创意产品的测试与迭代，引导学生一步步经历探究和完善的过程，通过合作学习、探究学习、自主学习，最终解决问题。若要达到这样的效果，前期循序渐进的知识积累、认知提升和应用知识能力的培养是至关重要的，以此为基础培养学生掌握设计思维流程，以及流程中每个阶段内适用的创新思维工具。如果可以将创新思维教育渗透到每一年级、每一学科，通过这种基于学科又跨学科的创新思维培养方式，学生可以设计出大量的多样化的创新产品。同时，这将人们目前普遍关注的以硬件，如机器人比赛、无人机比赛等为主的 STEM 教育形式回到自己应有的定位。现阶段 STEM 相关的大型比赛，本身对学生能力的培养具有一定的积极作用，但主要内容和组织形式仍需要斟酌：是否做到了教育的普惠公平？昂贵的设备不是所有的学校均有条件购买；是否真正做到对学生创新思维的培养，而不是简单机械性操作比赛？ STEM 课程应该特别重视形成性和终结性评价的作用，注重学生的创意问题解决和知识应用能力，关注学生方案构思、小组合作、设计和制作等系列活动，同时关注产品的测试和迭代优化过程。

创意环境方面，需要从学校物理空间环境、文化氛围、外部资源三个角度思考，结合自身需求和资源特色拓展 STEM 课程资源（包括学校自身的科学实验室、STEM 学习空间和 STEM 企业资源等），开发具有校本特色的创意学习环境。

以上，从创造力 4P 模型出发分析总结了 STEM 课程的特点，也可以看出 STEM 教育的相关特点：

① STEM 教育可以作为培养学生创新思维和创造力的载体；

② STEM 教育在小学、初中阶段、高中阶段均具有一定的连续性和层级性；

③ STEM 创新教师的培养至关重要，且应面向不同学科开展；

④不管是教师还是学生，创新思维和创造力是需要一生不断培养的能力。

## 本章小结

通过对本书的阅读，你是否也对看不见摸不着的创造力有了相对具体的认识？是否对整本书的内容有了一定的了解和掌握？是否理解了创造力4P模型、创新思维的学习和评估？对创造力培养是否有了清晰的理解？是否也具有独立开展STEM教育的信心？未来的教育必定是多学科的融合教育，更强调学生的创新思维和创造力培养。通过本书的学习，你是否具备了开展STEM教育的方向和动力呢？让我们一起砥砺奋进，开拓更辽阔的STEM边界，寻找更适合中国教育发展的STEM路径！

## 本章回顾与反思

1. 你认为全书的内容框架是什么？

2. 谈谈你对STEM教育可以提高创新思维和创造力这一观点的认识。

3. 你是否有在未来的教育中开展STEM相关工作的计划？

# 参考文献

**中文文献：**

826 全美，2018.基于课程标准的 STEM 教学设计 有趣有料有效的 STEM 跨学科培养教学方案［M］.林悦，译.北京：中国青年出版社.

安奕，任玉丹，韩奕帆，等，2019.PISA2021 创造性思维测评及启示［J］.中国考试（11）：71-78.

博诺，2013.六顶思考帽［M］.冯杨，译.太原：山西人民出版社.

蔡典谟，1986.只有历史能告诉我们谁是真正资优［J］.资优教育季刊（21）：31-34.

陈如平，李佩宁，2018.美国 STEM 课例设计（小学卷）［M］.北京：教育科学出版社：20-25.

傅冰，2005.从中美教育比较的视角看如何培养学生的创造力［J］.新德育.思想理论教育：行动版（10）：51-54.

耿超，赵茜，范彦，2020.PISA2021 创造性思维测试的分析与思考［J］.中国考试（5）：36-41.

胡卫平，王博韬，段海军，等，2015.情绪影响创造性认知过程的神经机制［J］.心理科学进展，23（11）：1869-1878.

江丰光，蔡瑞衡，2017.国内外 STEM 教育评估设计的内容分析［J］.中国电化教育（6）：59-66.

李良敏，罗玲玲，刘武，2015.客观化创造力测量工具：《中文远距联想测验》编制［J］.东北大学学报（社会科学版），17（1）：19-24.

李青，郜晖，李晟，2020.以技术引领跨界创新和社会发展——英国开放大学《创新教学报告》（2020版）解析［J］.远程教育杂志，38（2）：17-26.

李尚之，汤超颖，2017.创新思维的训练手册：脑体操［M］.北京：清华大学出版社.

李学文，2008.师生关系的重构与学生创造力的培养［J］.安徽教育（9）：25-26.

林崇德，2010.创造性人才特征与教育模式再构［J］.中国教育学刊（6）：1-4.

李阳，韩芳，2020a.新加坡中学STEM教育研究［J］.成都师范学院学报，36（3）：48-54.

李阳，韩芳，2020b.指向核心素养培育的新加坡ALP——以群立中学为例［J］.中小学教师培训（2）：73-78.

毛连塭，郭有遹，陈龙安，等，2001.创造力研究［M］.台北：心理出版社.

潘建伟，2020.潘建伟：努力实现更多"从0到1"的突破［J］.山东经济战略研究（11）：55.

丘志明，黄怡连，2006.新加坡及中国香港中学的《设计与科技科》课程——"玩与学"［J］.世界教育信息（8）：50-51，56，64.

师曼，刘晟，刘霞，等，2016.21世纪核心素养的框架及要素研究［J］.华东师范大学学报（教育科学版），34（3）：29-37，115.

宋晓辉，施建农，2005.创造力测量手段——同感评估技术（CAT）简介［J］.心理科学进展，13（6）：739-744.

王斌，王向旭，魏顺平，2019.创新教学法多元化的三重视域——英国开放大学2019年《创新教学法报告》述评［J］.中国远程教育（4）：1-8.

王素，曹培杰，康建朝，等，2016.中国未来学校白皮书［R］.北京：中国教育科学研究院未来学校实验室.

王潇晨，张善超，2020.教师核心素养的框架、内涵与特征［J］.教学与管理（3）：8-11.

吴清山，2002.创意教学的重要理念与实施策略［J］.台湾教育，614：2-8.

吴武典，1997.教育改革与资优教育［J］.资优教育季刊，63：1-7.

肖微，姚翔，邱永桃，2016.用项目反应理论编制中文版远程联想测验（RAT）〔J〕.北京大学学报（自然科学版），52（2）：354-362.

谢宗顺，2013.新加坡教育改革的核心理念〔J〕.教育学术月刊（10）：14-18.

臧莺，2012.创造力是中国学生的"短板"——时报专访国际著名数学家丘成桐〔J〕.基础教育论坛（3Z）：37-38.

詹宏志，2003.创意人：创意思考的自我训练〔M〕.北京：人民交通出版社.

周榕，李世瑾，2019.STEM教学能提高学生创造力？——基于42项实验研究的元分析〔J〕.开放教育研究，25（3）：60-71.

朱小虎，2016.基于PISA的学生问题解决能力研究〔D〕.上海：华东师范大学.

**英文文献：**

ADDISON N, BURGESS L, STEERS J, et al., 2010. Understanding art education: Engaging reflexively with practice〔M〕. London：Routledge.

AGNES K H, ELAINE B, GRÁINNE C，et al.，2020.Innovating Pedagogy 2020：Open University Innovation Report 8 [R]. United Kingdom：Institute of Educational Technology，The Open University.

AMABILE T，1996. Creativity in context〔M〕. Boulder: Westview Press.

BAER J, KAUFMAN J C，2006. Creativity research in English-speaking countries〔M〕// Kaufman J, Sternberg R.The international handbook of creativity.New York, NY: Cambridge University Press.

BESEMER S P, O'QUIN K，1999. Confirming the Three-Factor Creative Product Analysis Matrix Model in an American Sample〔J〕. Creativity Research Journal, 12（4）：287-296.

CHIU M S，2009. Approaches to the teaching of creative and non-creative mathematical problems〔J〕. International Journal of Science and

Mathematics Education, 7 (1) : 55-79.

CRAFT A, 2000. Creativity across the primary curriculum: Framing and developing practice [J] . Educational Research, 35 (3) : 395-399.

CRAFT A, 2005. Creativity in schools: Tensions and dilemmas [M] . London: Routledge.

CRAFT A, 2013. Childhood, possibility thinking and wise, humanising educational futures [J] . International Journal of Educational Research, 61:126-134.

CROPLEY A J, 1992. More ways than one: Fostering creativity[M]. Norwood, NJ: Ablex Publishing Corporation.

CROPLEY A J, 1997. Fostering creativity in the classroom: General principles [M] . Runco M.The creativity research handbook. Cresskill, NJ: Hampton Press.

DAVIS G A, RIMM S B,1997. Education of the gifted and talented (4th edition) [M] . Boston, MA: Allyn & Bacon.

DE SOUZA FLEITH D, 2000. Teacher and student perceptions of creativity in the classroom environment [J] . Roeper Review: A Journal on Gifted Education, 22 (3) : 148-153.

FAUTLEY M, SAVAGE J, 2007. Creativity in secondary education [M] . Exeter: Learning Matters.

FIELDS Z , BISSCHOFF C , 2013. Kamla-Raj 2013 A Model to Measure Creativity in Young Adults [J] . Journal of Social Sciences, 37 (1) : 55-67.

FULLAN M, QUINN J, MCEACHEN J, 2017. Deep learning: Engage the world change the world [M] . California: Corwin Press and Ontario Principals' Council.

GALLAGHER J J, 2002. Gifted education in the 21st century [J] . Gifted Education International, 16 (2) : 100-110.

GALLAGHER J J,GALLAGHER S A, 1994. Teaching the gifted child (4th ed.) [M]. Boston: Allyn and Bacon.

GOH C T, 1997. Shaping our future: Thinking schools, learning nation [EB/OL]. [2021-12-22] http://ncee.org/wp-content/uploads/2017/01/Sgp-non-AV-2-PM-Goh-1997-Shaping-Our-Future-Thinking-Schools-Learning-Nation-speech.pdf.

GUILFORD J P, 1977. Way beyond the IQ [M]. Buffalo, NY: Creative Education Foundation.

GUILFORD J P, 1986. Creative talents: Their nature, uses and development [M]. Buffalo, NY: Bearly Limited.

HADOT P, 1995. Qu'est-ce que la philosophie antique? [M]. Paris: Editions Gallimard.

HARRIS A, 2016. Creativity and education [M]. London, UK: Palgrave Macmillan.

HOFF E V, CARLSSON I, 2002. Shining lights or lone wolves? Creativity and self-image in primary school children [J]. Journal of Creative Behavior, 36 (1): 17-40.

ISAKSEN S G, LAUER K J, EKVALL G, 1999. Situational Outlook Questionnaire: A Measure of the Climate for Creativity and Change [J]. Psychological Reports, 85 (2): 665-674.

JEFFREY B, CRAFT A, 2004. Teaching creatively and teaching for creativity: Distinctions and relationships [J]. Educational Studies, 30: 77-87.

KANGAS M, 2010. Creative and playful learning: Learning through game co-creation and games in a playful learning environment [J]. Thinking Skill and Creativity, 5 (1): 1-15.

KAUFMAN J, PLUCKER J, BAER J, 2008. Essentials of creativity assessment [M]. New Jersey: John Wiley & Sons.

KOBER N, 2015. Reaching students: What research says about effective instruction in undergraduate science and engineering [M]. Washington, DC: The National Academies Press.

LAI C, 2015. NUS High School celebrates 10 years of math and science education [N/OL]. https://www.academia.edu/40477421/TODAY_NEWS_NUS_High_School_celebrates_10_years_of_math_and_science_education_Charlotte_Lai_.

LEVENSON E, 2013. Tasks that may occasion mathematical creativity: teachers' choices [J]. Journal of Mathematics Teacher Education, 16(4): 269-291.

LEVENSON E, 2015. Exploring Ava's developing sense for tasks that may occasion mathematical creativity [J]. Journal of Mathematics Teacher Education, 18(1): 1-25.

LEV-ZAMIR H, LEIKIN R, 2011. Creative mathematics teaching in the eye of the beholder: Focusing on teachers' conceptions [J]. Research in Mathematics Education, 13(1): 17-32.

LUCAS B, 2019. Teaching and assessing creativity in schools in England [J]. Impact Journal, 7: 5-8.

LUCAS B, SPENCER E, 2017. Teaching creative thinking: Developing learners who generate ideas and can think critically [M].Carmarthen: Crown House Publishing Ltd.

MAJID N, 2018. STEM education in Singapore: What you need to know [EB/OL]. Singapore: The Asian Parent. https://sg.theasianparent.com/stem-education-singapore-information/.

MARDELL B, OTAMI S, TURNER T, 2008. Metacognition and creative learning with American 3 to 8 year-olds[M]//Craft A, Cremin T, Burnard P. Creative learning 3 - 11: And how we document it. Staffordshire: Trentham

Books.

MAYER R, 1999. Fifty years of creativity research［M］. Cambridge: Cambridge University Press.

MINISTRY OF EDUCATION SINGAPORE, 2016. Design & Technology Syllabus, Upper Secondary Express Course ［EB/OL］. ［2021−07−23］. https://www.moe.gov.sg/-/media/files/secondary/syllabuses/science/2019-d-t-upper-sec-exp-syl.ashx.

MINISTRY OF EDUCATION SINGAPORE，2021. Learn about the role of COMPASS and its members[EB/OL].[2021−05−23].https://www.moe.gov.sg/compass/.

MINISTRY OF EDUCATION SINGAPORE, 2022. Project Work ［EB/OL］. ［2022−02−18］. https://www.moe.gov.sg/education−in−sg/our−programmes/project−work.

MINISTRY OF EDUCATION SINGAPORE, 2023. Design & A−Level curriculum and subject syllabuses ［EB/OL］. ［2023−06−06］. https://www.moe.gov.sg/post-secondary/level-curriculum-and-subject−syllabuses.

MORAN P R, 2004. Teaching Culture：Perspectives in Practice［M］. Beijing:Foreign Language Teaching and Research Press.

NACCCE, 1999. All our futures: Creativity, culture & education［M］. Sudbury, Suffolk: Department for Education and Employment.

NATIONAL UNIVERSITY SINGAPORE AND MINISTRY OF EDUCATION，2021. Science Research Programme [EB/OL].[2021−11−06]. https://sites.google.com/site/gebsrp/home?authuser=0.

NEWTON L D, NEWTON D P, 2014. Creativity in 21st century education ［J］. Prospects,44（4）：575−589.

OECD, 2010. The OECD innovation strategy: Getting a head start on tomorrow［R/OL］. Paris: OECD Publishing. https://doi.

org/10.1787/9789264083479-en.

OECD, 2015. The innovation imperative: Contributing to productivity, growth and well-being [R/OL]. Paris: OECD Publishing. https://doi.org/10.1787/9789264239814-en.

OECD, 2019a. Framework for the assessment of creative thinking in PISA 2021 [R]. Paris: OECD publishing.

OECD, 2019b. Fostering students' creativity and critical thinking: What it means in school [R/OL]. Paris: OECD Publishing. https://doi.org/10.1787/62212c37-en.

OGLE D, 1986. K-W-L: A teaching model that develops active reading of expository text [J]. International Literacy Association. The Reading Teacher, 39 (6): 564-570.

PARNES S, HARDING H, 1962. A source book for creative thinking [M]. New York: Charles Scribner's Sons.

PETTY G, 2009. Evidence-Based Teaching: A Practical Approach (second edition) [M]. New York: Oxford University Press.

PEW RESEARCH CENTER, 2019. Spring 2016 Global Attitudes Survey [EB/OL]. https://doi.org/10.1787/888934002566.

RHODES M, 1961. An analysis of creativity [J]. The Phi Delta Kappan, 42 (7): 305-310.

PIIRTO J, 1999. Talented children and adults: Their development and education (2nd ed.) [M]. New York, NY: Prentice Hall.

SARAVANAN V, 2003. Teaching & learning in a Singapore primary school: Integrated project work [C]. ERAS Conference, 19-21 November. Singapore: Educational Research Association of Singapore.

SAWYER K, 2015. A call to action: The challenges of creative teaching and learning [J]. Teachers College Record: The Voice of Scholarship in

Education, 117（10）：1–34.

SCIENCE CENTRE SINGAPORE，2021. About Our Industrial Partnership Programme [EB/OL]. [2021–06–22].https：//www.science.edu.sg/stem-inc/industrial–partnership–programme/about-our-industrial-partnership-programme.

SIMONTON D, 2000. Creativity：Cognitive, personal, developmental, and social aspects [ J ]. American Psychologist, 55（1）： 151–158.

SOH K C, 2000. Indexing creativity fostering teacher behavior： A preliminary validation study [ J ]. Journal of Creative Behavior, 34（2）： 118–134.

SPENDLOVE D，WYSE D, 2008. Creative learning：Definition and barriers [ M ] //Craft A, Cremin T, Burnard P. Creative learning 3 – 11：And how we document it. Stoke–on–Trent：Trentham.

STERNBERG R, LUBART T, 1999. The concept of creativity：Prospects and paradigms [ M ] // Sternberg R. Handbook of Creativity. Cambridge： University Press.

TAN A L, TEO T W, CHOY B H, et al., 2019. The S–T–E–M quartet [ J ]. Innovation and Education，1（3）： 1–14.

TORRANCE E P， 1992. A National Climate for Creativity and Invention [ J ]. Gifted child today, 15（1）：10–14.

TRADIF T, STERNBERG R, 1988. What do we know about creativity? [ M ] //Sternberg R. The nature of creativity .New York，NY：Cambridge University Press.

WATKINS C, MORTIMORE P, 1999. Pedagogy：What do we know [ M ] // Mortimore P. Understanding pedagogy and its impact on learning. London： Paul Chapman.

WEGERIF R, 2010. Mind expanding：Teaching for thinking and creativity in primary education [ M ]. Milton Keynes，England：Open

University Press.

WILLIAMS F, 1980. Creativity Assessment Packet（CAP）［M］. New York, NY: DOK Publishers.

WORLD ECONOMIC FORUM, 2020. The future of jobs report 2020［R/OL］.［2022-11-25］. https://www.weforum.org/reports/the-future-of-jobs-report-2020/?DAG=3&gclid=CjwKCAjw5dqgBhBNEiwA7PryaHSMUR4aIzGKjN1D0B7kFabc0trmRYJCOlCWSFpwuTqSCpnpSQihshoCLNIQAvD_BwE.

ZHOU J, OLDHAM G R, 2001. Enhancing creative performance: Effects of expected developmental assessment strategies and creative personality［J］. The Journal of creative behavior, 35（3）: 151-167.

# 致　谢

　　本书的完成首先要感谢的是"天时""地利""人和"。所谓"天时"，是因为 21 世纪需要人们拥有创新思维和创造力；而"地利"是当亚洲在进入 21 世纪后开启了高质量加速发展的模式，中国作为世界经济的重要引擎更需要以创新为驱动力保持可持续的发展；"人和"来得尤其可贵，作为来自一个以全球城市为定位的新加坡的我，因为有幸参与到新加坡 20 世纪 90 年代开始的以培养国人创新思维和批判性思维为主要目标的教育改革的具体实践工作中，而更荣幸的是，在最近几年和中国的教育工作者就创新思维的培养和 STEM 教育进行交流并向他们学习。在此期间我有机会参加了中国教育科学研究院 STEM 中心的王素主任组织的几次活动。这种跨境"人和"让我在 2020 年 8 月有非常宝贵的机会参与到王素主任主编的"中国 STEM 教育 2029 行动计划"系列丛书的分册编写工作，作为《STEM 与创新思维》分册的主编，不仅仅要感谢王素主任的信任，更感谢在此书编写团队组建时期王素主任给予的大力支持，因为此分册的参考书和参考资料绝大部分都是英文原文，涉及的内容比较新，同时又有中国、新加坡两国的案例研究与分析，所以参与编写的作者既需要有很好的研究背景，也需要有一线教学经验同时也要能熟练地使用英文阅读大量的参考书籍。在丛书编写期间，我每个月都可以在王素主任的主持下和其他 11 本分册的主编交流、学习，同时，王素主任给本书的每一章都给予了非常精辟的指导和修改的建议。感谢、感恩！

　　本书参与编写的作者都是中小学一线教师，本身工作就很繁忙，同时本书完稿的时间要求相对较紧，这对主编的管理能力有一定的挑战性，我就自然而然地想到求助于我多年的课题合作伙伴陈伟权博士，陈博士学识渊博，同时在高校管理、创新教育研究与应用方面都有多年的丰富经验。在考虑如何将 STEM 教学中项目管理用于编写工作中，如何运用创新思维中的可视化思维工具用于编写的内容组织和策划，甚至是在本书的创作过程中陈博士都起到了无可取代的作用，他可以说是本书的不是主编的主编。在本书的编写策划阶段，陈博士是作为本书副主编报交编写计划的，但是他建议让年轻能干的教师担任副主编更有意义。这种无私的品格值得我学习。

本书成册离不开所有参与写作的伙伴，感谢本书作者团队的辛勤付出，感谢他们不厌其烦几易其稿，多数章节都是修改六次以上，本书的作者按章节顺序包括：

第一章：王亚琼博士（深圳市福田区新沙小学）

第二章：权文静、苏永军、焦石（石家庄瀚林学校）

第三章：和渊博士（中国人民大学附属中学）

第四章：李岩博士（南京师范大学附属中学树人学校）、王亚琼博士（深圳市福田区新沙小学）

第五章：武迪博士（中国人民大学附属中学）

第六章：吕贝贝（扬州大学生物科学与技术学院）

第七章：张一鸣博士（人民教育出版社）

第八章：成佳淇博士（深圳市福田区福田中学），张一鸣博士（人民教育出版社）

第九章：成佳淇博士（深圳市福田区福田中学），张一鸣博士（人民教育出版社）

第十章：第一节薛庆彬、王娜、王孟钰（石家庄瀚林学校）；第二节王亚琼博士、陈志华、陈雪梅（深圳市福田区新沙小学）；第三节王亚琼博士（深圳市福田区新沙小学）、黄佳、周伟明（深圳市福田区荔园小学）

第十一章：第一节王志洪（南京师范大学附属中学树人学校）；第二节姜锋博士（深圳市深圳中学），赵晓东、李芳博士（深圳市福田区科技中学）；第三节姜锋博士（深圳市福田区福田中学），曾焕、钱秉阳（深圳市盐田区云海学校）

第十二章：王亚琼博士（深圳市福田区新沙小学）

感谢深圳市福田区荔园小学黎新风校长的大力支持，并推荐黄佳老师、周伟明老师参与中国小学案例章节的创作。感谢深圳科技中学贺英超校长的支持以及推荐赵晓东老师、李芳老师参与中国中学案例章节的创作。也感谢南京师大附中树人学校孙小红校长推荐李岩博士、王志洪老师成为第四章和中国中学案例的贡献者。另外我还要感谢中国教科院李佳老师的执着、耐心，并在温和的氛围中完成稿件的督促工作，更让我感动的是，李佳老师推荐了她非常优秀的师弟吕贝贝和张一鸣参与新加坡案例的编写工作。本书的成册中有一位重要的人要感谢，教育科学出版社的副编审殷欢老师从全书的创作风格到每一章的修订都付出了很大的心血，认真、快速、专业的指导和反馈让我和写作团队的每一位作者都受益良多。最后，也感谢我新加坡的老友，新加坡华文教研中心符传丰院长在对新加坡创新教育调研中的帮助，为团队推荐参与调研的各个方面的人员。也感谢 Tinker 学院的 Y. J. Soon 提供的有关新加坡 STEM 教育的师资培训和学生参与 STEM 项目的资料。

李德威

新加坡特许科技学院院长

新加坡联威教育集团总裁